南通民营经济发展报告

(2020—2021)

THE DEVELOPMENT
REPORT OF
NON-STATE-OWNED ECONOMY
IN NANTONG

主编◎王　虎

南通市工商业联合会(总商会)

南通市工业和信息化局

中华工商联合出版社

《南通民营经济发展报告(2020—2021)》编委会

序

2020年11月12日，一个注定载入南通发展史的伟大时刻，习近平总书记在党的十九届五中全会后的首次地方视察就选择了江苏，第一站就来到南通，点赞沧桑巨变、生活幸福。这是对772万江海儿女砥砺前行、创新奋斗的最大褒奖、最大鼓舞和最大鞭策。总书记来到南通博物苑，参观张謇生平介绍展陈，了解张謇实业救国、发展教育和社会公益事业的事迹，称赞张謇是中国民营企业家的先贤和楷模。这更是对全市民营企业和民营企业家的鼓舞和激励，南通民营经济高质量发展的澎湃浪潮与创新转型的强劲脉动，在总书记点赞的这片热土上交相激荡。

2020年，南通市在省委、省政府的正确领导下，坚持以习近平新时代中国特色社会主义思想为指导，认真贯彻党的十九大和十九届二中、三中、四中、五中全会精神，深入落实习近平总书记视察江苏重要讲话指示精神，自觉践行新发展理念，坚持稳中求进工作总基调，统筹推进疫情防控和经济社会发展，扎实做好“六稳”工作，全面落实“六保”任务，全方位融入苏南、全方位对接上海、全方位推进高质量发展，较好地完成了全年目标任务。全市完成地区生产总值10036.3亿元，增长4.7%，南通市顺利跨入“万亿俱乐部”；一般公共预算收入639.3亿元，增长3.2%；全社会研发投入占地区生产总值比重2.6%；固定资产投资增长5.8%，社会消费品零售总额增长0.3%，进出口总额增长4.3%；新引进超亿美元外资项目22个，实际利用外资27.1亿美元。

2020年，作为主流经济的南通民营经济，在高质量发展征程上一路砥砺奋进、凯歌而行。全市民营经济战线积极贯彻落实南通市民营经济高质量发展大会精神，不断优化营商环境，民营经济总体保持平稳健康发展态势。全市民营经济增加值占GDP的比重达到70%，入库税金占全部税收的比重达到80.1%。全年新登记私营企业3.49万家，年末累计达24.61万家；新登记私营企业注册资本2332.19亿元，年末累计注册资本15982.76亿元；全年新登记个体户10.71万户，年末累计达76.338万户；新登记个体工商户资金123.48亿元，年末注册资金704.91亿元。年末全市共有规模以上民营工业企业4380家，占全市规模以上工业企业的83%,全年规模以上民营工业增长7.0%。固定资产民间投资增长11.6%,比全市固定资产投资增幅高5.8个百分点。民营经济入库税金达755.73亿元,同比增长4.71%。全市民营高新技术企业达到1960家,新增省级以上研发机构273家。民营上市公司和“新三板”挂牌企业101家,占全市总数的95%。全市拥有百亿级民营特色板块28个,省市级特色产业基地49个,优势产业链16条。跻身全省民营企业200强和全国民营企业500强,分别为32家和14家，新增2家企业入围全国制造业单项冠军示范企业和单项冠军产品榜单,10家企业入选全国首批专精特新“小巨人”企业名单。

为全面、准确地反映南通市民营经济的总体态势,研究民营经济发展中存在的问题,进一步促进民营经济又好又快发展,市工信局、市工商联从2009年开始组织编写南通民营经济年度发展报告,主要收录全市及各县(市)区民营经济发展的总体情况、市有关职能部门、行业商会的专项报告,希望能够为各级党委、政府制定政策和工商企业界人士进行经营决策提供参考,也为相关部门、机构及社会各界了解和掌握南通民营经济发展情况提供基础资料。市委、市政府领导十分关注和支持南通民营经济年度发展报告的编辑出版工作,各县(市)区党委、政府和市有关职能部门、行业商会也给予了大力支持与帮助，这为我们进一步做好南通民营经济年度发展报告奠定了坚实的基础。希望通过本书的出版,进一步提高南通民营经济研究水平,也使民营经济得到社会各界的更多关注。

2021年是“十四五”开局之年,是开启全面建设社会主义现代化新征程的起步之年,也是中国共产党成立100周年。当前,南通正处于发展风口、高光时刻,多重国家战略叠加凸显了区域发展地位,重大交通工程建设释放了开放门户潜力,重大产业项目集聚蓄积了强大发展动能。全市民营企业要把握发展大势,抢抓融入新发展格局、国家重大战略布局、全市产业转型升级的历史机遇,加强科技创新,精准识变、科学应变、主动求变,为南通开拓“强富美高”实践新境界、勇当全省“两争一前列”排头兵而努力奋斗!

赵闻斌

2021年6月

目 录

综合篇

行业篇

县(市)区篇

专题篇

附录：

南通市民营经济发展报告

南通市工业和信息化局　南通市工商业联合会

2020年以来，在南通市委、市政府的坚强领导下，广大民营企业认真贯彻落实全市民营经济发展大会暨第三届通商大会精神，积极应对新型冠状病毒感染的肺炎疫情，一手抓防控，一手稳生产，全力推动企业复工复产和提质增效。各地不断优化营商环境，多措并举、攻坚克难，全市民营经济运行态势平稳回升。

一、全市民营经济发展基本情况

（一）企业注册总量持续壮大

全年新增个体工商户109852户，同比增长36.3%；新增私营企业35472家，同比下降0.7%，降幅比三季度收窄了1.8个百分点；累计全市个体工商户达76.46万户，比年初增长13.1%，私营企业达24.59万家，比年初增长7.3%，私营企业注册资本达15970.12亿元，比年初增长12.6%。

（二）民营工业平稳增长

1—12月，规模以上民营工业实现增加值同比增加7.0%，比全市规模工业增幅低0.1%；完成产值同比增加6.2%，比全市规模工业增幅高0.4个百分点。

（三）固定资产民间投资活力较高

1—12月，固定资产民间投资同比增加11.6%，比全市固定资产投资增幅高5.8个百分点，比三季度增幅提高7.2个百分点。

（四）民营经济入库税金保持增长，贡献份额不断增大

1—12月，民营经济入库税金752.98亿元，同比增加4.32%，民营经济税收占全部税收的比重为80.14%，同比增加1.65个百分点。

(五)引进市外民资势头良好,平均注册资本大幅提升

1—12月,引进投资额超千万元以上民资项目1504个,其中一产23个、二产555个、三产926个,注册资本620.95亿元,平均注册资本为4128.66万元。引进计划投资超亿元市外民资项目156个,注册资本288.36亿元,平均注册资本1.85亿元。

二、推进民营经济发展的主要举措

(一)强化政策供给,助企解难纾困

落实党中央、国务院和江苏省委、省政府关于疫情防控的决策部署,应对疫情发展变化,帮助全市广大企业树立信心、共渡难关、稳定发展,保持经济平稳运行,南通市政府2月6日出台《关于全力应对疫情,支持企业发展的"十二条"政策意见》(简称"克难惠企12条")。意见从金融支持、减税降费、财政政策、稳定保障、服务企业等五个方面发力,突出"加、减、强、稳"四大关键,持续构建常态化服务企业机制。加快中央、省各扶持政策兑现落实,市县联动"点与点"接运外地员工超万人,累计兑现市级及以上疫情防控扶持资金9890万元。在全省率先建立机关干部派驻联系企业制度,实施"万人驻万企"行动,指导企业加强疫情防控,为全面复工复产打下坚实基础。依托省市县三级联动机制,推动产业链协同复工,2月底规上企业复工率即超过99%,为恢复生产、抢占市场赢得先机,相关工作得到中办国办肯定。提升政企通App服务品牌,上线"抗击疫情共享互助平台""企业复工绿色通道",编印发布《近年来南通市主要涉企政策汇编》和《应对新冠肺炎疫情国家省市惠企政策摘编》,在线答复企业诉求,畅通企业复工通道。组织开展以"下基层、讲政策、解难题、送服务、促交流"为主题的"企业服务月"活动,解决后疫情时代企业发展突出难题,举办企业服务类活动50余场,累计服务全市1000余家企业,解决企业实际问题超200个。

(二)全力抢抓机遇,汇聚发展动能

抢抓长三角一体化等多重战略叠加机遇,全力对冲疫情影响,密集举办全市民营经济发展大会、海上风电产业链发展大会、信创产业发展峰会、国家集成电路装备、零部件产业南通峰会暨集成电路零部件产业园成立大会、船舶海工展、江海联动产业协同发展论坛等大会大展,全年累计

促成签约重大项目近百个，合作金额近4000亿元。围绕“大项目突破年”工作要求，落实“三个全方位”工作部署，召开2020“百企结对·携手并进”跨江融合发展大会，成立苏锡常通跨江融合产业协作联盟，推动沿江产业项目向沿海转移集聚。奋力攻坚抢进度，服务南通首个千亿级及多个百亿级重特大产业项目，中天精品钢项目、招商局重工邮轮制造基地项目、恒科新材料三期功能性纤维项目、金光生活用纸产业基地项目等加快建设。

(三)突出稳链强链，壮大产业集群

做长产业链。集成电路测试产业园和研究院运营公司领照成立，集成电路零部件产业园正式成立，发布《南通市打造风电产业之都三年行动方案》，培育千亿级风电产业链。

稳定供应链。在豪华游轮、轨道交通、机器人、新能源汽车以及华为5G、中天钢铁供应链领域开展系列配套对接活动，促进产业集聚配套、集群发展，保障供应链稳定。大力推动开发园区载体建设，南通经济技术开发区被评为2020年江苏省大中小企业融通型特色载体。

构筑创新链。联发纺织获评国家技术创新示范企业，全市累计获评企业达3家。铁锚玻璃、中天海缆获评国家企业技术中心，全市累计获评企业达11家。南通信创产业园正式开园，一批重点企业首批入园。

提升价值链。全力推动核心技术自主化、产业基础高级化、产业链现代化，南通车联网典型场景示范入选2020年全省车联网“十大标志性工程”。

(四)狠抓提质增效，推动转型升级

引导智能制造。实施制造业单项冠军企业培育提升专项行动，江苏天楹环保能源成套设备有限公司、南通星球石墨股份有限公司两家企业获全国单项冠军示范企业，江苏中天科技股份有限公司高性能铝(合金)导线系列、江苏通光电子线缆股份有限公司航空导线获全国单项冠军产品。江苏爱朋医疗科技股份有限公司、江苏捷捷微电子股份有限公司、南通振康焊接机电有限公司等10家企业获国家级专精特新“小巨人”企业。推进物联网、大数据、人工智能等新一代信息技术与制造业深度融合，累计创建国家“智能制造试点示范”项目12个，省级智能示范车间(工厂)56个。

鼓励绿色制造。推进工业节能诊断、节能监察执法,实施重点用能单位“百千万”行动,全市单位 GDP 能耗持续下降。持续推进绿色制造体系建设,2020 年,2 家绿色工厂、2 个绿色产品被列入工信部第五批绿色制造名单,绿色工厂和绿色产品累计数分别达 10 个和 3 个。

发展服务型制造。累计培育 20 家省级服务型制造示范企业、8 家省级供应链创新与应用重点培育企业、1 家国家级工业设计中心、20 家省级工业设计中心和 2 家省级工业设计示范园区。

(五)弘扬企业家精神,营造良好氛围

3 月,南通市委、市政府召开全市民营经济发展大会暨第三届通商大会,表彰“南通市十强民营企业”等 130 家优秀民营企业,市委、市政府主要领导出席会议,“张謇杯” 杰出企业家等 8 位民营企业家代表受邀在主席台就座。11 月 12 日,正在江苏考察调研的习近平总书记来到南通博物苑,参观张謇生平展陈,了解张謇实业救国、发展教育、从事社会公益事业情况。习近平指出,张謇在兴办实业的同时,积极兴办教育和社会公益事业,造福乡梓,帮助群众,影响深远,是中国民营企业家的先贤和楷模。南通市委、市政府随后召开全市民营企业家座谈会,传达习近平总书记视察江苏重要讲话指示精神,市委书记徐惠民讲话,中天科技集团有限公司董事长薛济萍等 10 位企业家代表发言。还推动全省民营企业家学习弘扬张謇精神座谈会暨江苏省民营经济人士理想信念教育基地授牌仪式在南通举办,联合中央社会主义学院、中华职业教育社、江苏省委统战部举办“张謇精神的时代意义”2020 年度论坛。

三、民营经济发展存在的主要问题

(一)转型升级任务较重

全市已经形成六大千亿级产业板块,家纺、建筑等产业已经做到国内领先、世界闻名。但是制造业领域仍然是以传统产业为主,产业能级相对较低,战略性新兴产业占比仍然偏低。

(二)制造业龙头企业数量较少

2020 年,南通市共有 14 家企业上榜中国民营企业 500 强榜单,但上榜中国民营企业制造业 500 强的只有 2 家。同样,南通市 32 家企业入围江苏民营企业200强榜单，但仅有4家企业入围江苏民营企业制造业100强榜单,这与南通市经济总量在全省的地位极不相称。

(三)发展要素制约亟须破解

企业结构性缺工矛盾和用工成本高问题相互交织,用工招引难、留人难;金融机构对民营企业贷款依然谨慎,对中小企业的信贷支持不足、隐性成本高。此外,减税降费、简政放权等政策推进和落实的力度仍然跟不上企业迫切诉求。

四、2021年民营经济发展思路和主要举措

(一)发展思路

2021年是开启全面建设社会主义现代化国家新征程、向第二个百年奋斗目标进军的起步之年，也是南通建设长三角一体化沪苏通核心三角强支点城市的发力之年。2021年全市民营经济发展的总体要求是:以习近平新时代中国特色社会主义思想为指引，全面贯彻党的十九大和十九届二中、三中、四中、五中全会精神,深入贯彻习近平总书记视察江苏重要讲话指示精神,认真落实国家省市决策部署,紧扣“强富美高”总目标,坚持稳中求进工作总基调,立足新发展阶段,坚持新发展理念,构建新发展格局,以推动高质量发展为主题,以深化供给侧结构性改革为主线,突出先进制造业链群培育总抓手,扎实推进产业基础高级化、产业链现代化,高效落实“六稳”“六保”任务,保持民营经济健康平稳运行,勇当全省“争当表率、争做示范、走在前列”排头兵,确保“十四五”开好局、起好步,以优异成绩庆祝建党100周年。

(二)主要举措

一是强化重大项目支撑,推动经济发展向好走强。鼓励各地加大招商选资力度,围绕高端制造业、现代服务业强化项目招引,加大与重点民企对接合作力度,吸引市内外优质民间资本实施一批重大项目。持续大抓项目、抓大项目,保持省级重大项目数全省领先,新开工、竣工重大项目数再上新台阶。完善重大项目服务推进机制,建立要素帮扶、政策倾斜、难题专办、进度考核等工作机制,着力突破一批百亿元级重大项目,确保中天绿色精品钢、金光高档生活用纸、恒科新材料三期等重特大项目如期投产。

二是突出创新核心地位,提升产业发展竞争能力。完善科技创新领导体制,加快研究规划沿江科创带,积极营造最优创新生态。大力培育高新技术企业和科技型中小企业,实施企业研发机构高质量提升计划,大力引进“双创”人才和团队,培养技能人才,深化产业工人队伍建设改革,加强关键核心技术攻关,扩大共性技术供给。实施智能制造示范引领工程,撬动企业智能化投入,力争创建1~2个省级以上智能制造示范项目。推动重要装备和关键核心技术攻关,引导重点企业组团开展国家首台套重大技术推广应用项目申报,省级装备技术攻关项目、首台套重大装备申报,力争创建省级以上装备类专项(含认定)10个以上。实施科技小巨人企业和专精特新产品培育计划,争取新认定1家以上制造业单项冠军,40家以上国家、省级科技小巨人企业、专精特新产品。

三是加快产业转型升级,培育先进制造产业集群。建立市领导挂钩联系优势产业链制度,落实“六个一”服务机制,高水平办好新一代信息技术、船舶海工、高端纺织三大展会,推动供需对接,壮大特色主导产业,做强高技术船舶和海洋工程、高端纺织、化工新材料等六大两千亿元级产业集群和信息技术应用创新、生物医药及医疗器械、集成电路等六条优势产业链条,突出关键领域、关键环节、关键产品,推动优势产业实现卓越提升。不断完善产业链条,优化产业配套半径,强化与苏南等地产业链协同发展、创新链精准对接、供应链双向融合,不断提升产业链供应链稳定性和竞争力,着力培育发展“链主企业”和“隐形冠军”。建设产业链供需对接平台,畅通国内和国际的产业链双循环,引导产业链核心企业推进产业链卡脖子技术攻关,实施一批关键技术项目和基础研究项目,推进产业链重构和国产替代。

四是增强经济内生动力,持续营造良好发展氛围。精准施策落实“六稳”“六保”任务,聚焦“两新一重”扩大有效投资,充分调动民间投资积极性。深化“放管服”改革,以更高标准优化营商环境,制订支持民营企业改革发展的政策措施,大力培育张謇式企业家群体,不断激发市场主体活力。持续开展“南通企业家日”“千企询访”“企业服务月”等系列活动,组织开展“张謇杯”杰出企业家和杰出通商、优秀民营企业评选活动,进一步弘扬企业家精神，持续营造全社会尊重企业家、理解企业家、支持企业家良好氛围。建立规范化机制化政企沟通渠道，健全党委和政府主要负责同志多形式多方式听取民营企业意见和诉求工作机制，完善领导干部挂钩联系重点民营企业制度。持续推进企业家素质提升工程，开展企业家高端培训、专题培训活动，促进民营企业家健康成长。研究制定南通市“1521”大企业培育工作方案，梯度培育百亿元级、200亿元级、500亿元级和千亿元级大企业。

2021年4月

南通市资本市场发展报告

南通市地方金融监督管理局

南通立足滨江临海、毗邻上海的区位优势，抢抓机遇、锐意进取，经济社会取得突飞猛进的发展，2020 年 GDP 突破 1 万亿元，顺利跨入“万亿元俱乐部”，其中，南通市资本市场提供了有力支撑。2020 年，南通新增科创板上市公司 2 家、全国首批新三板精选层挂牌企业 1 家、新三板挂牌企业 6 家。截至 2020 年年底，南通共有 44 家境内外上市公司，新三板正常挂牌企业 61 家，当年新增直接融资 1242 亿元，资本市场直接融资在带动南通产业和地方经济高质量发展中发挥了巨大作用。

一、基本情况

(一)上市主体方面

2020 年南通新增科创板上市公司 2 家，共有境内上市公司 35 家，中小板公司数量及市值占比较高；上市公司主要集中在电气设备、机械设备等行业，医药生物等企业在行业市值排名中靠前，重点布局高端装备制造等战略性新兴产业。(见表 1)

表 1 截至 2020 年年底江苏省各市境内上市公司总体情况

省会和地级市	上市公司数量(家)	全省排名	总市值(亿元)	全省排名	平均市值(亿元)	全省排名
苏州	144	1	12635	1	88	9
南京	95	2	12462	2	131	5
无锡	90	3	12121	3	135	4
常州	47	4	5445	5	116	6
南通	35	5	3743	7	107	7

续表

省会和地级市	上市公司数量(家)	全省排名	总市值(亿元)	全省排名	平均市值(亿元)	全省排名
镇江	15	6	1324	8	88	10
扬州	15	6	1221	9	81	11
徐州	10	8	900	10	90	8
泰州	10	8	483	12	48	12
连云港	7	10	6291	4	899	1
宿迁	6	11	3961	6	660	2
盐城	5	12	220	13	44	13
淮安	3	13	899	11	300	3
合计	482		61707		128	

从公司地位来看，截至2020年年底，南通境内上市公司合计总市值为3743亿元，平均市值为107亿元，省内市值占比较2019年略有下降；在江苏省范围内，南通境内上市公司数量占比为7.26%，上市公司整体情况位列苏州、南京、无锡、常州之后，省内综合排名第五。

从行业分布来看，南通上市公司约60%以上集中在机械设备、电气设备、医药生物、电子和化工行业，其中，医药生物、国防军工、建筑、通信、电子等行业上市公司的平均市值较大(详见表2)；南通35家上市公司中有28家公司归属于南通“3+3”重点产业体系，其中7家公司属于三大重点支柱产业，21家公司布局三大重点新兴产业(详见表3)；南通各辖区在不同行业中仅有1~2家上市公司，行业分布具有较高的分散度。

表2　2020年年底南通上市公司市值及排名

证券代码	证券简称	市值(亿元)	所属申万一级行业	所属申万二级行业	市值排名
002044.SZ	美年健康	443.5	医药生物	医疗服务Ⅱ	1
600862.SH	中航高科	419.3	国防军工	航空装备Ⅱ	2
002156.SZ	通富微电	335.4	电子	半导体	3
000961.SZ	中南建设	334.7	房地产	房地产开发Ⅱ	4
600522.SH	中天科技	332.4	通信	通信设备	5

续表

证券代码	证券简称	市值（亿元）	所属申万一级行业	所属申万二级行业	市值排名
300623.SZ	捷捷微电	213.6	电子	半导体	6
002239.SZ	奥特佳	152.8	汽车	汽车零部件Ⅱ	7
601222.SH	林洋能源	138.5	电气设备	电气自动化设备	8
603313.SH	梦百合	121.4	轻工制造	家用轻工	9
000035.SZ	中国天楹	103.7	公用事业	环保工程及服务Ⅱ	10
002293.SZ	罗莱生活	103.1	纺织服装	服装家纺	11
603530.SH	神马电力	91.7	电气设备	高低压设备	12
002484.SZ	江海股份	85.9	电子	元件Ⅱ	13
300280.SZ	紫天科技	81.8	传媒	营销传播	14
600770.SH	综艺股份	79.8	综合	综合Ⅱ	15
002438.SZ	江苏神通	64.8	机械设备	通用机械	16
600389.SH	江山股份	61.2	化工	化学制品	17
601010.SH	文峰股份	54.5	商业贸易	一般零售	18
002483.SZ	润邦股份	53.2	机械设备	专用设备	19
300091.SZ	金通灵	51.4	机械设备	通用机械	20
002349.SZ	精华制药	41.0	医药生物	中药Ⅱ	21
002201.SZ	九鼎新材	40.5	化工	化学制品	22
300265.SZ	通光线缆	39.3	电气设备	高低压设备	23
688558.SH	国盛智科	35.2	机械设备	通用机械	24
603339.SH	四方科技	34.4	机械设备	通用机械	25
603968.SH	醋化股份	34.2	化工	化学制品	26
002394.SZ	联发股份	33.1	纺织服装	纺织制造	27
603115.SH	海星股份	31.6	有色金属	工业金属	28
300753.SZ	爱朋医疗	26.6	医药生物	医疗器械Ⅱ	29
002722.SZ	金轮股份	20.5	机械设备	专用设备	30
688096.SH	京源环保	20.3	公用事业	环保工程及服务Ⅱ	31
002576.SZ	通达动力	19.1	电气设备	电机Ⅱ	32
300421.SZ	力星股份	17.9	机械设备	通用机械	33
603036.SH	如通股份	17.6	机械设备	专用设备	34
603389.SH	*ST 亚振	9.1	轻工制造	家用轻工	35

表 3　南通市“3+3”产业相关上市公司

<table>
<tr><th colspan="2">南通“3+3”产业</th><th>相关上市公司</th></tr>
<tr><td rowspan="3">重点支柱产业</td><td>船舶海工</td><td>润邦股份</td></tr>
<tr><td>高端纺织</td><td>罗莱生活、联发股份、金轮股份</td></tr>
<tr><td>电子信息</td><td>通富微电、江海股份、捷捷微电</td></tr>
<tr><td rowspan="3">重点新兴产业</td><td>智能装备</td><td>中航高科、奥特佳、江苏神通、金通灵、通达动力、林洋能源、通光线缆、紫天科技、力星股份、四方科技、如通股份、神马电力、爱朋医疗、国盛智科</td></tr>
<tr><td>新材料</td><td>九鼎新材、醋化股份、梦百合、海星股份</td></tr>
<tr><td>新能源和新能源汽车</td><td>中国天楹、综艺股份、中天科技</td></tr>
</table>

(二)上市后资本运作方面

南通上市公司再融资方式多元,募资投向南通项目的规模有所下降,并购案例集中在房地产开发、机械设备、电气设备和保健护理服务等行业。再融资方面,2020 年南通共有 5 家上市公司通过定增、公司债等形式开展了 6 笔再融资,合计融资规模为 74.11 亿元,在全省排名第 4,较 2019 年下降 66.09 亿元,同比减少 47.1%。其中,定增融资的规模占到总融资规模的 77.06%。项目投入方面,南通上市公司在通投资项目的规模总体情况较好,“十三五”期间,南通上市公司计划使用 521.2 亿元募集资金投资 135 个项目,实际已投入资金 319.2 亿元。其中,2020 年受疫情及投资环境等各方面因素影响,募资规模呈现较大下降。2020 年计划投资 26 个项目,计划投入募集资金 79.8 亿元(较 2019 年下降 83.2 亿元,同比减少 51%),实际已投入资金 24.9 亿元。并购重组方面,南通上市公司并购比例较高,并购集中在房地产开发、机械设备、电气设备和保健护理服务行业。2020 年南通有 10 家上市公司合计发起完成 12 起并购案例,涉及保健护理服务、调查和咨询服务、广告、房地产开发、家庭用品、电气设备、机械设备等多个行业,并购总规模合计为 38.3 亿元。

(三)新三板挂牌企业方面

2020 年南通新增新三板挂牌企业 6 家,累计挂牌数达 102 家,正常挂牌61家，虽数量低于苏州、南京、无锡和常州，但盈利能力显著优于上述对标城市，企业资产规模与净利润正向关联度较强(详见表4)。南通新三板挂牌企业分布于工业、可选消费、材料、信息技术、医疗保健、金融、能源、日常消费这8个行业，在"3+3产业"体系中智能装备和新材料领域的企业数量较多。

表4 截至2020年年底江苏省各市新三板挂牌公司总体情况

序号	省会和地级市	挂牌家数	资产合计(亿元)	资产均值(亿元)	资产均值排名	净利润均值(万元)
1	苏州	311	750.3	2.4	7	503.2
2	南京	163	342.8	2.1	10	426.9
3	无锡	150	267.7	1.8	13	351.2
4	常州	105	641.5	6.1	2	816.8
5	南通	61	654.1	10.7	1	1369.4
6	扬州	50	117.7	2.4	8	333.9
7	镇江	32	142.1	4.4	3	265.3
8	盐城	30	56.7	1.9	12	346.5
9	徐州	21	50.8	2.4	6	273.5
10	泰州	20	45.9	2.3	9	908.7
11	淮安	16	30.4	1.9	11	854.7
12	连云港	14	58.9	4.2	4	776.3
13	宿迁	14	47.0	3.4	5	734.1

二、主要做法

(一)做好资本市场前沿服务

一是打造良好外部环境。市政府与全国股转系统签署战略协议，上交所资本市场服务南通基地成功揭牌，南通市与沪深交易所、全国股权系统、江苏证监局、江苏股权交易中心、长三角资本市场服务基地等建立了全面稳定的战略合作。常态化组织企业对接上交所、深交所、全国股转系统活动，经常性邀请相关专家、领导来南通做资本市场发展形势专题报告及专题培训。

二是强化股权投融资对接。成功举办3期“江海创投行”云路演活动，帮助南通市30余家创新创业企业线上、线下对接全国5000余家知名投资机构，为其中1家企业获得股权融资4000万元。“江海创投行”项目路演交流互动机制增加了投资机构与本地企业的黏度，为南通市股权投融资对接奠定了良好基础，2020年全市16家企业引进VC、PE投资16.02亿元，为创新创业企业发展、产业转型升级发挥了突出作用。

三是加快凝聚上市合力。南通市委、市政府专题召开上市（拟上市）企业座谈会，要求与会企业志存高远、加快上市，借力资本市场做大做强，进一步凝聚各方合力。市金融局借助南通首家科创板企业——京源环保上市、全国首批精选层挂牌企业——鹿得医疗晋层契机，广为宣传发动。举办全市金融干部研修班，江苏证监局局长亲临讲话。

（二）大力推进企业挂牌上市

一是强化梯队管理。与券商、律所等中介机构直接对接，进一步摸清了企业IPO的真实进展和存在问题，并按推进节点进行排序，形成专报向市委、市政府主要领导进行书面汇报，同时对一批已停止或未实质推进相关工作的“IPO僵尸企业”进行了清退。

二是加大宣传培训。持续加强宣传发动，通过培训、讲座、座谈等多种形式，激发企业上市热情。坚持每月组织一次资本市场专业培训，全年共组织召开各类培训活动12场，受众企业超2000家（次）。

三是加强问题协调。针对年初排出的2020年可能境内报会（或境外上市）的拟上市企业，每周定期召开属地政府、企业、中介机构等多方视频会议，及时了解拟上市公司推进进度，帮助企业协调解决存在问题，并对摸排出的问题逐一下发交办单，明确责任主体与完成时限，定期跟踪问题落实情况，召开专题协调会。全年累计开展拟上市企业“云会商”156家（次），线下走访服务企业超120家（次），协调矛盾近百个。

四是出台扶持政策。研究出台《关于加快推进企业上市挂牌的若干政策意见》（通政规〔2020〕5号），一家企业在市级层面最高能享受2000万元上市挂牌奖励。同时，明确对企业再融资、设立基金、孵化器支持本地企业发展等的奖励，鼓励上市挂牌企业做大做强。

(三)推进上市公司再发展

公司上市以后,已经站在较高的平台上,资本市场运作的空间更大。我们加大对上市挂牌企业重大事项和经营情况的关注力度,积极了解公司资本市场方面的需求,有针对性地对接证监系统和交易所系统,争取监管理解,力争让企业少走弯路。同时,重点关注已上市公司发展情况,提前分析研判面上风险,针对部分亏损企业,主动了解、帮助分析情况,研究对策思路。对全市已上市公司、新三板公司进行了研究,为今后资本市场发展进一步明确道路。同时,根据已上市公司发展情况,提前分析研判,帮助企业渡过发展中的难关,及时推动协调解决有关问题,帮助市场主体防范处置风险隐患,比如资金占用、股权质押、违规担保等问题,保障南通地区上市公司质量总体稳定并有所提升。

三、存在的问题

(一)上市公司总量及增量较少

截至2020年年底,南通境内上市公司35家,全省排名第五,比第一名苏州少109家、比第四名常州少12家,较2019年差距进一步拉大。且近几年,南通在省内上市公司数量占比、市值占比呈缓慢下降趋势(详见图1)。

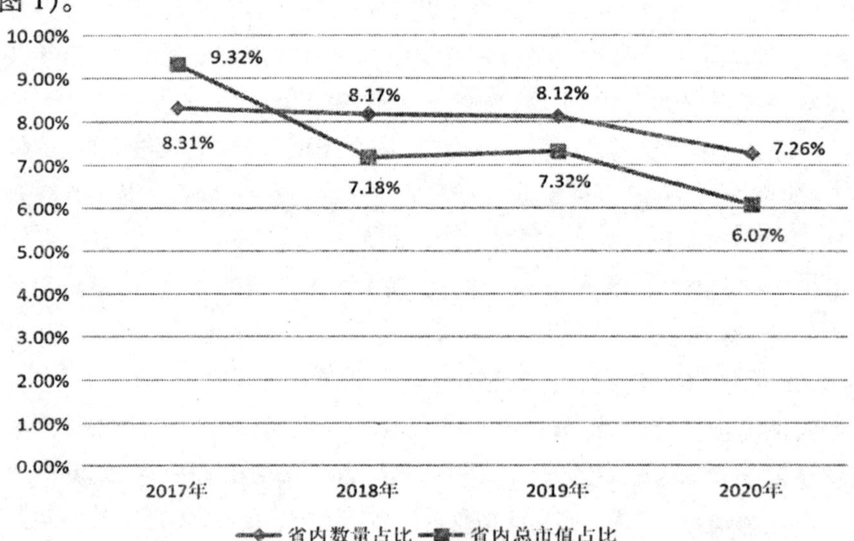

图1 2017—2020年南通上市公司省内数量、市值占比变化情况

2020年，南通有2家企业在境内成功IPO，数量与扬州、镇江、宿迁并列全省第5(详见表5)。在省证监局接受上市辅导的企业数量为25家，在江苏省排名第5位，比第一位的苏州少68家。

表5 2020年江苏各市集资金额及境内IPO统计

地区	集资金额合计		募资额排名	境内IPO统计		首发数排名
	募集家数(家)	募集资金(亿元)		首发家数(家)	首发募集资金(亿元)	
苏州	51	463.1	1	25	202.5	1
无锡	27	326.9	3	13	130.2	2
南京	22	442.1	2	7	65.1	3
常州	14	108.6	4	6	55.6	4
南通	6	66.7	5	2	9.6	5
扬州	6	49.1	7	2	12.2	5
镇江	5	59.6	6	2	16.3	5
宿迁	2	20.0	8	2	20.0	5
泰州	2	16.8	9	1	6.7	6
淮安	1	6.2	11	1	6.2	6
徐州	1	7.6	10	0	0	
连云港	0	0		0	0	
盐城	0	0		0	0	
合计	137	1566.6		61	524.5	

(二)上市公司行业竞争力不强

从行业龙头企业来看，最为明显的是上市公司市值分布。截至2020年年底，南通还没有千亿元、500亿元级别的上市公司，目前最大市值企业为借壳上市的美年健康。在行业层面，南通上市公司中能够得到绝大多数人认可的行业龙头就只有美年健康(443亿元)、中航高科(420亿元)、通富微电(335亿元)、中南建设(334亿元)和中天科技(332亿元)，其他诸多企业都不具备龙头属性，使得企业的整体竞争力不强。2020年，南通上市公司市值不足100亿元的企业有24家，占比虽然比2019年大幅下降，但仍高达68.6%，平均市值比省内平均市值少20亿元。近几年，南通上市公司的市值占比呈现下降趋势，从2017年的9.23%下降到2020年的6.07%，降幅高达3.16%。

(三)资本市场利用率不够充分

截至2020年年底，南通上市公司总市值约为3743亿元，位列江苏省第7，同期GDP破万亿元达到10036亿元，位列江苏省第4，证券化率(上市公司总市值/GDP)为37.3%，排名全省第7，比江苏省平均水平低近22个百分点。“十三五”期间，南通市证券化率呈现先降后升趋势，2018年大幅下跌至27.2%，近两年逐渐回升(详见图2)。

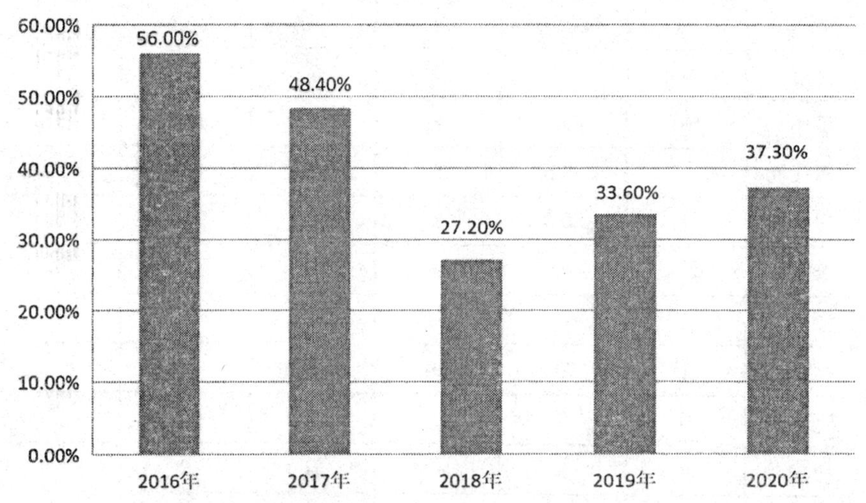

图2 2016—2020年历年南通市证券化率变化情况

(四)缺乏金融类上市公司

2020年底，江苏省一共有15家金融类上市公司，总市值5659.7亿元。据不完全统计，实现归属母公司股东净利润总计446.9亿元，市值占同期江苏上市公司总市值的9.2%，但净利润占全部上市公司净利高达30.6%。金融行业上市公司一直是A股的“吸金兽”，但南通目前金融类上市公司还未破零。

四、2021年工作计划

2021年，南通市将以研究出台提高上市公司质量的相关实施意见为契机，以《关于加快推进企业上市挂牌的若干政策意见》的落地为抓手，坚持服务与监管两手抓，一方面大力推动企业上市挂牌，另一方面竭力提高上市公司质量。

（一）持续夯实企业上市挂牌基础

一是切实做好后备企业挖掘培育。推动地区和部门联动做好后备企业挖掘培育工作，围绕主板、创业板、科创板、新三板精选层等不同板块，在纳税大户、科技小巨人企业、人才企业中寻找IPO后备资源。重点结合各地在江苏股权交易中心科技创新板挂牌的一批企业中挖掘优质后备企业进行培育。

二是提前指导入轨企业规范运营。以规范性为推进企业上市挂牌的基础，通过宣传、走访、调研等方式，引导企业家树立规范化运作的理念，推进中介机构加强指导，梳理规范运作关键点。

三是全力保障IPO企业申报冲刺。充分发挥企业上市联席会议作用，完善市级拟上市企业问题交办单机制，重点针对合规性证明办理，开辟绿色通道机制，明确部门职责，厘清任务清单，简化服务流程，探索建立与“上市通”平台相匹配的上市服务考评机制，为企业报会扫清障碍。

（二）助推企业通过资本市场高速发展

一是开展金融顾问进企业活动。依托现有的金融专家顾问团，积极走访、调研企业，鼓励、引导并推动上市及拟上市企业抓住资本市场改革机遇，充分利用资本市场力量助力企业高质量发展。

二是积极开展资本市场系列专题培训。根据市场政策变化情况及本地企业需求，组织专业化的师资力量进行培训服务，助力企业更好对接多层次资本市场。

三是加快产业结构的转型升级。基于南通产业规划和产业发展现状，开展“聚焦产业链提升，构建上市公司在新发展格局的主力军作用”课题研究。市级相关部门联动，狠抓《促进金融支持产业转型升级的若干政策意见》（通政发〔2021〕8号）的推进和落实，引导社会资本集中支持优势产业发展，推进上市公司开展本地产业链并购重组，鼓励上市公司做优做强,带动产业转型升级。

(三)继续大力做好资本市场前沿服务

一是优化企业上市外部环境。密切关注资本市场最新改革动向,指导企业向科创板、新三板精选层等新兴板块进行申报,做好与沪深交易所、全国股转系统的沟通协调。扩大南通2020年和2021年出台的两项奖励政策覆盖面,积极兑现奖补资金,树立支持申报的政策导向。

二是加大股权融资对接活动力度。推进高水平长三角资本市场服务基地南通分中心和深交所南通路演中心建设，进一步畅通股权投融资对接渠道。依托国内知名投资机构,努力提升“江海创投行”路演的水平和效果,对企业实行精细化服务,探索在上海、深圳等地举办路演活动,力争“江海创投行”路演累计融资达7亿元。

撰稿人:叶礼彬

2021年4月

南通市民营企业外经贸发展报告

南通市商务局

2020年，南通市商务局在市委、市政府正确领导下，全力扩大高水平开放，充分激发民营企业国际化发展的活力。

一、南通民营企业开展对外贸易经济合作情况

（一）助力通商筑梦“一带一路”

深入实施“一带一路”倡议，完善综合服务体系，搭建信息、金融、风险防控等服务平台，帮助更多民营企业“走出去”。2020年全市新增境外投资4.64亿美元，完成对外承包工程营业额17.63亿美元，其中在“一带一路”沿线国家新增境外投资2.7亿美元，占全市投资总额的58.19%；完成对外承包工程营业额8.17亿美元，占全市总量的41.65%，同比增长16.83%。布局海外市场抢占市场先机。引导部分制造能力强、技术优势明显的企业加快海外布局设点、拓展业务，沿着“一带一路”开拓新蓝海。中天科技在“一带一路”沿线印度、印尼、摩洛哥等多个国家设立生产基地，海外收入同比增长40%以上。以跨国并购延伸产业链条。引导部分制造业企业向“微笑曲线”的两端上行，实现本土企业产业链的国际延伸。全市20多家上市公司开展跨国经营业务，其中10家企业通过并购海外高价值项目，获取国际市场营销网络，加快向价值链中高端攀升。2020年，全市企业海外并购步伐加快，新增境外并购项目20个，并购金额1.36亿美元。截至2020年年底，全市境外并购项目154个，并购金额15.88亿美元。以海外建厂规避贸易壁垒。引导部分企业赴“一带一路”沿线国家开展投资合作，建立生产基地、研发中心、营销网络。梦百合家居先后投资美国和欧盟，打出“世界制造+全球销售”组合拳。以优势产业推动扩量提质。发

挥南通建筑产业突出优势,积极培育工程承包经营主体。华新建工、通州建总等10多家企业获得对外援助项目实施资格,实现援外项目带动工程承包业务发展。4家企业入选江苏建筑外经十强和ENR全球最大国际承包商250强,六建、三建承建的两个项目荣获国家境外工程鲁班奖。完善以色列房建市场工程建设与外派劳务协调机制,促进以色列工程建设及外派劳务规范有序发展,以色列房建市场工程建设成为南通外经高端承包劳务的一张靓丽名片。

(二)助力民企稳定外贸增长

全市有进出口实绩的民营企业5936家,2020年民营企业进出口、出口1322亿元、1045亿元,占全市进出口、出口的50.3%、58.3%,占比均比2015年末("十二五"末)提升了10.4个百分点。全力开拓多元化市场。2020年共组织3场境内展会,开展14场出口转内销专场促销活动,共有123家外贸企业参加活动。共组织156家外贸企业参加尼日利亚纺织品专场、墨西哥防疫物资专场、海安名品海外行巴西专场等线上展会,安排洽谈超1000场次。经过持续不断的努力,南通市外贸传统市场基本稳固,多元化市场开拓卓有成效,对RCEP协定15个成员国进出口同比增长3.7%。全力发展外贸新业态。国家、省级外贸新业态试点数量和质态全省第一。跨境电商综试区获国务院批复,为近年来南通市获得的最高层次国家级试点;市场采购贸易方式超额完成省高质量发展考核指标;外贸集聚区全国首创,经验全省推广;省级海外仓数量占全省1/5。全力完善服务新体系。出口信保平台实现市区外贸出口企业全覆盖,落实"苏贸贷"融资平台,设立"通贸贷"资金池,授信企业数及贷款总额均居全省前列。推动中国贸促会自贸协定南通服务中心成为首批服务中心地级支会,大力宣传FTA优化原产地证书签发机制,为外贸企业减免关税近3亿元,切实增强了广大民营外贸企业获得感。国际贸易"单一窗口"、通关便利化水平提升,口岸环境竞争力持续增强。建立"四位一体"工作机制,建成省内首个地级市全行业公平贸易工作站,并顺利获批省级工作站。凝聚公平贸易工作合力,提升外贸企业应诉的指导帮扶水平,有效应对中美贸易摩擦。全年共帮助35家涉案企业参加19起省级重点公平贸易案件应诉。目前已结案的公平贸易案胜诉率达80%,远高于全国平均水平。

(三)助力民企嫁接利用外资

2020年,南通市民营企业加快国际化发展步伐,通过与国外同行业大公司大集团、世界500强企业和知名跨国公司合资合作,以及嫁接改造、境外上市等渠道和方式,在资金、技术、人才、品牌和市场等方面实现跨越发展。为推动民营企业嫁接利用外资工作,我们一方面精心组织好重点招商活动。成功举办江海国际博览会、新一代信息技术博览会等经贸活动,78个重点产业项目签约,总投资1785亿元;组织投资促进周11场,洽谈项目600个;推动各县(市)区累计举办招商活动350多场。另一方面切实做好服务工作。秉承做外资企业"娘家人"服务理念,为民营企业外资嫁接提供"店小二"式的服务,切实解决民营企业外资嫁接在许可经营、政策咨询、外汇业务等方面问题。建立100家重点外资企业"白名单","点对点"服务重点外资项目,斯堪尼亚重卡项目纳入商务部工作专班,成为《外商投资法》实施后全国首家新设立的外商独资商用车企业;研究制订《市政府关于稳外资促发展的若干意见》,提出15条外资扶持政策;研究制定外商投资企业投诉工作规程,强化投资促进、服务和保护。

二、推动民营企业外经贸发展的几点建议

(一)继续推动民营企业"走出去"

全面摸排民营企业对外投资合作情况,加强重点企业、重大项目调研,鼓励上市公司、大型企业集团开展绿地投资、跨国并购业务,推动企业通过境外投资实现"购并、引进、吸收、消化、再创新",高质量参与"一带一路"建设。以援外项目为切入点,以总包项目为突破口,以重点市场为着力点,鼓励民营企业参与国家援外项目招投标,承揽大型总包工程,深耕以色列建筑市场。

(二)继续优化外贸发展环境

加快跨境电商综试区建设,集聚一批跨境电子商务头部企业,壮大一批本土跨境电子商务企业,培育一批跨境电子商务服务企业。结合南通产业特色,大力推动家纺服装、电动工具、体育用品等优势产业带发展跨境电子商务。加快发展战略新兴产业,特别是加大对计算机通信、生物医药、新能源产业领域等高技术产品外贸项目的招引力度，努力培育1~2家具备较大规模和较高影响力的头部企业，带动产业链配套完善。通过龙头企业引领，弥补南通市外贸传统主导产业结构低端化短板，打造外贸进出口硬核支撑点。完善贸易促进计划，组织企业参加50个境内外重点展会，参展企业不少于1000家(次)。重点打造10个“南通名品海外行”系列展会，抓住RCEP签署和中欧投资协定完成谈判的机遇，引导企业充分利用FTA优惠政策，大力开拓亚洲市场，稳住欧美市场，积极拓展“一带一路”新兴市场。支持公共海外仓、国际营销网络建设。进一步放大中国国际进口博览会的平台促进效应，充分发挥南通市开放口岸功能、南通综保区等海关特殊监管区功能，大力培育进口贸易集散地，做大进口总量。

(三)继续推动民营企业嫁接利用外资

精心组织15场招商活动，瞄准产业链关键环节上的龙头项目、核心项目和功能性项目，主动出击、精准招商。充分利用张謇企业家学院全国企业家培训的优势，提供志愿者服务，精准对接企业家，拓展招商资源。拓展利用外资领域，引导外资投向先进制造业，鼓励现有外资企业以利润、外债等方式进行增资扩股，对符合条件的企业实施奖励。贯彻落实外商投资法及配套法规，健全和强化对重点外资项目的精准化、特色化和全周期服务工作机制。建立外企投诉和纠纷调解工作机构，妥善处理外商投诉纠纷。

撰稿人：张明

2021年4月

南通市民营科技企业发展报告

南通市科学技术局

2020年，南通经济持续高质量发展，进入“GDP万亿城市俱乐部”，南通的民营企业和企业家做出了巨大贡献。近年来，南通市深入贯彻党的十九大及习近平总书记在民营企业座谈会上重要讲话精神，按照江苏省委、省政府推动民营经济高质量发展的部署，大力提升民营企业技术创新能力，助推民营企业做优做强做大做实，民营科技企业已成为南通市培育创造新技术、新业态和提供新供给的生力军。

一、南通市民营科技企业基本情况

截至2020年年底，全市科技型民营企业近9000家（拥有知识产权），其中高新技术企业2100家、入库科技型中小企业1570家、省民营科技企业1244家。江苏省科技发展战略研究院向社会发布的“2020江苏省百强创新型企业”名单显示，苏南、苏中、苏北地区分别有76家、14家和10家企业上榜，其中南通市上榜企业为9家，占苏中地区的64.3%、全省的11.8%。

（一）研发投入不断增加

从高新技术企业年报数据显示，2020年，全市1960家民营高新技术企业科技活动经费128.83亿元，占销售收入的3.45%，较2019年增加0.11个百分点。企业对创新重要性认识更加清晰，都能明确自主创新对提高企业核心竞争力有着非同寻常的作用，投入研发对于企业的发展以及未来的命运都起着决定性的作用，1960家民营高新技术企业，累计申请专利2.94万件，已授权1.86万件，其中发明专利超过4600件。

(二)人才建设越来越重视

民营科技企业对技术研发人才,特别是高层次的人才需求非常迫切,都在想办法招引人才。企业的研发人才占全体员工比重都在10%左右,有的达到40%,甚至更高。众多大型企业在北京、上海、南京,甚至在国外建设研发中心,吸引优秀人才"为我所用"。企业对建设院士工作站、博士后工作站、企业重点实验室的积极性越来越高,作为柔性人才吸进的重要平台, 联发纺织成功与两位院士合作,2019年建成全省首批两家企业院士研究院之一。通富微电不拘一格引进高层次人才,目前企业研发机构拥有22名海外技术专家,在与美国合作中止、美国专家回流的情况下,柔性引进我国台湾地区的专家55人,解决企业的人才需求。

(三)产学研合作越来越普遍

民营科技企业与高校、科研院所开展产学研合作的意识不断强化。全市企业与北京、上海、南京、西安等科研院所密集地区和中科院系统建立紧密合作关系, 与140所高校院所产学研合作建立校企联盟1039个,引进建设了60多家技术转移机构。2020年,全市企业共新签产学研合作项目1113项,沪通科技合作214项,与苏南合作项目291项。

(四)科技计划支持成效显著

民营科技企业普遍对省、市科技计划高度重视,很多重大支持对企业的发展成长起着非常关键的作用。神通阀门在发展过程中,一个非常重要的节点就是2015年获得省成果转化支持资金1160万元, 当年企业的净利润才100多万元,直接推动企业建设二号基地,为企业下一步发展打下良好基础。华存电子在2020年经营遇到最大困难时,得到市政策扶持资金的支持,为企业继续开展研发、新产品上市打下基础。

(五)国际合作不断加强

众多民营科技企业积极"走出去"开展国际合作,部分企业已经由以境外贸易"销售窗口"形式为主,发展到生产、服务、研发、人才招引等多种合作形式。全市备案民营科技企业中,开展国际合作有72家,拥有高端外国专家有176人。

(六)产业创新的呼声越来越高

南通市民营科技企业近年来投入研发设备比较多，但设备使用效率不高。有的企业主动提出建议,让购置的研发设备特别是贵重进口设备向产业内其他企业进行共享。成立产业创新研究院,为整个产业内企业创新服务,已成为众多企业的共识。

(七)企业对安全生产工作高度重视

随着安全生产宣传、检查等工作的推进,民营科技企业对安全生产工作高度重视,“安全是发展的基础”、“安全无小事” 等观念已深入人心,在科研关键岗位、在生产线关键人员特别强化安全责任,基本形成“人人有责、人人履职、人人尽责、齐抓共管”安全工作局面。

二、南通市民营科技企业存在的问题

南通市民营科技企业已经成为全市科技创新的新生力量，但是其自身的核心竞争能力不强、拥有的自主知识产权较少、高层次人才偏少等问题,影响了企业的进一步发展。

(一)企业研发机构层次还不高

目前,南通市国家级工程技术研究中心只有1家,省级重点实验室只有1家、国家级没有,省级企业重点实验室只有8家、国家级没有,与南京、苏州相比还有较大差距。

(二)企业研发机构水平参差不齐

大企业、上市企业研发机构科研实力优于一般企业,在人才建设、技术引进、设施设备上舍得投入,研发投入占营收比平均在4%,一般科技企业有相当一部分为保高企的最低指标3%进行最低投入。

(三)科技人才相对匮乏

民营科技企业普遍反映,由于待遇水平、科研条件及所在区域生活配套不够等原因,企业难以吸引外地优秀人才特别是高层次创新人才,传统行业人才相对集中,高技术产业研究的人才需求尤为迫切。

(四)产学研合作水平还有待提高

民营科技企业开展产学研合作大多停留在技术转让、合作开发、委托开发等较低层次的合作上,与高校、科研院所共建研发机构,保持技术持续研发、升级的高层次合作还比较少。产学研合作深度不够,许多企业到大学、科研院所寻求合作,仅对一些短平快的项目感兴趣,却对一些行业发展关键技术、共性技术由于投入多、见效慢而缺乏兴趣。

(五)研发投入还有很大差距

开展技术创新、新品研发,存在风险,需要一定量、甚至大量的资金做支撑。民营制造业企业盈利水平不高,纯利润只有3%~10%,有的企业纯利润不到1%,甚至亏损运营,特别是一些中小企业,企业本身资金有限,能投入研发的更不多。对于企业来说,面对承担高风险的创新研发压力,往往会对一些高新技术成果望而却步,或者说对于大多数科技成果的转化工作,他们只愿意承担部分风险,希望政府通过有关政策或投资机构、金融机构的介入共同承担风险。

(六)关键设备国产率低

民营科技企业研发机构购置的研发设备、检测设备、分析设备国产率比较低,特别精密设备国产率更低,一些重点企业最主要、最贵重的设备均为进口。

三、推动民营企业创新发展的建议

2021年4月1日,南通市召开"全市创新发展大会",提出将高水平打造"一核、四区、多园"沿江科创带,构建"如鱼得水、如鸟归林"一流创新生态,建设更高水平的创新型城市,将给南通民营经济带来新的发展机遇。

(一)优化支持政策

全面贯彻落实《关于推进建设更高水平创新型城市的若干政策意见》,推动生态提升,推动科技惠企、科技兴企,加速发展一批具有自主核心技术、持续创新能力强、发展后劲大且前景广阔的民营科技企业,推动民营科技企业又一轮发展。

(二)建设产业平台

结合南通市优势产业链培育工作,积极采取政府引导、市场化运作的方式,在沿江科创带各园区、科创项目集聚区,支持建立一批公共服务平台,推动科技资源和产业集聚;对已有的公共技术服务平台进一步拓展功能、延伸服务,为民营科技企业创新提供设计、信息、研发、试验、检测、新技术推广等全方位服务。

(三)加大金融扶持

民营科技企业的发展中遇到的最大问题就是资金短缺问题，要积极用好“苏科贷”“通科贷”“科创贷”等金融产品，加大对民营科技企业的金融扶持，为企业发展解决融资难题。特别是要落实好2021年出台的《关于建设更高水平创新型城市的若干政策意见》和《关于促进金融支持产业转型升级的若干政策意见》，让民营科技企业得到实实在在的实惠。

(四)推动研发投入

支持民营科技企业建设工程技术研究中心、企业技术中心、企业重点实验室等研发机构建设，推动民营科技企业研发机构建设覆盖。同时，根据研发机构类别和建设要求，结合民营科技企业规模、基础资源、创新能力等开展分类指导，推动研发体系贯标，提升研发人员工作积极性，推动企业研发机构整体质量提升。

(五)加强梯队培育

针对不同类型、不同成长阶段的民营科技企业，区分科技型中小企业、“小升高”入库、高新技术企业，进行梯队培育，并按照科创型企业、高成长性科技企业、科创板上市培育企业标准不断辅导成长，未来5年内，推动一批民营科技企业在科创板上市。

(六)支持柔性研发

鼓励有条件的民营科技企业在北京、上海、南京、深圳等创新人才、科技资源丰富地区建设研发中心，支持企业开展全方位、多层次、高水平的国际科技合作，鼓励企业到海外建立研发机构，柔性引进人才，用好外部资源，促进企业创新能力整体提升。

撰稿人：丁一

2021年4月

南通市民营经济纳税报告

南通市税务局

民营经济是社会主义市场经济的重要组成部分。税收数据显示,2020年南通市民营经济克服疫情影响,市场主体进一步扩大,税收贡献进一步提升,创新动力进一步增强,为南通奋力夺取疫情防控和经济社会发展双胜利提供了有力支撑。税务部门一直非常关注民营经济发展,不断优化营商环境,落实税收政策,简政减税降费,着力营造支持民营经济健康发展的良好环境。

一、民营经济对南通经济发展支撑有力

(一)保市场添主体支撑有力,民营户数占比超九成

从纳税人登记情况来看,民营市场主体仍保持快速增长态势。2020年,全市新增民营纳税人7.16万户,占全市新增纳税人总户数99.17%,且2020年南通市民营经济新增主体存活率(当年新办非注销户/当年全部新办户)为95.44%,较上年有所提升,反映民营企业"新陈代谢"保持平稳。全市累计登记各类纳税人76.78万户,其中民营纳税人74.74万户(企业30.36万户、个体44.38万户),占比97.33%。

(二)保运行稳增长支撑有力,税收贡献进一步提升

受疫情冲击,2020年一季度全市民营经济销售额同比下降5.2%。随着复工复产的稳步推进,民营企业加速复苏,全年累计实现销售额2.49万亿元,同比增长13.38%,占全市销售总额的比重达87.3%。全市民营企业全年累计入库税收,2020年民营经济税收755.73亿元,增长4.71%,增速高于整体税收2.53个百分点,民营经济税收占全部税收比重达80.43%,较上年提高1.94个百分点,较"十三五"初期(74.17%)提高6.26

个百分点，贡献进一步提升。

(三)保动力促创新支撑有力，创新成果初步显现

科技是第一生产力，民营企业是科技创新的主力军。2020年南通市民营企业享受研发费用加计扣除金额55.7亿元，同比增长31.66%，占全市研发投入的74.25%，占比较上年同期提升1.58个百分点。科研投入大幅增加推动创新成果逐步显现，南通市民营企业的高新技术产品（服务）销售为1755.41亿元，同比增长16.42%，增幅高出全市平均1.51个百分点。随着企业的研发投入不断加大，科学研究和技术服务业发展迅速，2020年民营科学研究和技术服务企业实现税收8.88亿元，同比增长22.72%。

二、民营经济税收具体构成情况

(一)分地区看：海安民营税收总量及贡献最高，市区民营税收出现小幅下降

总量上，市区民营经济贡献税收241.52亿元，占全市民营经济总额的31.96%，份额较上年下降2.35个百分点。六个县（市、区）中，海门民营经济快速增长，2020年实现税收收入95.23亿元，总量排名六县（市、区）第一，其次为如皋和启东，分别入库90.9亿元及89.4亿元。增速上，全市除市区（下降2.48%）外均实现增长，其中如东民营经济税收高速发展，增幅达14.92%，高于全市民营经济整体增幅10.21个百分点。占本地全部税收比重上，海门也居全市第一，达90.3%，较2019年进一步提升3.67个百分点。如皋、市区（崇川区、开发区）占比较去年略有下降，其中市区占比较低，仅70.91%。（见表1）

表1 2020年民营经济分地区税收情况表

地区	入库税收(亿元)	比上年同期增加(%)	占全部税收比例(%)
全市	755.73	4.71	80.43
市区	241.52	-2.48	70.91
海安市	86.21	5.24	90.05
如皋市	90.9	1.16	86.21
如东县	72.42	14.92	79.10
启东市	89.4	13.04	85.40
通州区	80.05	5.32	83.22
海门区	95.23	13.10	90.30

(二)分注册类型看:各注册类型纳税人税收占比基本稳定,私营企业保持迅猛发展势头

从结构上来看,2020年民营经济各注册类型纳税人税收占比基本保持稳定,各类公司制纳税人全年实现税收收入671.36亿元,占民营经济税收总量的88.84%,占比较去年同期上升0.89个百分点。其中有限责任公司入库税收339.31亿元,税收贡献度最高,达44.9%。而户数占比过半的个体经营纳税人2020年贡献税收84.37亿元,占民营经济税收比重为11.16%,较去年略有下降。增速上,私营企业发展迅猛,2020年入库税收金额同比增长8.37%,高出民营经济整体增幅3.66个百分点,继续保持最高增速。受益于减税降费优惠政策,股份合作企业和个体经营下降明显。(见表2)

表2　2020年民营经济税收的经济类型结构情况表

项目	税额(亿元)	增幅(%)	占全部税收比重(%)
股份合作企业	1.19	-26.1	0.16
股份有限公司	90.32	6.28	11.95
私营企业	240.54	8.37	31.83
有限责任公司	339.31	4.01	44.9
个体经营	84.37	-2.58	11.16

(三)分税种看:增值税减税效应逐步显现,"地方十税"增长迅速

2020年民营经济税收三大税种中,除增值税受减税效应影响出现下降外, 企业所得税及个人所得税全面增长。全市国内增值税入库329.45亿元,同比下降3.27%,占民营经济税收总量比重下降3.62个百分点;入库企业所得税170.74亿元,同比增长13.44%;由于政策性减税翘尾影响逐步消除,个人所得税入库49.5亿元,同比增长2.56%。其他税种增减不一,入库国内消费税1.37亿元,下降11.07%,入库车辆购置税26.44亿元,增长4.04%,入库"地方'十税'"178.15亿元,增长14.88%,占民营经济整体税收比重增长2.07个百分点。其中,契税增长39.12%、土地增值税增长9.48%,主要是受益于南通市房地产产业的快速发展。(见表3)

表 3　民营经济税收的税种结构情况表

项目	税额(亿元)	增幅(%)	比重(%)
民营经济	755.73	4.71	100
其中:增值税	329.45	-3.27	43.59
企业所得税	170.74	13.44	22.59
个人所得税	49.5	2.56	6.55
消费税	1.37	-11.07	0.18
车辆购置税	26.44	4.04	3.56
地方“十税”	178.15	14.88	23.57

(四)分行业看:房地产业税收贡献最大,制造业降幅超全市平均

总量上,2020 年南通市民营房地产实现税收首次超过制造业，成为民营经济税收最大支柱,2020 年入库税收 231.82 亿元，占民营经济整体税收的 30.67%。其次为制造业、建筑业、金融业,贡献度分别为 28.55%、13.08%、7.49%。增幅上,受疫情和减税降费的叠加影响,各大行业中仅采矿业、建筑业、金融业、房地产业、科学研究和技术服务业五个行业实现增长,其中房地产业、建筑业较去年增收 43.77 亿元、13.13 亿元,同比增长 23.28%、15.31%,拉动了全市民营经济的快速增长。民营制造业 2020 年入库税收同比下降 2.57%,降幅高于全市制造业税收 0.65 个百分点。

三、民营经济税源发展中存在的主要问题

(一)民营制造支撑有限,产业结构有待进一步升级

2020 年南通市民营制造业入库税收 215.78 亿元,占民营税收总量的 28.55%,较去年同期下降 0.76 个百分点,贡献度低于制造业整体税收贡献度 3.62 个百分点,南通市民营制造业对税收的支撑略显不足。从行业结构看,税收前三的行业分别为通用设备制造业(占比 14.05%)、化学原料和化学制品制造业(占比 11.37%)、纺织业(占比 10.85%),可见南通市传统高污染、劳动密集型低端制造业发展占优。而具有高附加值的医药制造、计算机通信和其他电子设备制造、专用设备制造业上入库税收仅占 12.13%,有待进一步发展。

(二)中小企业占比较高,龙头企业有待进一步培育

从户数情况来看,2020 年民营经济以小微企业为主,占比达 96.67%,民营小微企业达到全市小微企业数量的 95.85%,而大型企业、中型企业仅占全市同规模企业的 63.8%、82.12%。从大企业户均贡献来看,民营大企业 2020 年户均贡献税收 769.9 万元,低于全市大企业平均贡献值 13.2%。从亿元企业看,南通 100 户税收贡献超亿元企业中,民营企业共 83 户,户数占比达 83%,而入库税收占亿元企业整体入库税收仅 70.53%,相较国有、外资企业,南通民营龙头企业有待进一步培育。

(三)刚性成本居高不下,发展动力有待进一步增强

2020 年,南通市民营企业平均利润率为 1.76%,与去年基本持平,但仍低于全市企业平均 0.28 个百分点。主要是企业各项成本不断上升,2020 年南通市民营企业营业成本同比上涨 15.07%,涨幅高出全市企业平均 1.48 个百分点。管理费用、财务费用、销售费用 2020 年均出现较大幅度的增长,涨幅分别为 18.86%、13.9%、13.1%,高出全市企业平均 1.48、1.1、5.11 个百分点。刚性成本不断上升,成为南通市民营企业发展的阻碍。

四、促进南通市民营经济发展的目标举措

(一)落实落细减税降负措施,营造良好政策环境,企业发展动力更足

要不折不扣落实好国家出台的减税降负各项措施,减轻民营企业市场主体的税收负担,让民营企业充分享受政策红利。

一是支持小微企业快速发展。小微企业基本上都是民营企业。全力支持小微企业发展税收优惠政策落地落实,确保税收优惠面达到 100%。

二是支持大型民营企业稳步发展。推出“一户一策,一户一方,一户一档”的千户集团服务模式,推行重大涉税事项辅导,为大企业重组、重大交易等重大涉税事项提供专业辅导和风险建议。落实先进制造业、研发等现代服务业企业增值税期末留抵退税政策,有效缓解企业资金压力。

三是支持创新型企业发展壮大。全面落实好高新技术企业、支持软件和集成电路产业发展、科技型中小企业研发费用加计扣除等减免税政策,为助推民营企业转型升级和增强创新能力提供有力支持。

四是支持企业解决融资难题。深化与银保监、银行业机构合作,积极

创建银税合作示范区，更大力度、更加便捷推进税银互动，创新银税合作产品，有效解决企业融资难题。

(二)持续优化纳税服务，营造良好政务环境，企业办税流程更简

一是在整合资源上做加法。继续推行一窗办、一网通、一键达，用办税的便捷指数换取纳税人的舒适指数。以省局"1+5"体系规划为引领，以"业务一体化、管理属地化、考核标准化"为宗旨，搭建"服务组织体系更完善、服务运行机制更科学"的现代化纳税服务体系，实现"服务同规范、管理同口径、执法同尺度"。

二是在简化流程上做减法。全面开展办税堵点难点排查整改工作，分析形成原因、提出解决措施，推动流程再造和渠道优化。实施"全程盯办"，解决办结时限超期、办税质效低、流程流转逾期等问题。以办税服务和咨询辅导为主体，升级全面完备的纳税服务规范体系，形成既符合征管体制改革精神，又具备南通特色的标准化业务规范。推行"一站式"套餐办税服务，实现涉税事项的内部流转、统一出件。提供企业注销"即时办""容缺办"，不断推动办税次数更少、办税时间更短、办税程序更简。

三是在拓宽渠道上做乘法。推进纳税缴费便利化改革，持续提升"不见面"服务水平，推行发票邮寄配送免费服务，加快推进线上办税一揽子提升落地，有序打造智慧办税服务厅，推动实体办税向线上一体化管理服务转变。构建网格化社会化协同服务体系，打破各部门之间的原有业务壁垒，有效实现人力资源的优化配置，简化业务流程，提升资料利用效率，减轻企业负担。

(三)深入民企走访调研，营造良好发展环境，企业需求响应更快

聚焦民营企业办税难点、痛点、堵点，主动上门走访调研，帮助解决具体涉税诉求，让企业应知尽知、应享尽享税收优惠政策。

一是积极开展"走帮服"活动。持续开展"千名税干进万企、促进发展送春风"走帮服活动，组织全市3000余名税务党员干部下沉一线，通过走访面对面地了解企业诉求，掌握到每一户企业的关注点和困难点，听取民营企业家对税务部门的意见建议，回应企业关切的税收问题，就税收如何更好促进民营经济发展问需问计。

二是认真研究精准施策。专门组织针对民营企业的系列宣传辅导活动,持续加大税收优惠政策宣传力度,依托办税厅、纳税人学堂和各类媒体渠道对纳税人关心的热点难点问题进行解读。健全税收优惠政策落实机制,通过实行政策定制化辅导、探索建立营商专员制度等举措,全力助推南通市重大项目、重点行业和战略新兴产业发展。

三是抓好反馈积极回应。以民营企业家需求为导向,切实解决调研走访中民营企业反映的涉税问题,帮助企业防范税收风险,用好政策、享受红利。对企业普遍关心的社保非税征管职责划转工作,深入开展调研摸底,扎实做好划转准备,确保不增加企业负担。

撰稿人:陆清瑶

2021 年 4 月

南通市民营企业吸纳就业报告

南通市人力资源和社会保障局

2020年,南通市不断推动稳就业保民生工作,以疫情防控和复工复产双推进,政策落实和服务提升双促进,打出减负稳岗扩就业保民生政策组合拳,保持就业局势长期稳定。在社会经济发展中,民营企业发挥了巨大的价值,不仅促进了社会经济稳定发展,同时在创造居民就业机会方面也卓有成效,是新时代下保障和改善民生水平的重要力量。

一、南通市民营企业吸纳就业基本情况

(一)总体情况

2020年全市民营经济体累计登记总量100.95万户,同比增长11.5%,累计注册资本总额16687.67亿元,同比增长12.85%,吸纳就业人数364万人,占全市从业人口比重近八成。2020年,南通市共帮扶1.92万人实现创业。

(二)特点分析

一是总体就业吸纳能力强,三次产业结构稳定。截至2020年年底,民营经济共吸纳从业人员364万人,较去年增长4万人,占全市从业人口比重近八成。其中,民营企业24.61万家,吸纳从业人员265万人,户均吸纳人员10.8人;个体工商户76.34万户,吸纳从业人员99万人,户均吸纳人员1.3人。2020年城镇新增就业11.5万人,其中8.45万人被民营经济所吸纳,占比达73.5%。

从就业结构看,三次产业的就业结构依然为“二、三、一”的格局,三次产业从业人员比约为18:47:35,与去年基本持平,二、三产业依然成为吸纳劳动力就业的主体。作为南通市经济的支柱产业,建筑业持续快速发

展,规模不断扩大,2020 年,南通市建筑业生产运行情况良好,完成产值持续增长,年末从业人数达 210 万人,同比增长 11.7%。

二是用工需求呈下降趋势,相关行业需求攀升。近年来,民营企业已成为拉动经济的新增长点以及缓解就业压力保持社会稳定的基础力量,为市场带来了大量的就业岗位。2020 年,全市共提供就业岗位 34.14 万个,其中民营经济提供就业岗位 29.6 万个,占比达 86.7%。在对 400 家企业的春季用工需求调查显示,2020 年民营企业有招工需求的比例为 82.8%,上升 4.3 个百分点。

从产业用工需求看,一产、二产、三产的占比分别为 0.42%、57.88%和 41.7%。以制造业为主的第二产业仍是经济发展支柱,招聘需求仍居首位,占比 52.24%。餐饮、酒店、旅游、娱乐、交通等行业经历了半年的“回血”,不断恢复活力,四季度住宿餐饮业招聘需求已达到 2019 年同期的 97%,线上课堂、网上办公、远程医疗等新业态成长迅速,信息传输、软件和信息技术服务业招聘力度提升较大,占比同比上升 1.34 个百分点。

2020 年,直播、电商等线上渠道热度提升,人们对网购的需求飙升,交通运输、仓储和邮政业需求人数同比增长了 2.75%。此外,随着各地企业陆续复工复产,企业经营管理回归正常轨道,对人事、行政、后勤类职位招聘需求有一定幅度上升。餐饮、商超百货、零售业也逐步回暖,相应求职需求集中释放,求职者重返寻找此类工作的应聘之路。

三是农民工返乡创业增多,高校毕业生认可度高。因民营经济发展快、用工需求大,“在家门口就业”已成南通市农村劳动力就业的第一选项。近年来,随着南通市农民工文化水平提高,且受过工业化生产训练和市场熏陶,越来越多的农民工选择返乡创业,他们涉足的领域广泛,主要涵盖特色种养业、农产品加工和物流、信息服务、电子商务等一二三产业,实现从传统一产向二产、三产融合发展。2020 年,在新增转移的农村劳动力中,就地转移人员占比达 62.5%。

民营企业一视同仁、量才录用的用人机制,也为高校毕业生提供了公平竞争的舞台,高校毕业生对到民营企业就业的认可度不断增强。同时,民营企业在薪资、职业生涯规划及后勤保障方面越来越具有竞争力。根据对南通籍2020届高校毕业生就业状况及返通就业情况调查显示，民营经济仍是吸纳大学毕业生就业的主力军，占比为79.8%，同比上升0.3个百分点，吸纳比例持续增长。制造业、信息传输及软件信息技术业、建筑房地产业依然占据毕业生就业领域的前三名。从不同行业的月薪水平来看，信息传输、软件和信息技术业平均月薪水平最高，超6000元的毕业生占本行业就业人数的比重为22.7%。高校毕业生在通回通就业的共4232人，占已就业毕业生总数40.6%，比去年上升了4个百分点。

四是用工管理持续优化，外部环境走势待关注。为满足自身发展需求，企业一方面不断改善优化用工环境，另一方面加快实现智能制造。越来越多的民营企业在管理上更加人本化，生产生活条件更加舒适，工资福利更加优渥，劳动保障也更加健全。根据调查显示，2020年民营企业新招聘员工平均月薪4089元，较去年增长2.7%；选择赴外招聘、校企合作、通过人力资源公司或劳务中介招聘员工的企业不断增多，分别占26%、19%和55%。企业春节后返岗情况较好，在接受复工返岗调查的企业中，企业返岗率基本超过50%，返岗率在80%以上的达九成。

2020年，南通市扩大重点监测外贸企业用工信息监测范围至1001家。随着国内疫情基本稳定，企业复工复产基本恢复，经济生活走上正常轨道。但是由于全球其他主要经济体疫情尚未得到控制，经济活动恢复节奏明显滞后于国内，加上政治等诸多风险，都可能导致外贸企业进出口市场波动。根据市商务局提供的情况，从市场来看，日本市场订单稳中有升、美国外需明显回落、欧洲开始逐步“解封”。到年底，南通市外贸企业生产经营基本正常，总体就业形势良好，人员稳定。

二、发展民营经济与促进就业中存在的问题

随着南通市经济转型升级步伐加快，中高级人才缺乏问题日益凸显。由于国际疫情持续蔓延，国际贸易摩擦加剧等不稳定不确定因素显著增多，稳就业依然是需要优先保障的重点工作。充分发展民营经济，是吸引中高端人才聚集、拉动就业的重要手段。南通市民营经济在促进就业方面取得了显著成效，但仍面临一些亟待解决的问题。

(一)就业结构性矛盾仍然突出

随着南通市新旧动能转换工作的推进,制造业向自动化、信息化、智能化发展,企业对于精通现代机械设计与管理人才的需求正逐渐增大,而劳动者技能与就业岗位需求的不匹配矛盾依然突出。一方面,部分工种缺口较大,一线岗位面临长期缺工,从职业需求情况看,生产运输设备操作工、商业和服务业人员、专业技术人员占需求的前三位,仍是人力资源市场需求大类;另一方面,行政、后勤、财务、人力资源、文秘等工种岗位趋于饱和,求职者众多,其中行政、会计和人力资源竞争最激烈。此外,企业招聘熟练的技术工人也面临较大困难。

(二)就业质量仍有待提高

当前南通市经济正从高速增长转变为高质量发展,就业质量也需不断提高。高质量的就业不光要看就业率,更要看就业满意度。根据对南通市生源2020届高校毕业生就业状况及返通就业情况的调查，近四成本地生源回通就业,与周边地区相比,南通市回通就业率仍然不高,人才结构性矛盾、人才流失情况较为突出,由于产业结构转型升级、新旧业态更替、智能制造升级,从事生产性岗位和低技能劳动的职工面临较大压力,结构性失业压力大,不利于稳定就业。同时,创新创业是带动就业数量增多、就业质量提高的一种形式,与创业发达地区相比,南通市存在着创业资源不够丰富、创业意识不够强、创业成本较高等制约因素,创新创业发展步伐较慢。

三、发展民营经济与促进就业的对策建议

为了更好地促进民营经济的发展,发挥促进就业创业的带动作用,建议从以下几个方面完善:

(一)进一步优化用工环境

民营经济已经成为市场竞争最充分的部门,资源配置效率和劳动力市场灵活性优势明显,应充分发挥民营经济的灵活性。积极完善相关制度,妥善维护民营企业和员工的合法权益,营造更加公平竞争的市场环境,使劳动力在民营企业中更加充分地自由流动和有效配置。同时推动平台经济、众包经济、共享经济等创新发展,为不同社会阶层提供公平的和无差别的就业机会。企业也应根据自身特点建立起适合自身发展的企业文化、企业精神，增进与员工的沟通交流，从而激发员工的工作热情和积极性。

（二）完善政策扶持，提升就业吸纳能力

保障企业用工奖励补贴政策。一是对用工行为规范、诚实守信、稳岗到位的企业，以及“5215”工业大企业和智能装备、新材料、新能源等重点新兴产业类企业新招用人员，根据企业税收上缴体制，给予基地建设运行费、人力资源输送奖励、推荐就业奖励、企业招聘补贴、高校毕业生就业补贴、社会保险补贴等奖励补助。二是对于一些吸纳能力较强的制造业、居民服务业等民营企业，加大扶持力度，适当给予政策倾斜，比如适当降低这部分企业的社保费率或稳岗返还等，有效降低企业的人工成本和经营负担，促进就业稳定。三是探索城镇创业扶持政策向农村、农民、农村合作组织延伸的有效途径，扩大农民创业规模。

（三）加强职业培训，增强培训实效

建立职业培训与产业需求动态对接机制，开展多层次、多形式、多渠道的技能培训和职业培训，拓宽技能人才培养渠道，提升技能人才培养层次，为民营企业提供急需的各类人才。鼓励培训机构根据企业和职工实际需要，开展教学服务进企业活动。打造网络学习平台，创建“互联网+”职业培训课程体系。充分发挥企业等用工主体的作用，引导职业培训更适应产业升级和企业岗位的需要。加强职业精神的培养，大力弘扬劳模精神和工匠精神。

（四）优化创业环境，推动创新创业发展

深入实施全民创业行动计划和创业富民计划，扩大支持范围，加大力度实施支持农民工等人员返乡创业政策措施，进一步推动创业扶持政策的落地生根，确保政策“应享尽享”。探索开发线上创业培训系统，组织以星级讲师为主体的一批优秀师资，组建市级创业培训课题研究小组，探索开发与创业项目相结合的新型创业培训项目，进一步提升创业培训实效。加强市级及以上创业孵化基地的动态管理服务工作，健全创业项目动态跟踪服务机制，帮助项目合法经营、可持续发展，不断提高创业成功率和带动就业率。

撰稿人：肖琳婧

2021 年 4 月

南通市民营企业质量发展报告

南通市市场监督管理局

2020年,面对突如其来的新冠肺炎疫情,在南通市委、市政府的坚强领导下,南通市市场监管局坚持“以人民为中心”,主动服务企业发展,帮助南通市民营企业克服疫情影响,有效推动民营经济稳步发展。

一、2020年全市民营企业基本情况

截至2020年年底,全市市场主体总数1028836户,同比增长15.50%,资金总额(注册资本)28454.4亿元,同比增长15.04%。其中,企业总数277271户,同比增长16.87%;资金总额27755.98亿元,同比增长14.91%。个体户总数751565户,同比增长15.0%;资金总额698.42亿元,同比增长20.71%。

企业中的私营企业总数244705户,同比增长16.52%;资金总额13636.57亿元,同比增长17.09%。

二、民营企业质量发展状况

(一)务实服务民营企业发展

2020年,市场监管局落实“六稳六保”,围绕“保市场主体”,采取多项措施优化疫情期间营商环境,纾缓企业困境,服务企业高质量发展。

一是出台《南通市市场监督管理局关于帮助企业解决实际困难,打赢疫情防控阻击战十二条措施》,协助紫罗兰家纺、三润服装等企业完成转产口罩、防护服审批。疫情期间,共有234家企业暂缓列入经营异常名录,1050家企业暂缓纳入清理吊销名单。减征、免征特种设备检验检测费用约600余万元。

二是出台《南通市市场监管系统服务高质量发展“市监护企行动”实

施方案》,兑付产业升级资金 3922 万元;减免、清退涉企收费 5095 万元;助企融资 193.7 亿元;为通富微电、神马电力等重点企业出具资信证明 462 份,累计帮助 13399 家企业移出经营异常名录,59062 家个体工商户恢复正常状态;为 366 家企业提供标准文本 2141 条;及时响应 2625 家企业检验、检定、检测需求。

三是出台免罚轻罚清单 2.0 版,对 11 个领域 85 项轻微违法行为给予免罚轻罚;对"5215"培育企业等重点主体实施处罚报备;开展专项行动帮助企业打假 118 次,挽回损失 455.5 万元;开展"清费减负"专项治理及转供电主体专项检查,清退涉企收费 2264.36 万元。

(二)民营企业质量发展成果

2020 年,南通市民营企业持续开展质量提升活动,在产品质量、品牌建设、标准化工作、质量诚信创建、质量安全管理等方面取得成效。

截至 2020 年年底,全市 2 家组织获中国质量奖提名奖,其中民营企业 1 家,占 50%;8 家企业获评省长质量奖,其中民营企业 7 家,占 87.5%;38 家企业获评市长质量奖,其中民营企业 30 家,占 78.9%。全市累计获得省质量信用 AA 级企业 50 家,其中民营企业 46 家;累计获得省质量信用 AAA 级企业 42 家,其中民营企业 36 家,AA 级以上企业中民营企业占 95.6%。民营企业已成为南通高质量发展的主力军。

一是产品质量持续稳定。2020 年,全市产品质量水平总体保持稳定,全市未发生区域性、行业性质量安全事件。

省级监抽:2020 年省级产品质量监督抽查在南通地区共抽取产品 976 批次,其中生产企业为南通的 569 批次,检出合格 547 批次,产品质量合格率 96.13%,较 2019 年 93.83%高出 2.3 个百分点。自 2018 年以来,省级产品质量抽检连续两年保持上升态势,南通地区产品质量逐年向好。

市级监抽:2020 年产品质量市级监督抽查在生产领域抽取产品样本 538 批次,检出合格 525 批次,合格率为 97.6%,连续 3 年超过 95%,显示我市生产企业产品质量一直保持较高水平。其中:纺织产品抽查合格率保持稳定。2020 年南通市纺织相关产品抽查合格率为 93.6%,连续 5 年市级监督抽查合格率高于 90%,充分说明南通市市场监管局开展纺织(家纺)

产业质量提升行动和高端纺织产业培育工作取得较好成效，全市纺织产业整体质量水平趋势向好。

二是质量管理深入推进。2020 年，全市民营企业积极推行先进质量管理方法，树立高质量意识。7 家有条件有潜力企业参加了“南通制造质量 2025”先进质量管理技术和方法公益孵化活动，引入卓越绩效质量管理模式。积极参与 QC 小组成果发布赛，69 个课题参与竞争，20 个入围决赛，有效促进民营企业主动开展产品技术革新，提高产品品质。江苏中天科技获第六届“中国工业大奖”；罗莱生活科技、江海电容器分获 2020 年省长质量奖、省长质量奖提名奖；四方科技、国盛智能、如高高压电器获评 2020 年度南通市市长质量奖（组织类），泰慕士针纺获评 2020 年度南通市市长质量奖提名奖（组织类）；海汇科技、海星电子获评首批“江苏精品”；罗莱生活等 12 家民营企业获 2020 年度省质量信用 AA 级以上评级。

首席质量官制度在民营企业中进一步推广施行。探索实践首席质量官在中小微企业中施行的途径和方法，帮助实现中小微企业的长足发展。首次开展南通市市长质量奖（个人类）评选，顾云飞获评首个南通市市长质量奖（个人类），曹德标、徐亚琴分获南通市市长质量奖提名奖（个人类）。

质量合作社模式在民营企业中取得积极成效。全市已建成 6 个行业质量合作社组织，推动个转企 312 家，转规模以上企业 68 家，新增产值 39.1 亿元，新增纳税额 1.8 亿元，新增就业人数超万人。合作社成员企业免费进行产品质量检验检测 1651 批次，检测合格率稳步提升。搭建检验检测公共服务平台，帮助社内企业建立各类标准 1.8 万多个，促成与高等院校研发机构合作 90 多次，凸显质量合作社以优势企业带动中小微企业发展的作用。

三是标准化工作继续领先。鼓励民营企业参与标准制定、修订工作，以此促进民营企业质量发展。2020 年南通市主导或参与制修订国际、国家、行业、地方标准 87 项，发布团体标准 105 项，百城千业万企对标达标提升专项行动发布对标结果 1328 个、对标技术方案 80 个、第三方符合性证明 851 份,其中 85%来自民营企业。2020 年,新增获批承担 2 个全国专业标准化技术组织秘书处,数量全省第一。民营企业承担的标准化试点项目中,5 个国家级、12 个省级标准化试点项目通过验收;其中共 7 个试点项目(1 个国家级、6 个省级)获优秀等次。

民营企业在南通市标准国际化工作中发挥了巨大作用。

1. 积极参与国际标准制修订。去年,南通星球石墨股份有限公司主导、南通山剑石墨设备有限公司参与制修订的国际标准 ISO_23222_2020《腐蚀控制工程全生命周期风险评价》发布、南通山剑防腐科技有限公司参与制修订的国际标准 ISO_23221_2020《管道腐蚀控制工程全生命周期通用要求》发布;南通市世发船舶机械有限公司主导制修订的国际标准 ISO_24225《船用气动速关控制装置》进入委员会阶段(CD 阶段);梦百合家居科技股份有限公司参与制修订的国际标准 ISO_23769《家具床垫性能测试方法》进入询问阶段(DIS 阶段);中天射频电缆有限公司牵头提交的 IEC 国际标准提案(IEC 61196-1-X、IEC 61196-11、IEC 61196-11-1)、江苏生益特种材料有限公司牵头提交的 IEC 国际标准提案《印制电路用热固性碳氢树脂玻纤布覆铜箔层压板》《印制电路用热固性碳氢树脂玻纤纸覆铜箔层压板》,进入国际审核阶段。

2. 组织或出席国际标准化会议。南通世发船舶机械有限公司出席 ISO/TC8/SC3 全会,牵头组织 ISO/TC8/SC3/WG17 工作组召开 2020 年工作组全体视频会议;江苏中天科技股份有限公司参加 IEC TC46/TC86 会议,成为国际电信联盟第 15 研究组(ITU-T SG15)部门准成员;江苏生益特种材料有限公司参加由全国印制电路标准化技术委员会的主持 IEC 国际标准提案的论证会;南通力威机械有限公司参加由中国船舶重工集团公司第七〇四研究所组织的视频会议。

四是品牌建设成果显著。积极推进品牌培育,鼓励民营企业积极申创中国驰名商标、“江苏精品”、“国际知名品牌”等。2020 年,3 家企业申报驰名商标,累计拥有中国驰名商标 70 件。37 家企业列入省重点培育企业,海汇科技、海星电子获评首批“江苏精品”,天楹环保、通润汽车、江海电容器通过认证。江苏中天科技等 44 家企业的品牌入选省商务厅“2020-2022

年度江苏省重点培育和发展的国际知名品牌名单”,较 2019 年增加 10%,有力地提升了南通自主品牌国际竞争力,推动贸易高质量发展。

全面推动“品牌强企”“品牌兴农”“品牌走出去”,打造南通家纺品牌。紫罗兰家纺科技股份有限公司“品牌科技,比翼双飞——紫罗兰家纺‘生机’子品牌培育”典型经验入选江苏省质量标杆名单。全市 2020 年获新认定地标商标 6 件,累计获认定地理标志商标 44 件。新形成了以中天科技、罗莱、鑫缘、紫罗兰等一批民营企业为主的,在国内外具有较高知名度的地标性自主品牌,品牌影响力进一步扩大。

五是质量诚信稳步推进。加强宣传发动,帮助民营企业开展企业质量文化建设,形成质量信用意识,主动参加省企业质量信用评级,树立企业质量信誉观、社会效益观。2020 年全市新增省质量信用 AA、AAA 级企业 13 个,其中民营企业 12 家。

三、民营企业质量发展存在的问题

2020 年,全市民营企业质量发展总体向好,取得一定成绩,但同时在产品质量、品牌建设、质量人才、质量意识等方面还存在欠缺,与为社会提供优质产品的要求还有一定差距。

(一)企业产品质量理念比较薄弱

民营企业作为经济社会的重要组成部分,在经济、社会发展中发挥着重大作用。但从各级产品质量监管数据分析看,部分企业不能树立正确的质量意识,不能履行产品质量主体责任,追求利益最大化,忽视产品质量,生产的产品不能满足社会对高品质产品的需求。

(二)企业产品品牌建设相对落后

众多中小型民营企业产品品牌意识不强,没有系统、有效的产品品牌发展规划,对商标、专利等的重视程度不够,在各级质量奖评选、“江苏精品”认证、质量信用评级、中国驰名商标申请等活动上主动性、积极性不高,导致产品的社会知晓度、影响力不高。

(三)企业质量人才建设不被重视

许多企业一线生产、检验人员缺乏工匠精神,缺少必要技能培训和提升;质量管控人才缺乏,没有自上而下的质量人员培育体系;部分企业没有建立有效的质量管理体系，或者体系建设不充分不完整，企业产品质量把控不严，合格率不高。

四、2021 年促进民营企业质量发展措施

2021 年，市场监管局将紧紧围绕“为企业发展服务”，坚持新发展理念，分行业分领域深入开展民营企业质量提升行动，全面提升企业品牌意识，加强企业质量人才建设，推动先进质量管理方法推广应用，促进全市民营企业健康高质量发展。

（一）加强政策指引

以问题为导向，针对产品质量、服务质量、工程质量存在的突出问题，制定南通市质量提升三年行动计划（2021—2023），组织制定南通市质量发展“十四五”规划，全面提升产品、服务、工程质量。发挥行业协会、社会组织的积极作用，带动民营企业树立正确的企业价值观，强化质量管控理念，为社会提供优质产品。

（二）做好质量提升

进一步创新工作体制机制、方式方法，促进部门沟通交流，构建务实高效的工作联动机制。积极发挥质量发展委员会牵头协调作用，在民营企业中开展质量提升行动，切实提高民营企业质量水平，增强企业影响力和知名度。开展质量基础设施“一站式”服务平台建设，加强质量工作技术保障水平，为民营企业发展提供有力的技术支撑。进一步推动首席质量官制度和质量合作社模式在中小微民营企业中的普及和应用。

（三）强化工作措施

加强宣传，树立企业“质量第一”意识，激发企业主动提升质量管理水平的积极性。开展品牌建设，树立品牌意识，帮助企业开展驰名商标、江苏精品、质量诚信等申创工作。培育质量人才，鼓励企业开展质量攻关，提升技术水平，建立质量人才队伍，培养“一线工匠”，把好产品质量第一关。加强质量激励，提升资金奖励水平，鼓励企业积极参与各级质量奖评选、标准制修订、品牌认证等活动，推动企业管理进步、技术进步、产品进步。

撰稿人：黄燕

2021 年 4 月

南通市民营经济信贷和融资报告

中国人民银行南通市中心支行

2020年，面对新冠肺炎疫情带来的影响和复杂的经济金融形势，人民银行南通市中心支行全面贯彻执行市委、市政府和总分行各项工作部署，全力落实“六稳”“六保”工作，支持民营经济发展，为南通国内生产总值破万亿元做出了贡献。

一、南通市金融支持民营经济基本情况

2020年，人民银行南通中支在市委、市政府的正确领导下，带领全市金融系统，持续加大对各类市场主体的支持力度，推动民营企业贷款量增价降。至2020年年末，全市私营企业、个体工商户和小微企业主贷款余额为3482.9亿元，比年初增加606.5亿元，同比多增389亿元；增长21.1%，同比提高12.9个百分点。

2020年，全市一般贷款平均利率为5.03%，比全省低0.22个百分点，比上年下降53个基点，为苏中、苏北最低。全年普惠小微贷款加权平均利率为5.3%，同比下降67个基点。

二、金融支持民营经济的主要做法及成效

从抗击疫情冲击到支持复工复产、稳企业保就业，全市金融系统强化责任担当，狠抓落实落地，坚持务求实效。

(一)强化政策引领，帮助企业抗击疫情及复工复产

参与地方政府《关于全力应对疫情，支持企业发展的“十二条”政策意见》的制定，会同地方金融局、银保监部门出台了《关于南通市应对新冠肺炎疫情，支持企业发展金融实施细则的通知》，在全省率先出台“金融支持重大项目投资建设的指导意见”和“稳外贸20条”。深入实施“外贸企业金融全面帮扶专项行动”，对300余家外贸企业开展了外汇知识培训，通过

网络发放调查问卷613份，对其中反映的外汇问题进行了电话答复。对接地方产业主管部门获取尤其是外贸、制造业、科技企业、小微企业等领域重点企业的名单，分四批向全市金融机构推送1.7万余家企业名单，银企对接率接近70%。

（二）充分发挥货币政策的撬动作用，引导更多的金融资源向民营小微主体倾斜

疫情期间，人民银行南通中支以政策资金为支点，督促金融机构对重点防疫物资生产企业、国家重点名单内企业特事特办，实现效率最快、成本最低。2020年累计发放再贴现263亿元，增长61%。6月1日，人总行等部委集中出台了对中小微企业实施阶段性延期还本付息、加大信用贷款支持力度、强化金融服务等三项重要政策，人民银行南通中支第一时间召集全市银行机构部署落实文件精神，要求国有银行当好领头雁、地方法人机构当好地方金融主力军，能早宜早、能多宜多地用好两项工具。全年再贷款撬动法人银行用自有资金发放普惠贷款达7.27倍，金额达297.89亿元。

（三）持续优化结构，加大对民营、小微企业金融支持和服务力度

一是继续贯彻实施南通“金融支持制造业提质增效行动计划”。及时调整窗口指导策略，一方面，关注高端装备制造、新能源、新材料等战略性新兴产业的贷款投放情况；另一方面，关注制造业贷款质量变化情况，推动制造业金融服务提质增效。继续开展制造业信贷政策导向效果评估，引导金融机构重视和加大对制造业的金融服务工作。2020年年末，全市制造业贷款余额达1327.98亿元，比年初增加118.97亿元，增长9.84%。

二是“几家抬”合力推进金融支持科技企业。参与出台了《南通市促进科技金融创新，扶持科技型中小微企业发展的若干措施》。联合市科技局、财政局、银保监局确定了首批17名科技金融服务专员，并为获选者印制了“科技金融服务名片”。

三是开展“巾帼荣誉贷”劳动竞赛。联合银保监南通监管分局、南通市金融局和妇联等部门印发《关于开展南通市金融支持复工复产暨“巾帼荣誉贷”劳动竞赛的通知》，由地方金融局在南通市综合金融服务平台上开辟“巾帼荣誉贷”专版，由南通市妇联推送全市获得有关荣誉、有贷款意

向、无违法犯罪记录、信用记录良好的创业(含企业和个体工商户)女性人员名单,金融机构加强定向对接服务。竞赛期间,全市金融机构共发放了195笔、13.27亿元“巾帼荣誉贷”。

(四)加强金融政策宣介,提高金融服务的获得感

与南通电视台深度合作,开设了一档《金融江海行》周播栏目,采用专家解读、专题访谈、案例展现等方式,通俗易懂地宣传各类金融政策知识以及金融机构的产品服务,确保市场主体“应知尽知”、政策优惠“应享尽享”。在中国人民银行南京分行微信公众号发布《“专项、专用、普通”再贷款再贴现分不清?一图教你看懂会用!》,在学习强国《金融时报》《南通日报》等媒体平台发布宣传各类稿件近60篇次。

三、存在问题

(一)民营企业融资获得感仍有提升空间

一是审批流程较长。部分银行由于审批权限等问题,审批流程较长,与民营企业贷款需求“小、急、频、快”的要求不相适应。二是贷款期限难匹配。目前银行对小微民营企业贷款的期限普遍在1年以下,而企业对期限需求通常超过1年,难以解决企业可持续发展资金需求问题。三是融资渠道单一。目前,银行贷款仍是民营小微企业融资主渠道,另外还通过“亲戚朋友”“生意伙伴”“小贷公司”“民间借贷”等其他渠道融资,而股权债券、风险投资、天使投资、产业基金等融资极少。

(二)部分企业经营质态不佳,难以满足授信条件

大部分民营企业起点较低、管理模式落后,产品结构单一、生命周期较短,企业缺乏核心竞争力、处于市场链的底端。部分民营企业合同意识淡薄、履约水平有待提高;甚至尚未建立健全有效的管理模式,缺乏相应的财务管理制度,导致财务信息不透明、不公开;部分企业将本该用于生产经营的银行贷款挪作他用,盲目扩张、胡乱投资,甚至将银行信贷资金用于投资期货、炒作股票、民间借贷等高风险领域,最终造成巨额亏损。

(三)银企信息不对称,风控管理面临压力

一是企业发展前景预判难。银行在审批过程中,较难精准地了解企业真实经营实力和资金实力,特别是首次合作的新客户。部分企业经营模式

比较特殊，如异地安装施工企业，贷后管理跟踪较难实现。二是信用担保机制不健全。目前，社会信用环境建设相对滞后，服务于民营企业的第三方征信、担保和再担保、信用评级等机构较少，促进融资的作用不明显。

四、相关建议

（一）完善信用体系，通过增信解决“融资难”

完善征信和担保、再担保体系建设，发展第三方征信、信用评级等机构，降低银行等金融机构获取民营企业信用信息的成本；打破传统授信模式，加强民营企业研究，不能单纯以重抵押或重担保为要求，有效区分目标客户和融资需求，实现需求和资源的有效对接，构建支持小微企业成长的服务网络。

（二）以市场力量为主，多管齐下解决“融资贵”

细化客户准入标准，根据不同类型民营企业的特征及生命周期，制定差异化业务准入标准，并推行“白名单”准入机制，实施“一企业一策”；鼓励银行设立为民营小微企业服务的专营机构，建立跨层级、跨部门的小微企业专项工作小组，形成区域联动、部门间协同的工作体系，缩短企业融资链条，为小微企业“量身定制”融资产品，降低企业融资成本。

（三）以“服务+融资”思路解决“融资慢”

加强对民营、小微企业自身信用和第一还款来源的分析判断，对符合国家产业政策、公司治理完善、负债水平合理、履约记录良好的优质民营企业，合理设定授信条件，适当降低抵质押担保要求，简化授信流程，缩短审批时间，优化问责机制；给予金融机构一些信贷政策和信贷产品指导意见，对授信政策、信贷产品制度、业务流程进行全面重检，对不利于服务民营企业的规定、条款进行修订或删除，构建快速审批通道，提高业务办理效率。

2021 年 4 月

南通市商会发展报告

南通市工商业联合会

商会是市场经济条件下实现资源优化配置不可或缺的重要环节，是实现政府与企业、企业与企业、企业与社会之间相互联系的重要纽带。随着经济全球化的深入发展和社会主义市场经济体制的日益完善，商会组织民间性、社会性、经济性的特性和功能更加凸现，在推动地方经济发展方面具有得天独厚的优势。2020 年，南通市各级工商联组织在市委、市政府的正确领导下，团结带领全市各级各类商会以习近平新时代中国特色社会主义思想为指导，深入贯彻党的十九大和十九届二中、三中、四中、五中全会以及中央经济工作会议精神，认真学习贯彻习近平总书记在企业家座谈会上和视察江苏的重要讲话精神，按照市委、市政府工作部署，紧紧围绕促进“两个健康”总目标，谋发展思进取，善作为敢担当，为推动全市民营经济高质量发展做出了新的贡献。

一、全市商会组织建设的基本情况

2020 年，全市新组建商会 14 家，推进 25 家商会完成换届。截至 2020 年年底，全市共有商会组织 354 家，会员总数 35476 家。全市商会组织中乡镇商会 74 家，街道商会 21 家，行业商会 184 家，异地商会 47 家，园区、市场(楼宇)商会 13 家，其他类别 15 家。市直商会共 53 家，其中行业商会 29 家，异地商会 16 家。吸纳物流、服装、园林、煤炭等 6 家行业协会组织成为团体会员，指导协调南安、变压器商会等 4 家符合条件的二级商会在市民政部门登记为一级法人。354 家商会组织中具有法人资格的一级商会 259 家，占全部商会组织数的 73%。全市 184 家行业商会共涉及纺织、服装、机械、电子、建材等近 60 个行业。一、二、三产占比分别为 8.5%、

54.3%、37.2%，一产主要集中在养殖业和加工业，二产主要集中在纺织、服装、化工、机械、电子等行业，三产主要集中在贸易流通、餐饮服务等行业，基本已经覆盖到南通市各个主要行业，这其中，尤其以支柱产业、特色行业为主，其行业商会数超过总数62%以上，形成了与地方特色产业、重点行业发展相适应，布局合理、覆盖广泛的行业商会体系。

通商总会作为海内外通商代表自愿组成的、非营利性的社会组织，致力于汇聚通商力量，弘扬通商精神，打造全球通商的“精神总部”和“温暖家园”。2020年，召开通商总会一届四次理事会，举行轮值会长交接仪式，并举办项目合作推介大会，深圳市南通商会会长袁亚康接任轮值会长。推进在外南通商会组建，扩大通商总会覆盖面，2020年，推动成立天津市江苏南通商会、湖南省南通商会、宁波市南通商会、乌鲁木齐市南通商会、福州市南通商会、山东省南通商会6家商会，推进常州市南通商会、苏州市南通商会、杭州市南通商会筹建。至年底，全市累计在全国建立市、县两级异地商会组织68家。

二、加快推进商会组织建设的主要做法

2020年，在推进商会组织规范化、制度化建设的同时，以开展“四好”商会组织建设、推进商会党建工作和开展理想信念教育实践活动为抓手，商会服务会员企业、服务行业发展的水平不断提升，凝聚力不断增强，商会经济在地方经济建设中的作用也越来越突出。

（一）推进“四好”商会建设

按照全国工商联、省工商联要求，广泛开展以班子建设好、团结教育好、服务发展好、自律规范好为主要内容的“四好”商会建设工作，印发《南通市工商联所属商会管理办法（试行）》《南通市工商联所属商会考核办法（试行）》，全市工商联系统共有12家商会获全国“四好”认定、44家商会协会获得江苏省“四好”认定，45家商会协会获得南通市“四好”认定，海安化纤业总商会“健全诚信保证制度，规范市场竞争秩序”等被认定为首届全市商会“十大工作品牌”。

（二）创新商会党建工作

2020年，新成立标识行业协会党支部、家纺业联合商会党总支，装饰装修行业协会、南安商会、电脑商会、纺织工业协会、光学瞄准镜器材商会等11家党支部完成换届。截至2020年年底,全市建立市直属商会党支部32个,党员总数226人。全省工商联所属商会"两个全覆盖"工作推进会在南通召开,南通市所属商会党建覆盖率在全省排名第一。举办南通市总商会党委2020年基层党组织书记培训班,34名党组织负责人参加培训;市工商联"强化党建引领,推动商会高质量发展"项目被评为2020年度全省工商联创新工作引领示范奖,南通市纺织工业协会被评为全国纺织行业党建工作先进单位,南通市药品业商会党支部和如皋市花木盆景产业联合会党支部被评为江苏省商会党建示范点。

(三)激发商会经济新活力

2020年,会同市商务局制定《引导在外南通商会服务全市招商引资工作方案》,以"两办"文件转发,引导在外南通商会与全市17家开发园区实现全面对接。召开全国南通商会合作交流第八次会议、浙北企业家座谈会,组织深圳市南通商会、上海市海安商会等10多批次在外通商回乡考察。配合组织召开全市民营经济发展大会暨第三届通商大会,举办2020长三角南通商会联盟论坛。会同市工信局举办"百企结对,携手并进"跨江融合发展大会,推动20家苏锡常通地区商会(协会)结对协作。2020年,全市工商联系统先后组织20多个团组赴苏南开展学习交流和产业对接活动30余次,并邀请常州纺织工程学会、张家港企业考察团等9批次254名企业家来通考察交流。全市工商联、商会系统与苏锡常三地共达成科研、产品开发等产业合作27项,合作资金500.16亿元,苏锡常来通投资项目11项,投资总额达70.38亿元。《凝聚通商力量,助力回乡发展》获得2020年度全国地级市工商联工作"创新中国"最佳案例。

(四)引导企业履行社会责任

2020年,南通市工商联开展"万企联万村,共走振兴路"行动,组织33家商会、企业赴连云港东海县开展联建活动,市工商联与东海县政府签署战略框架协议,从推动企村党组织共建互联、打造乡村社区综合体、发展乡村特色产业、推动人才双向流动等方面开展企村联建合作;组织5家商协会和50余家企业,参加产业援疆江苏行南通专场活动,10多位行业、企业、园区代表与新疆克州、昌吉州达成合作意向；组织川渝商会赴新疆伊宁投资考察，并开展投资促进活动，就建立友好商会、产业发展、项目合作等事宜达成意向协议。新型冠状病毒肺炎疫情防控期间，海内外南通商会和通商企业捐款捐物超1.8亿元，梦百合家居、中南集团、文峰集团、综艺集团四家企业被全国工商联授予“抗击新冠肺炎疫情先进民营企业”称号。

三、进一步加强商会组织建设的主要思路

（一）抓实“两个覆盖”，突出商会党建引领作用

认真贯彻落实全省工商联所属商会“两个全覆盖”工作推进会精神，积极实施“两个全覆盖”集中攻坚行动，集中排查、集中组建、集中巩固，具备成立党组织条件的商会要全部实现应建尽建。按照统一部署，开展党史学习教育，立足商会实际守正创新，高标准高质量完成学习教育各项任务。充分利用张謇企业家学院、爱国主义教育基地等，深入开展民营经济人士理想信念教育，增强民营经济人士社会责任感，坚定“四个自信”。开展商会党组织书记教育培训，加强商会组织党务工作者专业化建设。

（二）夯实基层基础，全力推进镇街商会建设

认真贯彻落实民政部、全国工商联《关于加强乡镇、街道商会管理登记工作的通知》精神，全面铺开基层商会登记管理工作。制定下发《关于加强镇街商会登记管理工作的实施方案》，召开商会高质量发展推进会暨镇街商会推进现场会，建立健全镇街（园区）商会法人治理结构，完善运行保障机制，引导镇街（园区）商会履行政治引导、经济服务、诉求反映、权益维护职能，促进基层商会在党的统战工作和经济工作中发挥作用。

（三）积极挖掘探索，优化行业商会组成结构

按照市委、市政府确定的重点产业发展方向，加大在重点支柱产业和新兴产业培育和组建商会力度，推动建立生物医药、新材料、印染等商会组织，力争实现全市重点产业商会组建全覆盖。吸纳符合条件的经济类商协会组织为工商联团体会员。通过换届和依法登记盘活一批商会，指导他们在重新登记中吸纳部分新的代表性企业，焕发新的生机和活力。

(四)培育工作品牌,强化商会功能化建设

培育商会工作品牌,鼓励商会参与制定行业标准、开展行业调研、反映企业诉求等,适时召开促进商会发挥功能作用研讨会。引导商会不断拓展服务内容、创新运作方式、加强能力建设,积极顺应高质量发展的时代要求,完善治理结构、改善运营模式、提升服务水平。发挥"总会抓总"优势,有机整合各类通商组织和境内外工商社团,加强与境外交流合作,建立协调联络和互助合作机制。发挥好长三角南通商会联盟的作用,搭建共享平台,促进区域合作。

撰稿人:胡天梦

2021 年 4 月

南通市纺织业发展报告

南通市纺织工业协会(商会)

2020年以来,南通市纺织业认真贯彻落实省市决策部署,在国家宏观政策科学引领下,统筹推进疫情防控和复工复产,立足产业链优质制造和供应链快速反应能力,积极挖掘国内外市场回暖空间,产销形势基本平稳,企业效益加快修复,全市纺织企业生产经营秩序有序恢复。主要运行指标实现大幅回升,总体高于全省增幅。同时,疫情对全市纺织业的影响仍在持续,全市有257家企业亏损,亏损面20.11%,为全省最低,企业经营困难依然较多,亟须进一步采取有力举措加以应对。

一、2020年全国纺织业经济运行情况

伴随着国内外市场需求逐步回暖,国家大规模减税降费等助企纾困政策措施显效,纺织企业经济效益在经历年初大幅下滑后,呈现稳步修复、逐季改善的态势。

根据国家统计局数据,2020年全国规模以上纺织企业实现营业收入45190.6亿元,同比减少8.8%,降幅较前三季度和1—2月分别收窄3.3个百分点和20.7个百分点;实现利润总额2064.7亿元,同比减少6.4%,降幅较前三季度和1—2月分别收窄5.7个百分点和46.9个百分点。规模以上纺织企业营业收入利润率为4.6%,较年初2.2%的水平大幅改善,并超过2019年0.2个百分点。其中,产业用和家纺行业盈利能力表现突出,利润总额同比分别增长203.2%和14.7%,营业收入利润率分别为11.4%和5.6%,居于产业链各环节前列。

海关快报数据显示,2020年我国纺织品服装出口总额为2912.2亿美元,同比增长9.6%,增速高于上年11.1个百分点。其中,纺织品出口金额

为1538.4亿美元,同比大幅增长29.2%,占全行业出口总额的比重由上年的44.3%大幅提升至58.2%;服装出口形势上半年较为严峻,但下半年随着海外经济重启,我国纺织产业体系的完善性和供应链的运转稳定性优势显现,服装出口逐步好转,到年底出口额同比降幅已收窄至6.4%,自8月起单月出口额均实现正增长。

随着效益修复,纺织企业运行质量较年初也有所改善,但经营压力仍然较大。2020年,规模以上纺织企业亏损面为22.7%,亏损企业亏损额同比增长26.8%,较2月末分别下调13.6和2.7个百分点;总资产周转率和产成品周转率分别为1.1次/年和13.2次/年,同比分别放缓11.6%和10.9%;三费比例为7%,较上年提高0.2个百分点。

二、2020年江苏省纺织业经济运行情况

受疫情影响,全省规上企业6759家,营业收入8195.58亿元,比上年同期减少10.84%,占全国比重为18.14%,比上年同期减少0.41个百分比;利润总额271.32亿元,比上年同期减少16.03%,占全国比重为13.14%,比上年同期减少1.51个百分点;利润总额增速放缓,亏损企业1831家,同期减少幅度大于营业收入的减少幅度;出口交货值1060.20亿元,比上年减少13.7%。

三、2020年南通市纺织业经济运行情况

2020年全市纺织业呈低开运行态势,全市规上企业1278家,营业收入1298.96亿元,比上年同期减少6.05%;利润总额83.00亿元,比上年同期减少6.21%;主要纺织产品产量大多数较上年同期下降,市场经营情况已恢复至疫情前水平,并有所提升。

2020年,南通市纺织服装出口457.2亿元,同比下降2%,占全市出口的25.5%,占全省出口的14.2%。出口规模位列苏州(1180.9亿元)、南京(477.1亿元)之后,居江苏第3位。

从当前形势看,南通市纺织服装出口压力较大。一是随着海外供应能力提升,防疫物资出口出现持续下降趋势。如口罩全年出口1179.1万个,价值42.9亿元,但出口量已由高峰期月均近300万个降至不足70万个,出口单价也明显下跌。二是人民币汇率处于升值通道,国际运费和原材料大幅上涨，企业普遍面临利润减少、原材料供应紧张、采购商下单意愿不高等困难。三是从印度、孟加拉国等国转移至国内的订单大多带有应急性质，能否转化为长期订单还取决于海外疫情走势、价格等因素。

全市纺织各分行业经济运行简况见图 1。

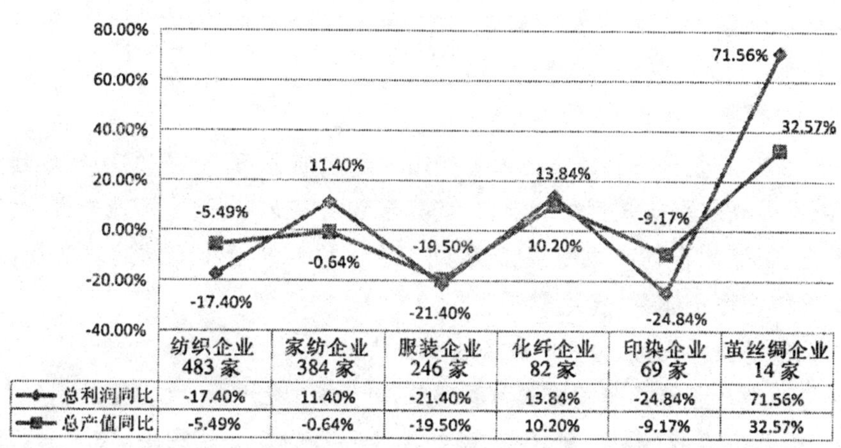

	纺织企业 483 家	家纺企业 384 家	服装企业 246 家	化纤企业 82 家	印染企业 69 家	茧丝绸企业 14 家
总利润同比	-17.40%	11.40%	-21.40%	13.84%	-24.84%	71.56%
总产值同比	-5.49%	-0.64%	-19.50%	10.20%	-9.17%	32.57%

图 1　2020 年南通市纺织各分行业经济运行简况

四、展会效应推动市场成交额提升

中国进出口商品交易会、中国国际纺织面料及辅料博览会、中国国际服装服饰博览会、中国国际家用纺织品及辅料博览会、中国国际纺织纱线展览会、中国国际针织博览会等行业重量级盛会成功举办，特别是中国南通国际高端纺织产业博览会主办的专题展会、南通名品海外行线上交易会(尼日利亚站纺织品专场、墨西哥站防疫物资专场)及论坛等活动，推动了专业市场成交额的提升。南通市更加注重行业展会对渠道拓展、品牌推广、理念交流、合作对接的重要推动作用，积极组织商户抱团参展、观展，商户通过展会积累了客户，获得了订单，取得了良好的销售成果，推动了专业市场成交额的提升。

五、发展举措

(一)完善创新体系

加强行业重点实验室和技术创新中心等创新平台的建设和完善，推进骨干企业、科研院所、高等院校科研力量优化配置和资源共享。推动建设产业用纺织品等国家制造业创新中心。支持企业牵头组建创新联合体，承担重大科技项目，积极融入全球创新网络，加强国际合作。

(二)提高成果转化效率和产业化水平

健全知识产权综合管理体系，打通知识产权创造、运用、保护、管理、服务全链条。强化标准体系建设。加强基础通用和产业共性技术标准的制定、修订，推动国内国际标准一体化。

(三)提升人才规模与质量

发挥行业科技创新领军人才作用，建立国际领先水平的科技创新团队。发展高水平研究型纺织学科，培养基础研究人才。强化职业教育、继续教育、普通教育的有机衔接，扩大纺织专业性和复合型人才的培养规模。完善科技评价体系，优化创新生态。

(四)提升能力，强化产业安全生态

梳理产业链关键领域和薄弱环节，补短板、锻长板。大力发展引导“鸡脚”棉花多区域(滩涂)种植，保障纺织原料供应安全。积极应对“涉疆法案”带来的挑战，维护我国棉纺织产业链供应链的安全稳定。加快形成“张謇”商标鸡脚棉及其制品的消费者认知和地理标志品牌认知，扩大国内市场消费。加强防范金融风险，防止国际资本异常流动对产业稳定造成冲击。积极应对数据网络安全、创新叠加风险等产业新问题。

(五)以渠道建设为核心，提升消费转化效率

积极推进线上线下多渠道融合。加快直播电商、社群营销等新模式、新业态在行业的应用。探索打造行业消费节，丰富消费场景。推动渠道向低线城市和农村市场下沉，充分释放消费潜力。积极推进专业市场的优化升级与数字化转型。打造重点时装周、重点展览会，提升影响、带动消费。

六、有关建议

1.加快探索新业态营销模式。建议国家、省政府为企业搭建外贸营销平台，指导扶持企业开展线上营销。

2.加快推进产业链抱团发展。鼓励产业链上中下游企业抱团打开国际市场，以纺织龙头企业带动中小微企业，打通产业链各环节，加快产业链整体复苏。

3.引导企业充分关注国外疫情严重地区的买家所下的订单,发货前须保持与客人的沟通,关注当地交通管制情况,防止客人无法提货。此外还需要关注买家的运营情况,防范违约风险。出货后,关注货物运输情况,务必留足更充裕的时间并关注额外费用。

4.提醒企业接新客户、新订单须更加谨慎,尽量采用CIF、FOB贸易术语,保障货款安全。必要时候购买中信保。目前多地已出台政策,加强出口信用保险支持,给予一定的保费补助,建议扩大出口信用保险品类,建议减低出口信用保险保费、切实减轻损失,各地细则可咨询本地的商务部门。

5.加快落实各项扶持政策。目前国家、省、市都相继出台了一系列扶持政策,建议加快组织申报各项政策,让政策迅速落地见效,增强企业获得感。探索采取事先扶持,加强事中、事后监管。

6.加快扶持企业智能化改造。目前大量招收外来员工不现实也很困难,企业普遍反映招工难,建议出台相关政策,推进机器换人,鼓励纺织企业开展智能化改造。

撰稿人:金鑫

2021年4月

南通市建筑业发展报告

南通市建筑业商会

2020年,南通建筑业面对复杂严峻的宏观经济形势和常态下新冠肺炎疫情防控的大环境,紧紧围绕市委、市政府提出的决战“过万亿”,夺取“双胜利”的目标任务,主动把握、积极应对,开拓进取、创新驱动,不断推动建筑业高质量发展,继续保持了平稳健康较快的发展态势。

一、全市建筑业发展的基本情况

(一)建筑行业运行状况良好

2020年主要指标比上年均有较大的增长,从二季度起快速回升,全年实现建筑业总产值9740亿元,比上年增长7.5%,产值规模约占全省建筑业总产值的四分之一;海门建筑业产值突破2000亿元,通州、海安、启东、如皋建筑业产值均超过1000亿元;全市建筑企业承建施工面积9.89亿平方米,同比增长5.4%;承建高层建筑34092幢,其中29层及以上的7477幢;平均从业人数200万人,劳动生产率48.7万元/人,同比增加3.1%;建筑业增加值达到812.23亿元,占全市GDP的8.1%;全市建筑企业实现利税总额超600亿元,在南通市纳税101.98亿元,占全市税收总额10.9%。各项主要经济技术指标在省内继续位居第一,全国地级市前茅,为全市经济总量过万亿元做出积极贡献。

(二)建筑市场空间不断拓展

具有外向型经济特色的南通建筑业,近年来紧紧围绕国家发展战略,在扬子江城市群、“京津冀”一体化等区域发展中,在着力拓展建筑市场空间、提升占有率上取得了显著成效,在重点发展以沈阳为中心的东北市场,我市建筑队伍东三省市场施工人数已超过13万人,承建施工面积突破7000万平方米;积极开拓中西部地区新疆、四川、山西、陕西等地建筑市场,并引导企业向深圳、珠海等南方市场拓展。目前,在国内产值100亿元以上的市场26个，其中300亿元以上的市场8个,500亿元以上的市场5个,超1000亿元以上的市场1个。

同时,加快产业转型升级,拓展施工领域,瞄准“智慧城市”“海绵城市”等国家重点投资方向,进军具有更高技术含金量的道路、桥梁、隧道、轨道、港口等专业施工领域。以房建为主业的南通市建筑企业积极参与南通轨道交通建设,中南建设、通州建总、南通二建分别与上海隧道、中铁十七局、中铁十二局组成联合体参与了轨交一号线中的3个标段土建施工和车辆停车场的建设;南通建工集团与中铁隧道集团,通州建总与中铁十七局组成联合体参与了二号线中的2个标段土建施工，启安集团等多家安装企业也通过联合体的方式参与了轨道交通建设。在境外市场上,南通市13家建筑企业在手项目204个,主要分布在全球42个国家和地区,在中东、非洲等地区均已站稳脚跟,市场份额不断扩大。

(三)产业现代化加快推进

在土地供应中，将装配式建造成品住房绿色建筑等建设指标纳入地块规划设计要点及土地出让特别规定。经过近几年的布局和推进,南通已形成了长三角密度最大的PC构件生产基地,推进装配式建筑产业基地建设，全市建成投产的构件生产基地40家，全市建成国家级装配式示范基地5个,省级示范基地19个,部品部件年产能达到200万立方米。在江苏省内规模第一,在保障本地使用外,已进入上海、南京、苏州等市场。建筑产业现代化的发展处于全省领先地位。顺利通过了省政府确立的省级建筑产业现代化示范城市的验收评估。2020年9月份,住建部发文认定南通市为第二批“国家级装配式建筑示范城市”。建筑科技进步成效显著,有3项科技成果获省级先进奖,31家省级建筑业企业技术中心,50个项目成功申报2020年度省级建筑业新技术应用示范工程目标项目,均位居全省前列。

(四)建筑新技术研究积极开发

会同高等研究院及南通市智慧建筑的研究团队，联合部分高资质建筑企业,共同搭建智慧建筑的创新平台、转换平台和展示平台。邀请各类研究机构和企业共同参与研究智慧建筑相关技术指标和细则，努力形成行业的标准规范。同时委托第三方研究机构分析南通市智慧建筑发展基础及面临的形势，总结发展智慧建筑的经验做法，并制订出台了《南通市智慧建筑产业三年行动方案》，推行智慧建造，推广智慧建筑，培育智慧建筑产业，建立标准体系，打造智慧建筑的示范样板。在现代化方式施工的智慧建筑上取得新突破，在 BIM 技术、楼宇安保系统自动化、系统控制与集成等方面积极探索，多个项目技术应用处于国内、省内领先地位。

(五)规模骨干企业发展壮大

全市目前具有资质的建筑企业 2968 家，其中特级资质企业 24 家，一级资质企业 269 家，特级和一级企业产业集中度进一步提升，完成全市建筑业 80%以上的产值，高资质企业数量稳居全国地级市之首。百亿元以上企业 23 家，其中 700 亿元以上 1 家。600 亿~700 亿元 2 家。9 月 10 日，全国工商联发布的“2020 中国民营企业 500 强”，南通共有 12 家建筑民营企业入围，8 家建筑企业入围中国企业 500 强。省住建厅、省统计局发布的江苏省建筑业百强企业榜单中，南通共有 30 家企业入围，综合实力前 5 名均为南通市建筑企业，建筑外经类 10 家企业南通市占据 5 家；有 5 家企业入围 2020 年 ENR 全球最大国际承包商 250 强(江苏共 8 家上榜)，7 家企业入选中国承包商 80 强。南通建筑军团成为一大亮点，充分彰显了南通作为建筑强市的总体实力。

(六)优质工程创建成效明显

南通建筑企业长期以来扎实推进精品战略，广泛开展创建优秀服务品牌的活动，结出了丰硕成果，铸造了铁军辉煌，以卓越的品牌效应取信用户、赢得市场。2021 年 3 月上旬，中国建筑业协会公布了《2020—2021 年度第一批中国建设工程鲁班奖入选名单》，南通建筑业再获 5 项鲁班奖，分别是南通四建承建的江苏省政务服务中心；苏中建设集团承建的伊泰华府世家住宅项目；江中建设集团承建的邳州市人民医院新区医院；中南建设集团承建的海门人民医院新医院；南通二建集团承建的新疆艺术中心。此外，由苏中建设集团参建的国家北方足球训练基地，南通华荣建设集团参建的青海国投广场等 5 个参建项目也入选鲁班奖名单。至此，南通市建筑企业总承包工程累计获得鲁班奖总数达 115 个，占据江苏的大半壁江山，在全国地级市中持续遥遥领先。迄今为止，南通四建(建筑商会联盟会长企业)已捧回鲁班小金人31座,持续位列全省第一。同时,南通市建筑企业还每年在全国各地创建国家、部省级优质工程超过200项。能工巧匠众多,坚持质量第一、用户至上,这是南通建筑业得以发展状大的重要资源,在工程科学技术方面相对央企并不占优势的情况下,质量和服务成为南通建筑企业决胜市场的利器。优质精品工程的创建,促进了建筑企业管理水平的全面提高,进一步扩大了南通建筑业在全社会的知名度,提升了新时代南通铁军品牌的新形象。

二、推动建筑业高质量发展的对策措施

当前,国际大环境复杂多变,国内经济增长方式也发生转变,建筑业发展的外部环境、内在条件和市场要求也都发生了很大变化,正处于由规模扩张向质量提升转变的历史时期,行业改革提档加速,市场竞争更加充分,处于优化经济结构,转换增长动力的关键期,供给侧结构性改革不断推进、房地产市场深度调整、政府建设法治化市场体系等,都是建筑产业发展面临的新形势,给南通市建筑企业带来了新的发展机遇和挑战。随着“一带一路”倡议的积极推进,建筑业企业“走出去”步伐不断加大,基础设施互联互通是首要任务。房地产投资高增长难以持续,新冠疫情在全球蔓延,国际市场开拓风险较大,政策环境倒逼企业管理规范化,企业融资及运营能力的提升,建筑企业市场布局,要紧随国家大的发展战略,及时进行调整和跟进。着力转型升级,依托科技创新,推动从粗放型产业向高端制造业的转变,这已成为加快建筑业高质量发展的强大引擎,是建筑业在新时代的发展方向。在大数据互联网时代,作为传统产业的南通建筑业,必须要顺应时变,以变应变,才能不断拓展新的发展空间,才能将企业发展推向更高阶段、更高水平、更高境界,实现建筑产业高质量增长,保持建筑强市的发展优势。

2021年是国民经济“十四五”规划的第一年,也是实施《南通建筑业“十四五”发展规划》的开局之年,需要进一步加大工作力度,切实采取有效措施,引导企业向智能建造、绿色建造、工程总承包等领域转型发展,积极培育南通市建筑业新的增长点,全面提升建筑产业链的新优势,加快建成全国建筑强市标杆,为“十四五”开好局、起好步。

(一)培育扩大南通市建筑业发展新优势

充分利用好国家、省、市支持鼓励建筑业发展的若干政策措施,助推南通市建筑经济平稳健康运行、高质量发展,发挥南通建筑产业联盟及商会、协会的协调服务作用,创造条件鼓励企业之间开展多种形式的合作,鼓励收购、合并、兼并,强强联合、合作抱团发展。搭建行业发展平台,组织采用联合体投标的方式参与轨道交通、桥梁隧道、综合管廊、海绵城市等重大工程项目建设,以及采用 PPP 模式进入城镇供水、污水垃圾处置、燃气等领域开展“建营一体化”业务。着力扶大扶强建筑企业上等级、上水平,2021 年,确保全市建筑业总产值突破万亿元大关。重点扶持指导实力强的总承包企业上等级、上水平和有条件的企业尽快上市。

(二)大力拓展国内外建筑市场领域

紧紧抓住长三角区域一体化、粤港澳大湾区建设、“京津冀”一体化等国家重点战略规划,积极开拓重庆、西安等大中城市和中西部建筑市场,重点发展东北三省市场,引导企业向深圳等南方市场拓展。采取“联合”的经营战略,加强与央企的联营,采取工程总承包、联合承建和提供劳务并举的办法,提升工程承包能力。海外市场在巩固传统市场和非洲、中东市场的基础上,积极鼓励企业进入以色列等发达国家建筑市场,不断增强南通市建筑企业在海外市场的份额。充分发挥中国-东盟建筑行业合作委员会平台的作用,帮助企业拓展东南亚和发达国家市场,实现市场开拓由国内为主向国内外并重转变。

(三)积极支持企业承建更多高端业务

积极推动绿色装配式建筑产业园区、示范基地、示范项目建设,形成规模化的绿色装配式建筑产业链。着力培育绿色装配式建筑市场需求,政府投资项目率先实现绿色装配式建造,继续在土地出让环节明确建设项目的绿色装配式建筑比例要求。加大对智慧建筑的研究和推广力度,制订智慧建筑发展行动方案,重点打造产品研发、成果转化、产业孵化、成果展示四大载体培育平台,围绕 BIM 技术绿色建材、智能设备、智慧工地、智慧化应用等方面形成关键技术产品。鼓励和扶持企业参与轨道交通、机场跑道、综合管廊等重点项目建设,加强与资质资格管理改革相适应的配套制度建设,鼓励南通市建筑企业继续弘扬“南通铁军”精神,打造更多的精品工程，以品质赢市场。注重品牌推介，加强宣传的广度和深度，提升南通建筑业在全国乃至世界的社会知名度和美誉度。

(四)加快推进建筑产业现代化

推动南通市建筑企业和设计企业的联营合并，形成优势互补。提升钢结构、装饰装修部品、建筑装备、智能建筑部品、绿色环保建材的建造，创建全国装配式建筑示范城市，在全省率先完成建筑产业现代化的任务目标。加强南通建筑产业发展研究，举办全国装配式建筑高峰论坛，会同有关部门、高等院校邀请部委领导、知名专家学者、央企国企和大型民企负责人参会，共同探讨装配式建筑在设计、施工、监理等行业推进过程中的做法和经验，提升装配式建筑的认知度和接受度。加快推进建筑预制构配件工厂化生产、现场装配化施工、成品房全装修等先进技术的推广应用。

(五)搞好银企合作加大金融支持

金融机构应对南通市建筑企业在授信额度、投标保函、质押融资、利率优惠等方面给予支持，积极支持本市银行、保险公司及相关企业开展工程担保业务试点，切实减轻建筑企业保证金负担。探索设立建筑企业融资担保基金和应急转贷基金，统筹使用财政引导资金支持建筑企业融资，加大对南通市建筑企业金融支持力度。做好建筑业发展的政策研究，细化分解落实好《南通建筑业“十四五”发展规划》的各项目标任务，不断开创全市建筑业发展的新局面，为国家建设和“强富美高”新南通建设做出新的更大贡献。

撰稿人：黄文深　王向阳

2021 年 4 月

南通市汽车业发展报告

南通市工业和信息化局

改革开放以来,我国汽车工业迅猛发展,产销规模不断扩大、占世界产销量比重逐年增加,连续11年位列世界第一。但在繁荣的背后,危机与挑战依然并存,从整体行业来看:新能源、人工智能等新兴技术的发展与冲击使传统汽车制造行业面临重新洗牌。从国际层面来看:受经济大环境及新冠疫情影响,国外汽车行业持续低迷,经济全球化的背景下,对我国造成的影响不容乐观。从国内市场来看:2018年我国汽车业结束了连续28年的增长局面,产销量首次下滑;2019年产销分别为2572.1万辆和2576.9万辆,同比下降达7.5%和8.2%;虽然2020年下半年汽车市场出现回暖迹象,但全年产销仍同比分别下降2%和1.9%,分别完成产销2522.5万辆和2531.1万辆。因此,南通市企业也正面临着一定的生存与发展压力,我们旨在对南通市汽车业基本情况进行全面梳理,对产业发展过程中的挑战与机遇进行深入分析,力争找到未来方向,为有关决策提供参考,从而更好地促进南通市汽车业高质量发展。

一、南通市汽车业发展现状

(一)产业体量稳中有进,集群建设规模初显

南通市共拥有汽车及零部件规模以上企业140余家,产值规模330亿元。其中,拥有整车生产企业2家,零部件生产企业130余家,改装车及专用车生产企业9家,2020年生产各类乘用车、客车、货车、专用车等约4000辆。目前,如皋市已初步形成了集大中型客车、乘用车、专用车等为一体,以混合动力、纯电动、燃料电池动力系统并行发展的产业集群;通州区已形成精密压铸、精密模具、压铸机械产业基地,涵盖铝合金溶解、铝液

配送、模具设计与制造、压铸后加工与热处理、精密数控加工、产品浸渗等全产业链环节；海安市、海门区、苏锡通园区等地培育形成了发动机曲轴、汽车铸锻件、车用玻璃及天窗总成、车灯、千斤顶、差速器组件、行星齿轮等汽车零部件生产集群。南通市以如皋为核心、多地区协同发展的汽车业集聚区正在悄然形成。

(二)重点企业领头发展，全产业链基本覆盖

经过多年来的产业集聚发展，南通市汽车行业企业基本覆盖汽车生产全产业链。在整车生产领域，枫盛集团自2019年3月由吉利集团控股以来，借助吉利集团的研发体系、供应链体系及质量管控体系，加大产品研发力度，开发全新纯电动轿车，实现产品提档升级，2020年年初新产品枫叶30X正式下线，全年完成产销两千余辆；在新能源汽车核心零部件领域，南通市聚集了海四达电源、吉泰科电气、常测机电等一批“三电”重点企业；在汽车电子领域，南通市崇川区吸引了大地电气、京芯光电、涵润汽车电子、有感科技、格陆博科技、鸿鹄科技等一批具有一定规模、发展潜力大的创新型企业；在其他零部件领域，南通市拥有汤臣汽车零部件、安波福连接器、双钱集团、鸿图压铸、雄邦压铸、福乐达汽车配件等一批国内领先企业。

(三)敏锐捕捉前沿机遇，新兴产业抢先起步

如皋市通过对氢能产业的前瞻布局，形成了集制储氢、加氢、氢燃料电池研发生产、氢燃料电池汽车开发制造、氢能产品示范应用“五位一体”的氢能源汽车业链，集聚了百应能源、泽禾新能源、安思卓、江苏清能、国家能源集团、势加透博等10余家重点企业，凭借在氢能产业领域的多年耕耘与技术积累，在燃料电池汽车示范应用城市群申报过程中，南通市同时收到以苏州市为牵头城市的江苏省城市群、上海城市群及郑州城市群的组团邀请。南通市崇川区依托辖区内电子信息产业基础，抢抓机遇，着力推动智能网联汽车业发展，积极创建省级车联网先导区，在全省车联网先导区建设现场推进会上，南通车联网典型场景示范工程入选全省“十大标志性工程”。

二、南通市汽车业发展面临的问题

(一)汽车行业市场持续低迷

自2018年以来,我国汽车行业由于受到消费市场趋于饱和、“国五国六”环保标准政策变化等因素影响,渐渐步入“寒冬”,市场消费信心严重不足,新冠疫情的暴发更是进一步对汽车行业造成冲击。南通市汽车业受大环境影响,订单、销售量均同比下滑,多家重点汽车业生产企业受到明显影响,2020年上半年部分企业产能利用率仅达到50%~60%,一季度的生产仅为原计划的50%,二季度的生产为原计划的70%,下半年以来虽有所反弹,但从全年大部分企业销售数据来看,仍略显下降趋势。

(二)新能源受政策影响较大

2019年上半年财政部等四部委联合发布《关于进一步完善新能源汽车推广应用财政补贴政策的通知》,显示出补贴政策两大变化:一是降低直接补贴,纯电动乘用车的补贴标准相比于之前减少50%,地方补贴退出,整体补贴退坡幅度达70%;二是提高了对新能源汽车续航里程、能耗等方面的要求,进一步提高新能源汽车获得补贴的技术门槛。因此,南通市新能源汽车业当年仅实现销售收入304.96亿元,同比下降7.21%,首次出现年度负增长。2020年受疫情影响,国务院常务会议明确新能源汽车购置补贴和免征购置税政策将延长两年至2022年底,从4月起,全国各地新能源汽车销售出现明显反弹,全年新能源汽车产销创历史新高,分别完成136.6万辆和136.7万辆,同比分别增长7.5%和10.9%。

(三)产业实力整体仍显不佳

当前,南通市汽车及零部件产业整体实力还不够强,产业链的深度与广度有待拓展,产业链企业规模普遍不大,零部件企业绝大部分仍处于配套加工环节,多为二级或三级供应商,技术水平及自主创新能力不高;整车制造企业品牌营销能力较弱,面临车型单一、营销乏力等问题,售后服务及应急保障体系未建立完善,品牌市场认可度不高,且大多数车企仅活跃在特种专用车这一细分领域,在面对普通消费者的乘用车领域中,南通市企业市场占比微乎其微。

三、推动南通市汽车业高质量发展的对策建议

(一)以市场需求为导向

一要加强对市场形势的研判。在当前世界汽车行业发展愈发不明朗的大环境下,要及时把握行业外部环境动态,强化对市场的预测和预警,对行业内部进行剖析,掌握发展的难点和痛点。

二要加强对企业的科学引导。针对目前复杂形势,采取有力措施,鼓励企业有效应对,提振发展信心,积极开拓国际国内市场,努力构建"以国内大循环为主体、国内国际双循环相互促进"的新发展格局,坚持市场需求的引导,做好优存量、促增量、控减量的工作,防止产能过剩,保障平稳运行。

(二)以推广应用为目标

在国家新能源汽车补贴政策收紧的背景下，要坚持做好本地区新能源汽车推广示范应用工作。

一要实施精准补贴政策。进一步完善财政补贴政策,规范充电设施建设运营补贴的发放,引导企业优化充电设施建设布局;持续扩大税收优惠政策覆盖，设立技术指标和筛选机制，促进有限资源要素向优质企业倾斜,提高南通市新能源汽车业竞争力。

二要加快技术水平升级。鼓励企业加大研发投入力度,积极促进跨区域技术合作与交流。加快引进先进生产工艺和设备，扎实推动"两化融合",培育一批智能车间、智能工厂,大力提高产品质量,增强品牌知名度和市场占有率。

三要促进产品规模应用。推进本地新能源产品在全市公交系统、出租车、景区交通等公共领域的大范围应用,积极为本土企业提供市场,培育企业规模,同时为产品不断更新迭代提供实验平台。开展充电设施新技术应用以及配套设施提升工作,为后续充电设施发展做准备。

四要加大示范宣传力度。积极争取各类示范应用区的建设,打造南通市新名片;充分利用各类媒介平台,宣传本地区产业发展情况;以全市各类活动为契机,示范应用本地区新能源汽车产品。

(三)以项目建设为抓手

坚持把项目建设作为产业发展的第一引擎,加快突破重大项目,聚焦产业集聚。

一要加大项目招引力度。积极组织承办在汽车行业具有影响力的专题活动,吸引国内外高级人才、技术团队、优质项目的聚合;找准有发展潜力的企业,掌握企业增资扩产意愿,采取有效措施推进拟招引汽车重特大项目落地;策划南通市汽车业专题推介,对照招商地图,加强与国内外重点汽车集团对接联络,推进战略合作。

二要完善产业链关键环节。立足南通市产业基础,实施“强链补链”工程,聚焦相关重点领域,着力招引推进关键环节的重点企业项目落户,推动南通市产业强度不断提高。

(四)以提升服务为重点

一要加强公共服务。积极开展相关活动促进本地上下游企业间,企业与相关高校、科研院所、金融机构间深度开展技术攻关、成果转化、资金市场等合作;突出企业主体作用,组织行业内“科企双见面”活动,实现国内外科技资源与企业的全面合作对接。

二要强化人才驱动。优化完善南通市汽车业人才培养、发现、评价、激励机制,鼓励通籍产业人才回乡发展,大力引进国内外汽车业高端人才和创新团队。

三要构建政企平台。深入践行服务企业的理念,全力营造重商、亲商、安商、扶商的浓厚氛围,搭建起政企联系桥梁,聚焦企业发展过程中的困难与问题,积极开展涉企政策宣讲活动,为南通市汽车业发展壮大保驾护航。

(五)以强化载体为支撑

一要推进差异化发展。引导如皋经济技术开发区、南通高新区、南通市北高新区等省级园区,围绕园区汽车业基础,形成差异互补、特色发展的产业园区良性竞争格局,吸引产业加速集聚,形成示范辐射。

二要搭建创新平台。积极组织申报国家、省工程研究中心等各类创新平台,不断提升南通市汽车业“电动化、轻量化、智能化”水平。

(六)以新兴行业为突破

一要紧抓燃料电池发展机遇。以积极加入燃料电池示范应用城市群为契机，发挥如皋燃料电池产业基础优势，加强城市群内的产业合作交流,突破核心环节,提升技术指标,争取在未来汽车技术转型升级中抢占先机。

二要推进车联网示范应用建设。近年来随着物联网技术的不断突破，车联网作为物联网的典型应用,也进入了快速发展阶段。以建设省级车联网先导区为依托,开展先行先试,扩大城市知名度,发挥产业示范带动效应,加速智能网联汽车业集聚,实现弯道超车,开拓新的产业经济增长极。

撰稿人:徐明铭

2021 年 4 月

南通市餐饮业发展报告

南通市饭店与餐饮业商会

2020年是新中国历史上极不平凡的一年。面对严峻复杂的形势任务、前所未有的挑战,以习近平同志为核心的党中央团结带领全党全国人民取得抗疫斗争和脱贫攻坚的伟大胜利,"十三五"规划圆满收官,全面建成小康社会,创造了人民满意、世界瞩目、可以载入史册的新辉煌。一年来,南通餐饮人在市委、市政府的领导下,共克时艰、共渡难关,用实际行动谱写了一曲餐饮业团结抗疫之歌、转型发展之歌。

一、南通餐饮业基本情况

2020鼠年春节伊始,新冠疫情突然袭来,南通市餐饮业遭受巨大损失,小区道路封闭,人员禁止流动,餐饮无人问津,库存货物积压,员工滞留酒店,餐饮门店停业,营业收入出现"断崖式"下滑,餐饮经营进入"寒冰期"。随着疫情迟迟不见好转,沉重的房租、员工工资、各项费用等成了餐饮企业的"拦路虎"和"绊脚石",不少餐饮企业没有蹚过"疫情"灾难,从此关门歇业。

疫情就是命令,防控就是责任。在党中央的英明领导下,全国人民万众一心、众志成城,各级党委、政府相继出台了一些减免政策,并且采取了一系列拉动内需刺激经济的措施,4月下旬,南通餐饮业开始恢复堂食,餐饮企业复工复苏出现好的势头,但全国部分地区疫情形势依然严峻,企业防控措施丝毫不敢放松,客流量未见明显好转,餐饮形势与前期相比还有差距。

2020年下半年以来,餐饮业开始进入"融冰期",大部分餐饮企业经营情况逐渐好转,但仍有外来新冠病例的零星输入和冷链食品病毒携带入境等事件发生，直到第四季度，社会消费才逐渐复苏，餐饮基本上回到了正常态势。统计显示，全年社会消费零售总额3370.4亿元，比上年增长0.3%，高于全省平均水平1.9个百分点。四季度全市消费品零售总额同比增长11.5%，比三季度提高4.5个百分点。住宿和餐饮消费收入第四季度增长7.3%，全年下降约25%。总体看，随着疫情阻击战的深入，疫情在全国范围内逐渐得到有效控制，在经过缓慢复苏后，人们的消费信心指数逐渐提升，当前南通市餐饮业出现“报复性消费”的强劲势头，餐饮业的巨大潜力依然存在，并有望成为拉动消费增长的“爆发点”和“新引擎”。

二、南通餐饮业发展特点

（一）行业结构持续优化

餐饮业是一个竞争力非常明显的行业，面对复杂的内外部市场发展环境和政策环境的变化，企业以需求为导向，自我调节、完善管理、升级产品，满足消费者多层次、多样性、个性化餐饮需求。当前，南通餐饮业结构变化趋于合理，呈现出业态多元、兼容并蓄的特点。据统计，目前全市大小餐饮单位约19000余家，全市拥有星级饭店54家，其中三星、四星级酒店14家，五星级酒店2家。全市拥有超大型餐饮综合体10家，大型餐饮集聚街道30多家，集体配送单位30家，各类机关学校企事业单位食堂600多家。全市餐饮服务网点数已达2.6万户，从业人数超过20万人，餐饮营业额突破3000亿元。

（二）抵御风险能力提升

2020年，南通餐饮业尽管遭受了史无前例的疫情冲击，面临前所未有的“大洗牌”，部分小型企业被淘汰出局，但大中型企业通过调整升级，向品牌化、数字化、连锁化方向发展，抵御风险能力有所提升。比如，南通大饭店、金石国际大酒店、滨江洲际酒店、中洋金砖酒店、启东恒大威尼斯酒店等龙头企业仍能保持良好势头。本土企业邵东酒店逆势扩张，立足长三角城市布局19家门店，开展连锁化经营；社会餐饮企业如品尚豆捞、好灶头、早海渔市、渔人码头、老码头、锅里岩等兼并扩展，势头较好；新生企业渔鲜生、九万里、醉江南等颇具特色，宾客盈门；老字号企业四宜糕团、四海楼继续拓展，多点布局；梅林春晓深耕上海滩，成为享誉沪上的江海美食展示窗口；非遗传承人巫雁冰制作的海门东方雁红烧羊肉已成为地方美食名片；传统餐饮企业转型为连锁化经营、多品牌培育、多渠道销售的现代化企业，已成为餐饮企业提升竞争力、抵御市场风险的重要法宝。

(三)消费类别层次多样

随着南通城市化进程加快，对外交往日趋紧密，餐饮新业态、新模式不断涌入，消费者有了更多元、更丰富的体验选择。经调查分析，南通已形成了一批以江海南通菜为主体、海鲜饮食为特色，引进杭帮菜、鲁菜、湘菜、川菜、闽菜、东北菜、台湾菜等传统菜系，入驻日本料理、韩国料理、西式餐饮、港式餐厅、主题餐厅等多种业态，以及奶茶、咖啡、饮料等休闲餐饮，满足不同人群、不同层次、不同需求的消费结构。南通作为江海交汇的城市，有着得天独厚的自然条件，四通八达的交通优势，伴随餐饮菜品的传承与创新，南通美食、江海美食已成了蜚声中外的一张靓丽的美食“名片”。

(四)饮食文化愈发凸显

饮食文化已经成为餐饮品牌培育和餐饮企业竞争的核心，现代科学技术、科学的经营管理、现代营养理念在餐饮业的应用已经越来越广泛，约90%以上的店铺有着独特的经营文化和招牌特色。据统计，南通拥有白蒲黄酒、林梓潮糕、白蒲三香斋茶干、新中酿造、颐生酒业、如皋四海楼美食、穆义丰酒坊、西亭脆饼、四宜糕团、五山酿造等“非遗”“老字号”品牌。拥有海安中洋河豚、如东狼山鸡、海门山羊、如东条斑紫菜、启东青茄、吕四海蜇、海安麻虾酱、如皋黄酒、如东文蛤、下原蘘荷等国家地理标志保护产品。人们吃饭不再是追求口感、口味，讲究色香味形，现如今不仅讲究营养、膳食的合理与科学，还探寻品牌背后的文化和食品的来源故事。

(五)信息服务日趋完善

随着移动互联网、云计算、大数据与产业的融合，数字经济已成为餐饮产业发展驱动力、提升竞争力的重要途径。“互联网+餐饮”已覆盖食材采购、半成品物流配送、网络订餐、移动支付、企业内部管理与对外服务、信息反馈等全流程。据调查，南通95%以上餐饮店铺与线上网站开展合作，每年餐饮电商市场约以30%递增，占餐饮业总体营业额的25%。通过信息化技术运用从预订、点餐，到支付、点评为消费者打造数字化消费体验新方式。消费者更多关注餐饮消费体验的全过程，全域消费全流程，关注消费者参与度和获得感、仪式感、成就感，从而形成友谊、融合、互动、分享价值。

（六）目的性消费渐起

目的性餐饮消费注重物质与情感、尊享与荣耀，是餐饮品质消费的标签，正朝着“情景化、健康化、主体化、文化性、永恒性”方向发展。餐饮商务消费领域，消费者更加注重品牌选择、产品和服务品质、环境场所氛围。餐饮家宴喜庆市场，已从单一的饮食消费需求走向情感交融、家族和睦，具有纪念意义的立体式消费集成，与布景、礼仪、伴手礼、婚庆等行业相结合。旅游餐饮消费市场中，城市地标美食、老字号非遗美食、特色风味小吃等成为消费首选，也催生餐饮新零售市场。

三、南通餐饮业发展存在的主要问题

尽管南通餐饮有着鲜明的江海文化特色，但与南通城市的战略定位、经济发展、文化积淀仍不相适应，新形势下，南通餐饮动力不足、行业人才缺乏、餐饮文化、核心竞争力方面仍有薄弱环节。主要有：

（一）企业经营成本高、创新不足，品牌经营能力较弱

餐饮业作为资金投入不大、技术含量不高的劳动密集型产业。政府对餐饮市场准入门槛低，大量个体进入餐饮市场，使得市场日趋饱和，长期处于微利时代。近年来，餐饮经营企业面临租金、装修、人工、食材、能源等成本上涨，不少餐饮企业为维持生计而挣扎。有调查显示，随着房地产提价催增房租，一般餐饮企业房租占到营业利润的 40%~50%，必须有足够的上座率、翻台率才能保证赢利、持续经营。有的新企业开张，甚至刚装修完，没等到正常营业，就偃旗息鼓、挂牌转让，企业普遍生存周期较短，约 58.3%的餐饮门店开业不足 3 年。餐饮业经营的核心是菜肴质量与品种，餐饮业经营的实质问题是推陈出新，不断开发出具有门店特色的主打菜品，才能够有针对性地吸引客户群体。不少餐饮企业缺乏足够的市场调研、严格的风险控制能力，只顾追随社会潮流，缺少长久的产权观念和品牌营运意识。

（二）餐饮夜间经济仍需提升

夜间经济作为消费指数的晴雨表，是促进内循环的重要方面。从夜间消费品类上看，餐饮消费是夜间经济的主力军，占七成。餐饮夜间经济在政策制定上、在审批流程上、在税费优惠上还有待进一步加大优惠力度。餐饮夜间经济在特色化进程中，仍存在业态单一问题，小吃、大排档、烧烤占大多数；在监管上还存在小型餐饮服务提供者从人员、原料、产品、餐厨垃圾的食品安全监管；在外卖平台管理上，要加强对入网餐饮服务提供者的管理，加大餐饮产品质量提高和品种的优化。

（三）商业综合体餐饮竞争加剧

近几年来，随着房地产市场的蓬勃发展，商业综合体发展过快，存在规划不尽合理、供需失衡、配套不够健全、缺乏特色、管理粗放等问题。商业综合体中餐饮占比越来越大，餐饮业态虽较丰富但同质化现象严重，租金高、物管费用高、营业时间受限，存在周末爆满、非休息日客流不足的现象。一定程度上，餐饮业也跟随商业综合体的兴衰而起伏，餐饮价格竞争趋于白热化，绝大多数餐饮商家处于“微利”或亏损状态。

（四）餐饮文化特色化进程有待加强

餐饮文化特色化在城市地标美食文化，老字号非遗美食，餐饮文化资源挖掘、整理、运用，餐饮文化传播，餐饮文化人才培养和餐饮文化产业方面需加强。打造城市地标美食文化方面，需要进一步梳理出南通各地有代表性的美食特色宴席、菜品、面食小吃、特色食品；老字号非遗美食方面，需要进一步打造老字号品牌企业形象，开展非遗美食传习、竞赛、展演活动。在餐饮文化培养上，仍需要进一步完善培养目标和方向，特别是要加大餐饮文化设计人才、餐饮文化经纪人、餐饮文化评论人才的培养。加大餐饮文化产品、文旅融合产品、餐饮民俗文化产品，在餐饮产业化方面与关联产业的融合渗透。

四、行业组织推进发展的亮点多

（一）全力抗击疫情，助力企业纾困减负

2020 年春节期间，针对疫情对餐饮业造成的冲击，餐饮业商会切实履行“娘家人”的责任和担当，鼓励广大会员提增信心，适时开辟食材配送等渠道，群策群力“挺过”非常时期。第一时间开展调研，对饭店餐饮企业的受损情况进行统计，及时向主管部门反映，为市政府出台 12 条小微企业纾困政策提供了数据支撑。商会联系建设银行“惠点单”、电视台城市日历、阿里巴巴以及美团、饿了么等电商平台，帮助企业拓展疫情期间外卖业务，减轻企业的“阵痛”。商会及时联系各金融机构，解决小额贷款问题，帮助餐饮企业贷款救急。向社会公布团膳名单，保障疫情期间党政机关、学校、国有企业的饮食供应，解决餐饮企业的销售难题。疫情平稳后，及时有序组织会员企业复工复业。4 月 2 日，商会配合市总工会、商务部门、人行南通中心支行等部门通过“云闪付”发放 2000 万元电子消费券，拉动餐饮消费，为恢复堂食助力。根据疫情防控指挥部的要求，在政府部门的指导下，商会联合发布《倡导文明用餐，推行公筷公勺》《禁捕、禁烹、禁食长江鲜》《节约粮食，杜绝餐饮浪费》以及分食打包等方面的倡议，对指导餐饮业规范经营起到了一定作用。

(二)强化品牌建设，提升南通饭店餐饮业美誉度

在品牌建设方面，商会在餐饮结构的调整、美食品牌的提升、展会营销的造势、大型活动的开展等方面发力，为南通餐饮美食文化的弘扬和传承发挥了积极作用。

一是餐饮品牌发展各显神通。近年来，商会利用行业会议的时机，研究新情况，解决新问题，在经营结构上分析指导，通过协商形成行业共识，遵照市场规律，引领餐饮品牌发展。从目前南通餐饮经营趋势来看，大型餐饮连锁经营、品牌餐饮发展迅猛，社会餐饮来势强劲，外来餐饮品牌强势登场。

二是地标美食品牌亮点纷呈。南通美食是得天独厚的江海交汇地理环境的馈赠，是江海平原别具一格的风土人情的重要载体。传承与创新南通美食，是商会艰巨而光荣的使命。近年来，商会与省餐饮业协会强强合作，成功发布中国地标美食，其中十大名菜、十大名店，南通八碗八、顺华楼包子、林梓潮糕等名菜、名店榜上有名。如皋的黑塌菜、启东的香沙芋获得省农业农村厅、省文旅厅、省商务厅联合举办的江苏省百道乡土地标菜殊荣。南通“曹公面”获评江苏十大面条，被各级媒体纷纷报道。

三是各类文旅展会精彩亮相。2020年,南通市委、市政府高度重视餐饮业服务业复工复苏,推出多种形式的刺激举措,举办美食消费促销季,推出美食产品博览会,提供美食展销服务平台,为餐饮企业提供服务。商会组团赴南京参加第十届江苏省国际餐饮博览会,组织会员参加无锡大运河文化旅游博览会,安排会员参加在上海举办的长三角旅游商品展销会,组织50家餐饮企业参加南通江海国际旅游博览会美食展,参加开沙岛“乡村旅游节”活动,组织30多家会员参加南通博物苑夜市活动,组织参加商务局等在中南世纪城举办的老字号嘉年华活动和丁古角步行街的老字号展销活动。

(三)组织技能竞赛,提升行业服务质量

南通市委、市政府高度重视饭店餐饮业发展,把饭店餐饮业的服务质量提升列入“十四五”发展规划。为了积极响应党委、政府的号召,商会牵头组织开展服务技能竞赛,以酒店为单位,相继开展应知应会培训,提升服务员的接待能力和服务水平。2020年10月份,商会协助市总工会举办2020南通市饭店业服务技能大赛,20多家酒店踊跃参加,南通大饭店、金石大酒店、滨江洲际酒店、绿洲国际假日酒店、启东博圣大酒店等同台竞技,通过竞赛,酒店从业人员掀起了以老带新、比学赶帮的热潮,员工之间互学互帮蔚然成风。商会还组织会员企业参加在南京、淮安、扬州等地举办的美食烹饪大赛,南通绿洲假日酒店、如皋齐天阁大酒店、包福记牛肉馆、顺华楼包子店均获得重要奖项。组织江海美食烹饪职业技能竞赛和美食展示,打造“吃南通早茶、品非遗糕点、购地方特产、食传统土菜”的区域旅游大餐品牌。在市教育部门的指导下,商会积极发挥餐饮商学院的作用,与南通大学、南通旅游中专学校加强校企合作,利用旅游中专和张继华工作室,建立“现代学徒制”,实施餐饮人才培训计划和名师高徒计划,开展餐饮业创业工程,开展学生创业工程试点。与南通大学继续教育学院合作,开展餐饮业在职人员大专学历教育招生工作,自主考试,择优录用。

(四)加强行业交流,弘扬美食文化

加强同行合作交流,是商会工作的重要内容,同行之间开展经营管理、菜品质量等方面的交流,是服务质量与美食质量提升的重要途径。

2020年,商会组织饭店、餐饮企业负责人到泰州、苏州、无锡等地参加行业峰会、展会活动,接待多批次省内省外餐饮供应链交流团、餐饮考察团,与全省十三个城市餐饮业协会建立友好商会关系,开展交流合作。在跨界融合交流方面,商会与相关行业组织打造异地联盟,形成合力,延伸服务链条。与绿地城开集团、万达集团、圆融集团、融创集团、金鹰集团等密切合作,磋商餐饮美食街区、商业综合体建设。与正大集团、中粮集团等建立产业合作标准化服务新模式。与市食品协会、酒业协会、旅游协会等行业组织加大合作力度。

(五)关爱会员企业,为会员发展鼓与呼

2020年,疫情打乱了人们正常的生活秩序。3月份,商会领导班子先后到江海渔港、文景国际、锅里岩、金石大酒店等10多家饭店餐饮企业进行调研走访,了解会员企业复工复产情况,倾听企业心声,就如何防控和生产两手抓问题进行交流,并协调部分会员解决防护用品问题。85%以上的餐饮企业实现了6月份有序复工复产。商会利用会议、微信等多种形式,根据时间节点,指导会员企业倡导“绿色餐饮、品质生活”,提倡文明用餐,推行公筷公勺,坚持分食打包,杜绝餐饮浪费、禁烹禁食长江鲜,保护生态环境,讲究食品卫生,确保舌尖上的安全,收到很好的效果。商会一班人还利用自身的酒店管理经验,言传身教,帮助会员企业在科学管理、经营开拓、数据分析、采购管控、市场营销等方面进行指导。

(六)学习张謇精神,开展公益活动

2020年11月12日,习近平总书记来江苏视察,第一站来到南通,考察了狼山五山片区长江生态保护和南通博物苑。商会认真组织学习总书记视察江苏重要讲话精神,引导企业家在弘扬张謇精神方面走在前列,争当表率,以大格局、大视野、大气魄,把个人和企业成长融入国家发展、汇入时代潮流,争当“张謇式”企业家。上半年,在餐饮业自身面临艰难困境的情况下,不少企业仍然表现了餐饮人的高尚品质和慈善情怀,他们心系武汉、情系疫区、无私奉献。南通文峰集团为武汉和南通医疗战线捐赠2000万元,下属公司文峰饭店、有斐大酒店为第三人民医院医务工作者捐赠200份精美食品礼盒;江苏品尚豆捞向崇川区慈善会捐赠10万元;

南通绿洲国际假日酒店为披甲出征的“逆行者”家属和南通抗疫一线员工送去5万元爱心物资；江南厨房总经理董学智向南通红十字会捐赠2万元；如东中天黄海薛华平总经理发动员工为抗击疫情捐赠3万元。8月份，商会在华通大酒店举办“爱心驿站”启动活动，为环卫工人、交警、外卖小哥和需要帮助的人提供夏日清凉。市区沿街近300多家饭店、餐饮企业门店积极响应。10月份，四宜糕团店利用重阳节为老人赠送爱心重阳糕。寒冬季节，锦江花园酒店专门邀请环卫工人进店喝羊肉汤、送爱心礼包。众多饭店餐饮企业为部队、退役军人提供优惠、为孤寡老人提供家政送餐服务等。会员企业还积极参加市工商联组织的“对接乡农”活动，收购农村滞销农产品，为精准扶贫贡献力量。“爱心年夜饭”捐赠活动已经连续举办了15年，在受到疫情影响的情况下，广大企业仍然坚持捐赠做贡献，体现了企业家的家国情怀和责任担当。

五、推动南通餐饮业健康发展的对策建议

(一)注重规划建设，促进餐饮集聚发展

餐饮业是第三产业中的传统产业，重要的生活环境和投资环境产业，国家扩大内需的重要支柱之一，随着南通奋力打造长三角一体化沪苏通核心三角强支点城市的目标定位，城市化进程加快，城市空间扩大，把发展餐饮业列入南通经济发展的重要组成部分，从发展战略、网点规划、政策扶持、品牌建设、人员培训等方面认真研究，切实改变目前餐饮业的放任自流、无序发展、盲目竞争的状况。近年来，南通综合交通枢纽基本形成，南通新机场、北沿江高铁即将开工建设，要依托区位优势，进行前瞻性规划和建设，加快现代服务业产业资源引进，以长寿之乡、名人故里、风景名胜、科创新城等为依托，发展一批综合性餐饮经营区，将餐饮街区规划统一纳入城市商业网点规划，避开城市交通拥挤、停车难、环保、消防难达标等难题，坚持高起点、高标准、高品味，突出餐饮文化与购物、娱乐、旅游、商务、会展等紧密结合，更好地发挥特色餐饮街区的龙头作用和聚集效应，形成特色鲜明、布局合理、配套完善的市场体系。目前，1895广场、万达城、万象城、圆融广场、狼山三鲜街、中南城、星湖101广场等大型综合体餐饮已积聚了一定的人气，但南通西站、开沙岛旅游度假区、滨江新

城以及地铁1号线、2号线沿线等，仍然缺乏合理的规划和配套，建议政府部门优化二、三产业的布局，增强土地综合效益，加强引导，突出主题，采取税收优惠减半等措施，鼓励本土企业连锁化、规模化、多品牌经营，吸引国内外知名餐饮连锁企业入驻主题街区，营造亲商、安商、富商的创业环境，努力打造工业文明、商业繁荣、生活便利的城市建设新格局。

（二）优化餐饮供给，繁荣消费市场

随着人们日益增长的美好生活的需要，我们必须以市场为主体，推进餐饮供给侧改革，完善餐饮网点布局，保障基本餐饮需求的有效供给，构建以大众化餐饮服务市场为主体，建设多层次餐饮服务体系。在满足特殊人群需求方面，坚持政府引导、政策扶持、行业引领、企业参与的原则，通过标准制定、行业倡议、示范创建等制度，实施学生、老年、孕妇、婴幼儿以及特殊人群等的营养餐行动。制作健康、养生、食疗等的饮食套餐，大力开展少盐、少油、少糖推广。深入实施中小学阳光食堂工程，依法规范学校食堂管理，落实食品安全法，在确保舌尖上安全的前提下，追求学生餐的营养美味可口。以促进夜间经济发展为契机，进一步规范特色餐饮街区标识，协调解决餐厨垃圾清运，提升餐饮夜间经济集聚度，打造夜间特色美食商圈，鼓励连锁品牌餐饮企业参与，提升夜间消费品质，鼓励外卖平台，开展宵夜服务，鼓励城市综合体餐饮经营场所延时经营。充分利用报刊、电视、广播、网络等媒体，结合江海旅游节加强宣传和推介，浓厚“假日节庆”“以节造市”的氛围，利用如皋长寿之乡、海安中洋河豚生态养殖基地、启东吕四及如东洋口海鲜之乡、如东狼山鸡、海门山羊等绿色生态农业的旅游线路和资源，充分挖掘和宣传南通江海美食的地域特色和文化效应，浓墨重彩地宣传本土的、特色的食材采摘过程，独特的烹饪技艺和饮食文化，打造吃喝玩乐购为主题的江海休闲、娱乐、养生、体验之旅。

（三）完善食品安全管理，加快绿色餐饮建设

推进《食品安全法》贯彻落实，增强政府统筹食品安全综合治理能力，严格落实餐饮服务食品安全操作规范，按照信息化要求，加强从原料到成品的全程化溯源管理。各级党委政府、职能部门、行业组织要广泛宣传《长江保护法》《反食品浪费法》《禁捕、禁烹、禁食长江鲜》等国家法律法规，让

餐饮企业和普通市民敬畏法律,不碰法律红线。在餐饮业积极开展"使用公筷公勺,共建餐饮文明"行动倡议,以及拒烹、拒售、拒食野生动物倡议等,发展网络餐饮绿色服务,推广绿色加工和配送模式,推广可循环再利用餐饮具。倡导健康、科学、绿色发展理念,引导消费文明。

(四)加强商(协)会建设,完善行业发展体系

行业商(协)会作为党委政府联系企业的桥梁和助手,具备一定的"行业孵化器"功能,直接掌握餐饮市场消费变化情况。当前,疫情形势仍然困扰和制约着行业的发展,餐饮食材一定程度上受到流通环节的制约,商(协)会应加强与农业龙头企业协调对接,扩大地区资源合作利用,降低企业成本,提振行业信心。比如:组织企业深入到禽类、粮油类、淡水养殖类、海产品、特色产品、老字号产品、地理标志类产品生产企业考察交流,开展协议共建的模式,进行大宗采购,降本增效,挖掘和推广本土资源。建议政府部门引导商(协)会发挥维权、协调、自律等方面的服务功能,积极承担职业资格鉴定、行业培训、行业标准制定等职能,充分听取商(协)会对行业政策和收费项目的意见建议,通过听证会、论证会的形式,采纳多方意见,反映行业诉求,提升组织话语权。各级职能部门要吸收行业组织参与行业执法,参与到消防安全、卫生治理、油烟排放、餐厨垃圾处理等监管之中,规范餐饮业自律,强化生态环境监测监控能力建设。另外,行业商(协)会可以组织餐饮企业各种交流研讨活动,互相交流学习,支持专题调研,全面了解和梳理南通餐饮业行情,面对行业现状、发展前景、制约因素提出可行性的对策建议。

撰稿人:朱兴建

2021 年 4 月

海安市家具业发展报告

海安市工商业联合会　海安市工业经济研究中心

现代家具业是海安市近年来刚刚发展的一项传统产业，海安“东部家具”从无到有，基地建设不断深入，家具项目不断积聚，家具业逐步成为海安对外宣传的一张重要名片。2019年，海安市委十三届六次全会把“现代家具业”列入海安今后着力发展的“十大产业集群”之一，现代家具业已经成为海安的重点产业。

一、海安家具业的发展历程以及现状

2010年初，中国东部家具业基地在海安挂牌，128个家具生产性项目集中签约，拉开了海安现代家具业大招商、大建设、大发展的帷幕。开发区、滨海新区、曲塘镇三个高标准家具园快速崛起，2000多亩的市场区铺开建设，全产业链的家具业在海安蓬勃发展。

(一)不断打造海安家具业新名片

家具行业是与人们生活息息相关的大行业，全国每年有9000多亿元的产出和销售，我国是多年稳居世界第一的生产大国、消费大国、出口大国。改革开放之初，国人家中普遍只有老木匠工人打的几件小家具，20世纪90年代和2000年初，房地产开始了新纪元，与之同期诞生的小型工业化生产的家具供不应求，那是家具业的黄金时代，也是家具人富起来的年代。随着社会的刚需、审美的提升和半手工化产能的不适应，以及钱袋子鼓起来的家具人的创业冲动，2010年前后，在全国开始萌发家具业集群。“中国东部家具业基地”正是在这个背景下走进了海安，凭借四任县(市)领导的鼎力相助，一张蓝图画到底，一任接着一任干。如今的东部家具业基地，已经初具规模、逐见成效。2018年，经历全国性家具行业环保整顿提升后,海安家具业现保留优质企业400多家,产业链员工突破3万人,产值超过100亿元,仅核心区2020年就主动纳税超过6000万元,2018年以来累计新建各类厂房80多万平方米,招租新企业86家。市场建设风生水起,1号馆正常运行四年,2号馆一期已建成招商,3号馆一期已主体封顶,4号馆、5号馆已全面开工建设,6号馆正在洽谈中。材料市场建成区30多万平方米,已经开始营业。市场成为江苏省重点项目,基地成为海安对外的新名片,近年来接待各地参访团1000多批次。

(二)不断规范企业全面升级新追求

党的十八大以来,以习近平同志为核心的党中央把生态文明建设摆在更加突出的位置,生态文明关乎人民福祉,关乎民族未来,要以可持续发展、人与自然和谐为目标,坚定走生产发展、生活富裕、生态良好的美丽中国发展道路。2018年南通市开展的“三废一家具”清理整顿、江苏省“263”风暴、当下的污染防治攻坚战,都剑指家具行业的软肋和痛点。职能部门和家具企业共同努力,不断规范企业环保安全工作。

一是转变思想。没有痛苦蜕变,何来华丽转身;没有浴火重生,哪来越飞越高。尽管东部家具基地从一开始就高起点规划、高标准要求,但是随着环保、安全的要求变化、标准提高,东部家具人意识到“不改变自己,现实就会淘汰我们”,企业主动配合、积极作为,相关职能部门疏而不堵、主动介入、主动服务、明确要求、明确重点,帮助企业放下包袱,验收过关。

二是提高门槛。在“刮骨疗伤促转型”行动中,对主观上没有安全环保意识,客观上没有实际投入能力的小作坊进行了关停取缔,对保留下来的优质企业安排环保专家,组建环保服务部,系统性地为企业在立项、环评编制、环评审批、方案设计、设备安装、环保验收等方面提供一站式服务。在安全方面,成立了“安全生产协会”,自律自治、自查自纠、办培训、搞互查、建章立制、奖惩分明,守住红线、保住底线、杜绝事故。

三是升级产业。以引进优质企业为抓手,鼓励存续企业上设备、改工艺、调结构、增强竞争力。提高亩均投入、亩均税收、增加社会贡献率,生产厂房由二层提升为四层。致力打造家具孵化园、家具科创园、园区邻里中心和繁荣家具市场商圈,使产业全面升级。

(三)不断健全产业转型延伸新链条

海安市委、市政府提出的“研发有机构、生产有基地、物流有平台、销售有市场、服务有配套”的家具全产业链发展要求,为东部家具业的发展摆下了大格局,也为现代家具业集群的壮大指明了方向。近年来,产业链的健全完善、拉长做粗一直是东部家具人的遵循。当落户企业逾百家时,及时启动了全球家具采购中心和家具物流园建设。当生产性企业达到200家时,家具原辅材料市场一期落成开业,当基地初具规模时,组织力量编制并论证了《海安家具业“十三五”规划》,提出通过五年努力,实现让海安的家具生产型企业达到1000家、市场面积超过100万平方米、产业链完整配套的宏伟阶段性目标。2019年以来的家具行业比较沉闷、比较艰难,销售断崖式下跌,商场门店都不景气,工厂老板都喊日子难过,经销商的业绩和信心同时下降,各种展会新品和人流大减。其中有房地产的牵连、有消费的疲劳、有中美贸易摩擦的影响、有社会发展的规律。唯有产业转型链式发展、革旧鼎新,才能送走家具业黄金旧时代,开启一个适者生存的新时代。

二、海安家具业发展中的短板

(一)产业聚集度还不够

“没有千家,不成基地”,全国家具制造业企业共有4.6万家左右,大多集中在大型市场附近,海安现有家具企业以实木为主,规模企业已经具有一定数量,但整个家具板块数量还不多,快速聚集的任务还很重。

(二)产业链条还不完整

对照全产业链的要求,我市家具业在生产链、流通链、服务链、供应链、价值链、创新链等环节还有缺链、断链、弱链。生产链中设计环节薄弱,自有设计队伍的自主研发,除了“斯可馨”等几个大一点的企业,绝大多数是没有的,平常只能靠委托、靠模仿,挤在夹缝中求生存;生产链中的人才需求没有系统集成、没有供给渠道、没有培养机制;流通中的物流环节,海安有交通优势和“公铁水”禀赋,但物流产业尚属起步。江西南康是“中国中部家具业基地”,它的配套物流企业263家,线路630多条,基本覆盖了全国县级城市,而海安当前家具成品的物流还大多从蠡口中转,增加了消费者负担;服务链中比较突出的金融服务,因为海安是新基地、工厂是新办厂,所以抵质押和经营业绩都给融资增加了难度;供应链中的原辅材料配套生产厂家还没有跟过来,材料市场未开业使企业采购成本提高,这些链条的不完整使产业发展缺乏动能,必须尽快强链、补链。同时海安市家具业集群还基本处于产业价值链低端的制造环节,缺乏向产业价值链上游的研发、设计环节以及下游的营销、品牌环节的延伸,需要沿着产业价值链的方向加快产业集群升级,不断提高产品附加值。

(三)龙头企业还不多

海安市东部家具业基地的企业有一定的经济实力和创新能力,在3月份的广东家具展上,每年都有十多家企业参展,并能满载而归。但从整体看,海安市家具龙头企业不多,知名品牌较少。目前品牌不少,但知名的不多,尚未形成被消费者广泛认可、口口相传的家具品牌,这两项恰恰是一个地区产业的核心竞争力。

(四)创新能力不强

在研发投入方面,家具业低于其他不少行业,家具业园的企业,由于有的刚新建,有的刚搬厂,这方面还存在"舍不得投"和不重视创新问题,随着消费者对家具要求越来越高,家具企业之间竞争越来越激烈,研发创新必定将成为企业的要务。

(五)市场影响力还不够

流通市场作为家具行业中重要的一环,承载着连接消费者和厂商、经销商的重要作用,海安家具市场规划起点高,这里规划的未来180万平方米的市场规模在全国是排在前列的,在华东是第一,但毕竟刚刚起步,万事开头难,路要一步一步踏实走过,家具博览中心A馆2015年10月才开业,材料市场一期2017年刚刚开业,意大利精品馆目前还在招商装修之中,"独木不成林,单一不成势",目前,虽然产销两旺,特别是原产地批发市场的优势凸现,商场本身很努力,经常搞活动,已入驻商家经营情况良好,不单是本地消费者已作为主要采购目的地,周边地区、沪宁一线甚至北京地区也闻讯赶来,但是,毕竟入驻厂家有限,产品单一、选择性不够,因此形成不了强大的区域影响力和卖场品牌印象。

三、海安家具业的发展思路

站在关键节点上，形势如船至中流，一篙松劲就会前功尽弃。面临产业发展的特殊时期，一方面整个市场萎缩、经营惨淡、竞争激烈、正在洗牌；另一方面，环保的压力、安全的压力、处罚的压力不断加大，只有用发展来解决发展中的难题，用奋发来彰显东部人的有为；面朝大海，在同一蓝天下比高低、决雌雄，让“东部”屹立在祖国东部。

（一）认识统一，明确高质量发展的路径

一要打响“全产业链”阵地战。省委提出江苏要在守住底线的前提下，能快则快，加快发展，这就说明发展是永恒的主题，永远是硬道理。只有做大总量，才能实现更有质量的发展，事实证明，经济总量越大，综合实力越强，回旋余地越大，越有能力转型升级。海安的家具业近些年得天时、凭地利、靠人和取得了喜人的成就，但是就拿华东地区相比，江西南康、江苏邳州、河南清丰，都有独到之处。海安的优质家具企业不是多了，而是远远不够。目前在建的五个馆和30多万平方米的材料市场是需要庞大的企业集群来支撑的。我们已落户的家具生产企业要用足空间，提升质效，对于优质家具企业不能关上大门，还是要尽量挤出空间，引进一批体量大、名气大、税费贡献大的好企业。把产业链的主体链条做丰满。在产业链的延伸上，2021年要建成检测中心、引进设计中心、开工原木物流仓储中心。

二要持续打赢污染防治攻坚战。2020年环保、安全工作已经梳理出头绪，抓出了成效，2021年的任务是抓全覆盖和持之以恒。对这个“底线”和“生命线”，每家企业都要强化源头控制、强化现场管理、提升末端处理工艺、推广清洁化生产、推广油改水。在安全生产方面，一定要保持高压态势，不马虎、不侥幸、不自断后路。

三要开启繁荣商圈的大会战。总面积2080亩的东部家具市场区，目前有七八家主体在聚力打造，但面对家具商业模式的剧烈变化和家具企业数的增长乏力，必须要以变应变，重新审视坐享G15出口的优势，拥有如此难能可贵的空间，要把原来传统的家具市场规划，提升为“家居美学文化”的消费者目的地，要跨界混搭，多元展示，增加吸引人气的项目，打响文化旅游的品牌。利用规划区内的农田保护耕地，布局森林游园、大面

积花海;利用规划区内的三条河流,打造河岸水景、雕塑亭台;利用材料市场建筑平台优势,规划建设风格独特的“民国一条街”,做到服务门类齐全、特色明显、辐射力强;利用一号馆空地,增加大型儿童游乐园项目,导入人流,与卖场互动,利用意大利馆的物业,装修一座中高档家居主题酒店,配好套、留住人。各种主题大馆,可以在家居文化的领域里,错位施策、各显神通、做好做强。在这个大的商圈版图上,向东打开对G15的展示面,向西对221省道绿化带全面改造,以四季有花的低密度亮出商圈雄姿。在整个区域内,用一个复古的小火车作为观光的代步,串联起所有场景。把这里打造成东部家具的亮点、家居文化旅游的爆点,远近闻名的游购娱食齐全的旅游目的地。

(二)措施扎实,保障高质量发展的成效

面对东部家具基地的再度创业、华丽转身,我们主要从以下几个方面发力:

一要全面动员齐上阵。每个企业都是主人、主力,在统一思想的基础上,为自身的生存而战,为东部的荣誉而战,为自身的价值和追求而战。一定要有整体的概念、一盘棋的思想,团队既不要让一个企业落下,企业也不能因己利为团队添阻。在转型升级的进程中,我们的骨干企业、排头兵企业更要多多担当,想在前、干在前、奉献在前,为东部这个大家庭尽长兄之责。东部还有一个优势力量——东部家具行业商(协)会,这是一个有号召力、凝聚力、执行力的自律组织,党支部、工会一应俱全,活动丰富、作用显现、政府重视、会员满意,它应该在这次高质量转型中,找到位置,找到角度,找到发挥作用的空间。

二要集思广益渡难关。当前是东部家具的一个节点,也是一个拐点,所面临的困难不应低估,而要高度重视,我们必须万众一心、齐心协力,从我做起,从自己企业做起,为过这个坎献计献策、出谋划策,为团队趟路子。

三要动真碰硬求实效。高质量发展的背后,是高智商的博弈、高强度的工作、高水平的运作。家具人动真碰硬的工匠精神要体现在这次行业跃升上,新时代的工匠精神是爱岗敬业的职业精神、精益求精的品质精神、协作共进的团队精神、追求卓越的创新精神。只要我们怀揣这四种精神，心连心、手牵手，多一份情怀和执着，多一些坚守和责任，实打实的工作，就会干出成效、打出一片新天地。

（三）全市努力，建成高质量发展的“家具之乡”

在第三届东部家具博览会开幕式中，市委、市政府提出要把海安建成远近闻名的“家具之乡”。这是海安家具业的光荣任务，也是政府职能部门的职责所在。高质量发展是个总体战，需要得到方方面面的关心和支持。面对家具业准入门槛高、要素成本高、创新难度高、环保要求高和融资高山高的状况，要全力以赴为民营企业排忧解难，为海安家具业发展创造更好的环境。培育办、项目办、招商办等部门要切实负起责任，在壮大家具集群上多研究、多发力；执法部门在工作中既要体现严肃性“切一刀”，又要避免简单化“一刀切”，当前要解决多头检查、重复检查、以罚代管的突出问题，让外地投资者在海安有一个宽松的生存环境。各区镇政府要“爱兵如子”，对现有的家具优质企业要管理好、服务好，争取腾出空间，再招引一批品牌企业、上市企业、领军企业入驻海安，壮大海安家具集群队伍。金融是企业的血液。海安各银行金融机构要发扬优良传统，放大保障要素，解决企业成长中的烦恼，推动海安家具业做大做强。

海安家具业高质量发展的号角已经吹响，目标已经明确，关键是在“实”字上下功夫，在“快”字上见成效，在“好”字上比高低，真正使东部更加多骄，产业越飞越高。

2021 年 4 月

海安市软件和服务外包业发展报告

海安市工商业联合会　海安市工业经济研究中心

近年来,海安市软件和服务外包业成长迅速,成为长三角北翼县域城市服务外包业发展的一支主力军。2018 年,在全省 48 家省级服务外包示范区综合评价考核中跃居第 18 位,长江以北县级城市中排前列。2019 年,被中国国际投资促进会授予“中国数字服务暨服务外包领军企业特色园区”称号,江苏唯一、全国县级城市唯一。2020 年,园区被评为省生产性服务业(服务外包)集聚示范区、省创业示范基地。适逢《长江三角洲区域一体化发展规划纲要》“江苏实施方案”发布,海安软件和服务外包业,如何借此春风,务实笃行,持续高质量发展,成为当下亟待研究解决的一个课题。

一、海安软件和服务外包业独特的优势

(一)枢纽优势

按照高铁新城开发建设发展的规律,在高铁沿线的每 100 公里(大约 1 小时车程)范围,就能够崛起一座高铁新城,成为大都市的卫星城市,承担相应区域的城市功能、产业布局等分工。枢纽优势缩短了长三角北翼与苏南、沪浙产业发达地区融合发展的时空距离,在城市建设、配套设施等诸多方面与发达地区无异,为产业承载与发展提供了有力支撑和无限潜力。

(二)成本优势

时空距离的拉近,更加突出长三角北翼地区的成本优势,特别是在用工成本上。3 年前上海的软件工程师月薪万元以上,而海安及周边地区最多只需其 2/3,且不超过万元;以 2019 年海安软件工程师最高月薪 1.5 万元为基准,杭州则是其 2~3 倍。同时,办公租金、员工购房租房等,都是企业生存发展需要考虑的必备要素。在成本上升的挤压下,近年来不少企业整

合布局，将基础性、非核心的业务通过外包或迁移的形式，选择周边地区落户。苏南、沪浙等发达地区的产业溢出，给长三角北翼带来了前所未有的发展机遇。加之，近年来"放管服"改革的深入，海安的营商环境一直处于全省前列，科技人才、政策环境等要素也与苏南、沪浙更加接近，承载产业转移的虹吸效应更加明显。

（三）教育优势

教育是海安的一张金质品牌，特别是基础教育和中等职业教育。基础教育吸引了周边地区创业就业群体的涌入，中等职业教育为企业培养了大量的技术型人才。伴随着南通理工学院海安校区的投入运行，海安中专计算机大专的开设，将提供更多的人才支撑。此外，交通枢纽优势也加快了人才互动流通，增加了吸引人才、留住人才的战略机遇。近几年海安站客流量每年增长 30%，海安籍大学生"回巢"创业就业呈百位数增长，人才回流成为承载产业发展的重要支撑之一。

（四）政策优势

从 2012 年开始，海安开发区每年预算 500 万元，市财政配套 500 万元用于支持软件和服务外包业发展，对重点项目实施"一企一策"，投入力度持续加码。2020 年，海安软件科技园 55 家企业享受企业发展政策奖励 593.8 万元（不含高企认定、产学研等奖励），是 2016 年的 14.8 倍多。14 家企业单位获得国家和省服务外包专项资金 94.1 万元，是 6 年来的首次突破。政策优势迅速形成了诚信服务的虹吸磁场，激发了企业发展的内生动力。

（五）前景优势

经济越发达的地区，生产生活细分领域越具体，制造业生产商对技术、设计等关键环节的认识越强，主辅分离意识越强烈，软件开发、信息技术、工程设计、工业设计等"电脑+人脑"办公型企业的普及率也越高。今天的市场缺口就是明天的市场主流。目前，一方面，不少软件和信息技术、服务外包领军企业、上市公司、行业百强仍然在实施产业布局过程中，有诸多先天优势的海安更有希望成为相关企业首选；另一方面，在"服务企业科技行"和市场的双重作用下，海安市也有诸多有技术、有思想的"创二代"来园区，或咨询或创办公司,为父辈及其上下游企业提供软件和信息技术、工业设计、网络销售平台等服务。海安原有产业转型升级的内驱力,为软件和服务外包业带来了新的契机。

二、海安软件和服务外包业发展中存在的问题

近年来,在海安市委、市政府的正确领导下,海安软件和服务外包业迅猛发展,取得了令人瞩目的成就。目前,园区服务外包企业120多家,东华软件、西信科技、顺利办、首屏信息等一批行业百强、上市公司等知名企业入驻,实现了国家高新技术企业、技术先进型服务企业、企业技术中心、IT培训等诸多方面零的突破。2020年,园区新增开票销售超千万元企业6家,新增纳税超百万元企业5家,软件企业开票销售突破亿元,每年每平方米办公面积万元以上开票销售产值占85%以上,月薪超万元企业员工达200人以上,累计入选“海陵英才计划”6人、进入省“双创计划”答辩程序1人。当然,对照南通“全方位融入苏南,全方位对接上海,全方位推进高质量发展”的目标,对照海安“深入推进创新驱动,增强区域核心竞争力”的要求,海安软件和服务外包业仍然存在着诸多问题。

(一)培训机构缺失

高校资源是产业发展的关键,IT培训机构是产业膨化的“助力剂”。笔者多次参加省服务外包人才培训联盟活动发现,绝大多数上规模、高品质的培训机构均出自南京、无锡等城市。综观海安及周边的IT培训市场,存在着偏少偏小偏弱的问题,较为知名的只有如皋青软和海安NIIT两家,培训规模、质量相对较弱。高校资源稀缺、社会培训机构不足,导致人才招聘可选性不多,是掣肘产业发展的“致命短腿”。

(二)传统产业转型不够

海安的经济业态以制造业为主,传统制造业在数控软件、智能系统、企管信息化等诸多领域还有着广阔的空间,特别是AI等高端领域还是空白。同时,大多数企业将软件开发、售后维护等技术服务包含在设备制造销售范围内,设备生产与技术服务主辅分离意识不强。

(三)基础性产业缺乏

以数据储存为主的基础性产业项目缺乏,IT人才短缺与项目落地人才需求形成矛盾。软件技术层次相对较低、骨干企业实力不强、离岸业务数量相对偏少、产业规模体量不够大。目前工业自动化控制系统(机器人)开发虽有诸多博士团队,但偏重于生产制造,不是以初试、中试实验为主,而且原创地极少在海安。

(四)风险挑战前所未有

一是新冠疫情的挑战。突如其来的疫情,对人员密集型的软件和服务外包企业冲击很大。海安市的软件和服务外包呈现"两头在外"的特点,即技术人员与主营业务在外。尽管前期在企业复工时间上做了相当的努力,但带来的影响还是不容忽视的。同时由于全球疫情的蔓延,部分涉及海外的业务订单也受到不同程度的影响。

二是中美贸易摩擦的影响。不管是离岸外包,还是在岸技术服务,利润空间进一步压缩,软件外包类企业的生存与发展相对艰难。

三是"两头夹击"的挑战。新发布的"江苏实施方案",明确提出"鼓励南京、苏州、无锡等城市开展新一代人工智能应用示范和创新发展","支持盐城打造国家级大数据产业基地",处于"夹缝"中的海安软件和服务外包企业在发展前景上很自然面临严峻挑战。

三、海安软件和服务外包业高质量发展的建议

(一)始终把人才作为头等大事来抓

任何产业、城市发展都离不开"人才"这一核心要素。尤其软件和服务外包业,以IT技术型青年人才为显著特征。处于政策"洼地"中的海安,应该把打造培养IT技术人才的"高地"作为发展该产业的第一定位。

一是加大高校招引力度。海安软件园成立初期,招引了当时的南京信息工程学院等4~5所高校落户,人才集聚效益明显,短期内形成了约5万人规模的小镇,满足了产业人才和配套的需求。虽然高校扩建政策收紧,但仍有部分高校有扩张的刚需。要在南通理工学院海安校区成功招引的基础上,再招引2~4家毕业生能落地的高校落户,形成高等人才培养、就业规模效应,为产业发展建立源源不断的人才"蓄水池"。

二是激活社培审批机制。虽然权力下放,但由于政策收紧,基层审批小心翼翼。要解决高校毕业生实战不成熟与企业需求熟练工的矛盾,必须大力鼓励、发展IT培训机构。要在审批上采取更加便捷灵活的举措,催生一批上规模、高品质的IT培训机构。

三是大力发展培训机构。根据产业发展规模和产业人才流动率比(IT人才流动率约70%),由此测算出,海安IT培训机构年培训量约1000人,而实际培训量仅有300左右。要在政策扶持上倾斜,鼓励东华软件等企业举办培训机构,既解决自身需求,又提供产业人才支撑;要敦促已有培训机构做大做强,扩大培训规模,努力提高实训人才落地率。同时,给予更大力度的政策支持,招引2~4家知名培训机构入驻。在本地高校毕业生规模不足的情况下,大力支持培训机构与周边地区或中西部地区高校合作,将毕业生引入海安实训,努力实现"在海安实训,优先选择海安"。

四是优化补贴审批机制。苏南某市人才补贴审批效率高,第一个月缴纳社保,第二个月人才生活补贴直接打入银行卡,而本地的审批则达不到这样的速度。以一名刚毕业就业的年轻人为例,正常情况下,前3~6个月为实习期,生活拮据窘迫可想而知。人才引得来,要留得住,就必须让青年才俊看到在这座城市生存生活的希望。这就需要更加优化人才补贴审批机制,简化手续,缩短流程,提高效率,让人才政策更加贴近生活,更加有温度。

五是增加对技术员工的补贴。技术员工是企业、产业发展的中坚力量和最大群体。再高端的技术创新,最终具体执行者是技术员工。当前,一名博士人才创业项目的补贴20万~200万元,相当于30~80名骨干技术人才的年薪,也等同于一家刚起步企业的创业资金。为此,在人才政策补贴上,要更接地气,既补贴博士类高端人才,又要兼顾技术类的中坚群体。

六是放宽人才准入门槛。一方面,建议对"候鸟式"人才享受政策的条件更加灵活,不要把在海安缴纳社保等要求作为"候鸟式"人才享受政策的先决条件。相对于海安而言,在上海、苏州等地缴纳社保有着更高品质的城市资源可以享受,要尊重他们个体的追求。只要在海安工作,在海安缴纳个人所得税,就可以享受"同城待遇"。另一方面,建议对标石家庄、西安等大城市,不把学历作为唯一条件,吸引更多各类层次技术人才涌入。

(二)始终把配套作为当务之急来抓

一是做强产业基础配套。要精准把握在长三角产业布局中的分工定位,避免追求"高大上",比如可以在数据储存、软件测试、区域运维中心等基础性、非核心项目的招引上下功夫、做文章,做实做强某一领域板块,为加快产业持续高质量发展夯实基础。同时,要加快主辅分离,将技术环节分离,立足本地产业基础,促进二次产业由"制造"向"智造"转型,推动数控软件、智能系统等本土化产业板块迈上"快车道",努力提高技术服务业务规模,不断壮大离岸外包业务板块。当前,海安可以侧重于在重资产投资、加快区域运维中心、数据中心等基础性项目建设上进行突破,以大项目撬动产业发展的"弯道超车"。

二是建设公共平台配套。优质的公共服务平台是产业快速发展的重要载体。要加快建设功能完善、服务协同、资源共享、供需对接便捷的公共服务平台,为企业发展提供有力支撑。要围绕产业基础和技术需求,按照市场化、共享化、专业化的原则,建立应用技术型实验室、设计中心、测试中心等公共技术服务平台,共建共享、协同发展。要围绕企业人才的需求,吸引更多劳务公司集聚,搭建人才交流载体,线上线下双向融合,打造高效的人力资源公共服务平台。要建立软件(服务外包)行业协会,推动行业资质认证或许可,促进规范化、高质量发展。此外,还要根据产业的发展需要,建立产权交易、知识产权、商务服务等公共服务平台。

三是更替产业政策配套。软件和服务外包业具有信息化、模式化、更新速度快的特点,平均每3~5年更新替代一次。与时俱进的产业政策应当把脉产业发展趋势,紧扣产业发展着力点,提前谋划更替,起到撬动发展的作用。要加快产业配套政策的更新速度,删除不适条款,及时修改完善,推动产业发展再上新台阶。

四是完善生活设施配套。IT产业的员工大多为"80后""90后""00后",这些青年更加追求工作生活环境的舒适度。要紧贴年轻人的工作生活需求,健全生活配套服务,引进高品质的青年公寓营运模式,完善微型咖啡、茶吧、书屋等生活休闲配套,要开展主题沙龙、体育健身等活动,为碰撞创新的火花营造氛围,以高质量、最舒适的工作生活环境吸引青年、留住青年。

(三)始终把效益作为长远谋篇来抓

一是强化单位产出。要持续加大对落户企业的跟踪考评,把实现应税销售、就业社保作为企业良性运行的考量指标,通过政策奖励来培育和助推绩效高的企业持续发展。

二是激活科技创新。要继续把知识产权、高企申报、双软认证、技术先进型服务企业认定、行业资质与许可作为引导企业努力的方向。鼓励企业在痛点上“开药方”,在短板上搞提升。

三是优化风投体制。要把对干部的容错机制内涵,延伸到风投基金绩效考核中。风投,顾名思义具有风险的投资,其要义在于“风险”。不少具有国资背景的风投基金(公司)却因为顾忌“一刀切”式的追责,不敢与有潜力的好项目风投合作,错失发展良机。合作必须成功,显然违背了风投市场的规律。可参考苏南某市科创投资公司的做法,以投资的产出效益论实绩,即:不以某些项目投资的失败而全盘否定,以投资的整体效益回报率来“论英雄”。

四是优先本土采购。在调研中发现,有不少企业反映,难以中标海安的业务,存在“外来的和尚好念经”怪现象。以江苏品德网络科技有限公司为例,年开票约 400 万元,近两年每年仅有政府招投标采购业务近 20 万元,占比仅 5%。再以南通东华软件有限公司为例,落户海安三年以来,年开票 5000 万元以上,海安本地业务几乎为零。而海安每年软件工程招投标数额也不小,建议优先考虑本地企业,支持技术成熟的本地企业发展壮大。

2021 年 4 月

如皋市花木盆景业发展报告

如皋市花木产业办公室

近年来，如皋市花木盆景业转型发展工作在市委、市政府和领导小组的正确领导下，在相关部门、单位的大力支持下，高点定位，务实推进，较好地完成了各项目标任务。

一、主要特点

（一）产业结构进一步调优

持续打造转型发展示范基地，积极推广新品种、新技术、新模式，新增各类花木盆景基地近6000亩。切实补齐如皋“木强花弱”产业发展短板，近两年新增城北街道平园池村菊花、油用牡丹、月季种植基地近1200亩，磨头镇300亩鲜切花、10000平方米智能温室蝴蝶兰种植等一批优质项目，城南街道花海旅游项目土地利用空间布局正在调整之中。花灌类、造型类苗木生产基地新增态势良好，新增面积近900亩。着力推动盆景业从小众市场转向大众市场，乘势而上发展小微盆景业，根据领导小组要求，牵头相关部门和单位制订了《如皋市小微盆景基地建设实施方案》，一期600亩已投产面积300多亩、新增签约落户项目近200亩；二期引进国内影响力最大的小微盆景生产销售龙头企业浩森园艺，落实基地建设面积500多亩，目前相关基础设施配套正紧锣密鼓推进之中；有望同时启动三期1000亩项目，实现五年建设任务三年甚至两年完成。

（二）产业服务进一步提升

长三角花木大数据中心定期更新并发布基础数据和行业动态，为有序生产和销售开辟绿色通道。坚持手续简便、优质服务的原则，全面优化苗木销售开票程序，提升开票服务效率，市花木盆景开票服务中心2018年全年开票销售28亿元，2019年超40亿元，2020年完成近38亿元。“如皋市花木盆景业小额担保基金”市级1000万元股金已全部协调注资到位,基金总盘子4200万元,现有股东24家、合作银行6家,累计为30家花木企业和个体经营户提供融资反担保服务34笔,担保贷款12570万元,同比增长100%和168%;累计为34家企业和个人提供转贷145次,转贷金额3.24亿元,同比分别增长13%、20.8%、17.4%,切实破解了花木盆景业经营者融资难、融资担保方式弱、融资成本高等相关难题,基金税后收益近400万元,有力助推了如皋市花木盆景业高质量发展。据测算,帮助企业从银行获得1亿多元贷款,可以撬动近10亿元的绿化工程项目,能够增加近千万元的利税,并能增加上百人的就业。

(三)产业品牌进一步叫响

充分发挥中国花卉协会盆景分会、如皋市花木盆景联合会等协会组织的带动作用,加强与中国盆景艺术家协会、中国风景园林学会花卉盆景赏石分会以及盆景乐园网等国内最好的协会网站平台的互动与联合。近年来,按照“2+X”的思路,在花木盆景业专题推介会、供需对接会的基础上,形成了上半年“五一”前后举办“全国小微盆景展”、下半年“十一”前后举办“全国精品盆景展”,配套举办“全国盆景交易大会”的如皋盆景展示展销固定模式,同时举办了中博会如皋盆景展、上海国际青年盆景论坛(如皋专场)、北京世园会盆景国际竞赛、江苏省组合盆栽大赛、全国春季和秋季园林绿化苗木供需对接会等各级各类展示展销和对接交流活动20多次,2020年成功举办了两次大型展示展销活动,切实提升了如皋花木盆景的知名度和美誉度。在2020年的全国性盆景大展中,如皋共荣获特等奖1枚、金奖4枚、银奖4枚、铜奖11枚。新增制定盆景生产标准品种2个,盆景生产标准化全面破题。建成中国盆景艺术大师馆2个,引进日本、韩国盆景大师馆落户如皋,盆景国际化发展步伐加快。多方沟通努力,推动促进了中国盆景艺术家协会秘书处迁址如皋,并在“一会两节”开幕式上举行了揭牌仪式,目前秘书处办公地点装修已基本完工,新的秘书处班子已正常开展工作。

(四)产业瓶颈进一步突破

为推进展销无缝对接,2020年5月底举办了“全国小微盆景展暨盆景交易大会”,10月底举办了第十届中国(如皋)花木盆景艺术节,分别展陈精品小微盆景260多组、中大型盆景400多组，吸引全国500多商户，展会期间完成线上线下销售近2000万元。为加快推进花木产业“互联网+”进程，推动古老盆景艺术融入群体，实施“平民化”发展路线，联合市农业农村局，落实“花名堂”作为实施单位，开发“中国小微盆景网”App，成为国内首个小微盆景专业交易平台，目前入驻商户近400户、发展会员近1000人，线上销售直播功能方案正在制定之中。为破解“专业人才储备不足”难题，研究出台《中国盆景艺术大师五年培养计划》，如皋范围内选拔了近20名人才作为重点培养对象。在2020年一次省级技能大赛中，如皋盆景人才获得金奖4人次（均是前十名）；两次全国技能和创作大赛，获得特等奖1人次、金奖4人次、银奖3人次、铜奖1人次，其中全国盆景创作大赛如皋选手毫无争议囊括前5名；加大园艺人才培养力度，如皋在校园艺类学生100多名；花木大世界自主创办的如皋花卉园艺职业培训学校完成五期招生培训，培训学员超500名；主张“盆景人才培养从娃娃抓起”，与安定小学、高新区实小和初中、如城小学联合举办盆景艺术社团，在盆景蟠扎活动中，鼓励小学生及花卉园艺职业培训学校学生参与，促进了盆景艺术的传承与发展。

二、存在问题

近年来，通过市委、市政府的行政强势推动和产业自身发展积累，如皋花木盆景业取得了一定的成绩，但在行业形势整体严峻，受新冠疫情影响的背景之下，仍然存在发展方式相对粗放、低水平重复种植广泛存在、同质化竞争严重，常规苗木过剩，规模示范效应不够明显、花卉产业高质量发展刚刚起步、专业化服务层次不高、专业型人才储备不足、三次产业融合程度较低等亟待解决的问题。

三、下步打算

《国务院办公厅关于坚决制止耕地“非农化”行为的通知》（国办发明电〔2020〕24号）和《国务院办公厅关于防止耕地“非粮化”，稳定粮食生产的意见》（国办发〔2020〕44号）下发之后，花木盆景业增量发展的土地规模空间日益趋紧、销售规模空间同步受到挤压，如何在现有林地规模和有限的一般农田空间上推动花木盆景业转型升级成为绕不过、躲不了的系统性新课题。

如皋花木盆景业将深入贯彻实施乡村振兴战略，落实国家严控耕地“非农化”“非粮化”要求，既充分认识行业发展增量的形势严峻性，又切实把握现有存量花木盆景面积的战略机遇性，系统化解土地瓶颈、切实转危为机，全面梳理谋划解决产业发展重点、热点、难点和痛点问题的新思路、新模式、新机制。坚持种植、流通、旅游、平台、人才、教育等“六个集聚”的发展理念，充分发挥行政推动优势、产业基础优势和市场集群优势，以市场需求为导向，以富民增收为目标，以科技创新为动力，加快推进规模化、标准化、特色化生产，在放大传统优势上谋思路，在补齐短板不足上出实招，在打造核心竞争力上下功夫，在完善推进体制机制上做文章，在形成高质量发展模式上求突破，找准“着力点”，做好“必答题”，打好“组合拳”，整体布局、深挖潜力、精准施策、靶向发力，切实推动如皋花木盆景业健康、可持续发展，全力塑造“中国花木盆景之都”新形象。

目标任务:2021 年花木盆景业综合服务中心开票销售超 50 亿元;市花木盆景业小额担保基金新增担保贷款余额超 2 亿元、转贷金额超 3 亿元，税后收益超 400 万元;新增造型类、彩色类、花境类、容器类等花木盆景提档升级基地不少于 2000 亩;小微盆景基地一期、二期全面建成，三期建成面积突破 50%，如皋面上小微盆景基地总面积超 2000 亩;城南街道映山红花海项目 400 亩地形地貌全面形成、花卉苗木栽植全面完工、30 亩配套建筑主体封顶;举办 2021 年度全国性小微盆景展、全国精品盆景展，力争举办 2021 年全国盆景职业技能大赛。

围绕上述目标任务，市花木盆景业转型发展工作领导小组办公室将重点围绕以下思路开展工作:

(一)围绕科学种植，全力推动去库存

全面摸清如皋花木盆景种植品种、规格、数量家底，定期更新并发布基础数据和行业动态，引导生产和销售。大力发动种植户摒弃“密不透风”、“五脏六腑俱全”的种植模式，增强“舍得才可得”意识和“腾笼换鸟”意识，加快无竞争性苗木的抛售进程，及时调整种植品种和种植模式，推动苗木生产从规模数量型向质量效益型转变。发动和鼓励如皋园林施工企业和花木经济人更多销售及消化本地苗木，为结构调整和可持续发展夯实基础。

(二)围绕盘活存量,全力推动快转型

对现有花木园区运营情况开展全面排查，筛选出运营不善的低效园区、“僵尸”园区以及有意向提档升级的园区,结合主体意愿分类策划转型发展方案:对于运营不善的低效园区和“僵尸”园区,加快收回土地承包经营权,招引落实新的主体;对于有意向提档升级的园区,组织市级相关部门、行业协会与园区主体,共同制订提档升级方案。同时,进一步挖掘发展空间,选取面上班子战斗力强、产业基础好的花木盆景专业、特色村(社区),引导一家一户连片提档升级,打造样板、以点带面,切实增强如皋花木盆景提档升级的群众基础。提档升级战略在产业方向上以发展小微盆景、造型苗木、单一品种规模高档彩色树种苗木为主;在推进体系上,由市内行业协会组织经济人队伍,对于原园区、村(社区)现有苗木加快销售,确保转型发展土地空间,相关职能部门对后期发展进行前置把关;在发展规模上,园区和村(社区)分别选取3~4个典型,总面积控制在2000亩左右;在激励措施上,按照规模和投入强度实施分类梯队式奖补。

(三)围绕效益提升,全力推动调结构

引导龙头企业、花木大户、合作社加强协作,做强地方特色名品,培育前沿高端精品,拓展规模高效单品,扩大市场占有份额,增强市场竞争能力。鼓励新老园区发展彩色类、花境类、花灌类、多肉类、容器类花木,扩大设施栽培占比,推动花木盆景逐渐实现从低效到高效、从大众化到特色化的转变。充分放大如皋蟠扎专业人员国内最多、技术力量国内最强的优势,全力招引国内行业带动力强、市场效益好的龙头企业,启发、带动、培育如皋盆景主产区企业和从业人员发展短、平、快的小微盆景和造型景观树产业。因势利导做好“花木+文旅+康养”文章,整合农村生产、景观、餐饮等资源,将苗木产业与休闲游憩、游乐运动整合为一体,做靓顾庄生态园,服务推动正威集团国家盆景文化小镇项目,促进花木盆景业一、二、三产深度融合发展。

(四)围绕优化服务,全力推动转方式

切实强化长三角花木大数据中心的载体平台作用,汇集齐全数据,提升指导生产、经营与管理能力;联合中国花卉协会盆景分会、市花木盆景业联合会以及国内其他协会的力量,与高等院校深入探索建设“中国盆景大数据中心”的课题研究方向、结果应用空间、市场推广前景,以互联网“大数据”思维实现精准化服务。树立“用户至上”理念,细分产业发展环节,研究个性化按需服务,培育壮大设计、移苗、种植、上门和寄存养护、租赁、物流、销售等专业化、机械化、社会化服务队伍。

(五)围绕打造品牌,全力推动强载体

积极策划并举办好各类主题活动,促进产、供、销对接,弘扬花木盆景文化,推动技术、成果、产品的宣传、交流和推广,满足人民群众对美好生活的向往需求。加强与国际国内行业知名协会、媒体的互动,切实加快盆景生产标准化制定进程,不断提升如皋花木盆景的知名度和美誉度。

在具体工作推进中,将进一步突出以下工作重点:

一是实施好两个计划。(1)务实推进中国盆景艺术大师五年培养计划。对照全国三大盆景协会盆景艺术大师评定标准和要求,坚持“进取、奉献、包容、创新”的培养理念,切实加强重点培养对象的考核和管理,与三大协会加强协作,加大培养组织力度和资金扶持力度,进一步激励培养对象传承、发扬和光大盆景技艺,切实推进五年行动方案落实,扩大如皋盆景国内外影响力和话语权。(2)务实推进小微盆景基地建设计划。按照“一次规划、分步实施”发展原则,统一制定招商引资和日常管理实施细则,完善基础设施配套,提升中国小微盆景基地档次。以“十四五”规划制定为契机,以城南街道夏庄村原美树城为核心区,向周边镇、村(社区)四周辐射,实施“园区+基地+市场+农户+教育+培训+服务”模式,“十四五”期间力争打造小微盆景基地总面积5000亩。其中,前店后厂核心区800亩、大户区1600亩、一家一户辐射带动区2600亩;目标年总产值将达50亿元,建成国际国内最具专业性、规模性、创造性、科技性的一流小微盆景集聚区。

二是打造好三个平台。(1)公益服务平台方面。协调相关单位、部门,在市花木盆景开票服务基础上,组建如皋市花木盆景业综合服务中心,通过整合规范、政策优惠、便捷服务等措施,推动检验检疫、销售开票、“三超”证发放一站式优质服务,切实规范如皋花木盆景生产经营秩序,提升综合服务效率,为做大做强如皋花木盆景业提供坚强激励资金支撑。(2)网络服务平台方面。充实完善中国小微盆景网服务内容,在知识普及、文化艺术和技术交流、产销对接、定制服务、直播带货、创客空间等方面不断改版升级、创新创优，打造国际国内一流的盆景“4S”服务平台。(3)会展服务平台方面。加快推动花木大世界会展中心建设，引进会展专业服务团队，逐步改变政府大包大揽“输血式”举办展会现状，试点试水社会化、市场化、效益化“造血式”展会新路径。在如皋固定展会的基础上，鼓励国内外行业协会、社会团体、园区企业自主组织各类相关主题活动，弘扬花木盆景文化，提升如皋花木盆景的知名度和影响力。充分论证打造“中国·如皋盆景博览会”的必要性与可行性，力争将如皋展示展销会打造成花木盆景界的“广交会”，促进产、供、销无缝对接。

三是夯实好四个基础。(1)夯实产业规模支撑基础。全程跟踪花卉产业高质量发展进程，用好用足各项扶持政策，巩固提升现有项目效益，积极招引更多优质花卉项目，着力打造一批集生产销售、园林施工、科技研发、生态观光为一体的花卉基地。在积极推进小微盆景基地建设的基础上，做好“互联网+”文章，积极培育小微盆景电商、微商以及网上拍卖、直播带货典型；鼓励小微盆景生产销售企业增强品牌意识、市场意识，积极入驻大型商场、大都市连锁超市，提高如皋盆景知名度；加快出口型基地建设进程，以培育单株10美元产品为基础，加大单株20美元至50美元产品开发力度，大力研发无土栽培技术，做大小微盆景毛坯生产、成型商品以及艺术作品总量，拓展与国际市场行业协会和经济人合作空间，提高欧美市场占有率，切实加快外向化步伐；切实加快盆景生产标准化制定进程，持续开创基地市场集聚、线上线下结合、国际国内同步、品质规模并举的小微盆景业化发展新局面。(2)夯实产业金融支撑基础。巩固、拓展“如皋花木盆景业小额担保基金”合作金融机构、担保机构，鼓励更多金融机构服务花木产业发展，持续做大基金盘子，积极稳健开展业务，加快推动基金公司化运作进程，确保担保基金正常运行。(3)夯实产业人才支撑基础。在务实推进中国盆景艺术大师五年培养计划的基础上，积极招才引智，加强与国际国内行业协会、高等院校、科研院所和艺术大师的合作，持续加大后备人才培养力度，推动产、学、研深度合作。在如皋范围内充分营造认识花木盆景、研究花木盆景、投身花木盆景的浓烈氛围，打造本土技术人才师资团队，鼓励义务教育学校发展盆景艺术社团，开创“新型学徒制”盆景艺术传承新模式，架设校企合作桥梁，着力发展壮大园艺类尤其是盆景类教育培训产业,不断为如皋花木盆景业发展增强后劲。加强与人社部中国就业培训指导中心沟通衔接,力争 2021 年在如皋举办全国盆景职业技能竞赛。(4)夯实产业市场支撑基础。差异化发展三个专业市场,提升华夏花卉市场整体品味,加快国际园艺城二期工程及小微盆景专业市场建设进程,为早日建成国家级农业产业化龙头企业、国家级重点花卉苗木市场夯实基础。

四是贯彻好五个思路。(1)苗木形态造型化。充分放大如皋蟠扎造型技能人才和产业工人储备足的优势,在做大做强盆景业的基础上,加大地景造型花卉苗木的引导支持力度,营造盆景、地景协同互补发展、双轮并行驱动的良好局面,不断提高产品附加值,力争通过 3~5 年的努力,将如皋打造成长三角地区造型苗木第一强市。(2)种植技术标准化。由行业协会牵头,联合高等院校和科研机构专家学者,研究制定并推广应用花木盆景主打品种的种植技术标准,切实扭转如皋花木盆景整体种植模式粗放、种植水平低下劣势,占领行业制高点。(3)产品质量精品化。切实增强质量意识、精品意识,引导广大种植主体顺应行业需求,以市场化、高端化、高效化为目标导向,提高单品收益,赢得行业赞誉和认可。(4)单一品种规模化。切实转变小而全、多而杂的苗木种植思路,鼓励规模园区和特色、专业村(社区)大力发展拳头主导品种,形成连片规模集群优势,提高市场竞争力。(5)生产介质容器化。充分认识容器苗相比于传统地栽苗便于管理、便于运输、成活率高、缓苗期短、生长旺盛、销售周期长、市场前景好的优势,不断提升有机质和无土栽培容器苗木占比,切实减少苗木生产用土、带土量,从生产模式上根本性缓解花木盆景业土壤流失严重、地力下降现状,为产业可持续发展打下坚实基础。

撰稿人:张海兵

2021 年 4 月

如东县安防手套业发展报告

如东县发展和改革委员会　如东县工商业联合会

2020年，如东县安防手套业紧紧围绕“稳定增长，创新发展，提质增效”总目标，抢抓机遇调结构，攻坚克难促转型，全行业经济总量实现新飞跃，整体呈现出平稳的发展态势。

一、行业现状与特点

（一）行业现状

2020年，如东县安防手套业实际纳税销售申报的279家，完成应税销售62.09亿元，同比增长29.27%，实现入库税金3.14亿元，同比增幅35.35%。

（二）发展特点

如东县安防手套业坚持以加快发展为主题，以结构调整为主线，抓住国际产业梯度转移的难得历史机遇，不断扩大行业规模，优化产品结构，提升产业层次，提高企业竞争力和全行业的整体素质。

一是行业板块逐步形成。安防手套产能主要集中在开发区、曹埠镇、掘港街道、大豫镇、双甸镇5个镇区，共有在产企业235家，占如东县安防手套企业总量的68.51%，2020年实现应税销售53亿元，实现入库税金2.95亿元，分别占整个行业的85.35%和93.94%。其中，如东经济开发区27家企业，实现应税销售27.44亿元，实现入库税金1.95亿元，分别实现增幅38.27%和36.09%；高新区71家企业，实现应税销售5.87亿元，实现入库税金2337.76万元，分别实现增幅15.68%和65.93%。“两区”产能占据如东县同行业“半壁江山”，如东经济开发区板块贡献份额显著。（见表1）

表 1　如东县 2020 年安防手套业主要镇区情况表

街道乡镇	企业数(个)	2020 年销售(万元)	同期(万元)	增幅(万元)	2020 年税收(万元)	同期(万元)	增幅(%)
曹埠镇	111	117401.23	96057.59	22.22	4558.04	3365.89	35.42
岔河镇	15	8665.39	6626.26	30.77	262.87	162.11	62.16
城中街道	12	3244.84	2613.99	24.13	58.30	27.60	111.24
大豫镇	9	44378.75	18163.48	144.33	763.16	724.47	5.34
丰利镇	36	28310.23	37246.54		704.74	615.32	14.53
苴镇街道	17	8800.87	9013.47		200.30	240.99	
掘港街道	71	58700.95	50744.54	15.68	2337.76	1408.92	65.93
开发区	27	274461.92	198498.59	38.27	19503.06	14330.82	36.09
马塘镇	19	29146.42	21673.24	34.48	484.83	574.63	
农业综合开发区	2	1057.58	1273.42		10.12	262.92	
双甸镇	17	35144.25	33662.43	4.40	2359.71	1290.20	82.89
新店镇	2	9178.53	2431.94	277.42	71.27	102.43	
洋口港开发区	1	166.25	365.56		4.67	13.26	
袁庄镇	1	612.25	323.51	89.25	35.43	30.33	16.81
长沙镇	3	1656.07	1652.45	0.22	59.30	59.12	0.31
合计	343	620925.53	480347.01	29.27	31413.56	23209.00	35.35

二是龙头企业优势明显。2020 年,如东县应税销售超亿元的安防手套生产企业共 15 家,共实现应税销售 38.49 亿元,同比增长 40.28%,占全行业的 61.99%;实现入库税收 2.45 亿元,同比增长 47.13%,占全行业的 78.03%。其中,超 6 亿元企业 2 家,分别为汇鸿(南通)安全用品有限公司、江苏恒辉安防股份有限公司,分别实现应税销售 6.91 亿元、6.14 亿元,分别实现入库税金 6790.95 万元、5233.53 万元。汇鸿(南通)安全用品和恒辉手套是如东经济开发区老牌子企业,也是如东县安防手套龙头企业,品牌知名度高,订单稳定充足,生产线均满负荷生产。恒劢安全防护用品(南

通)有限公司、南通泰卫仕医疗科技有限公司、江苏泛亚劳护用品有限公司、南通嘉得利安全用品有限公司等企业发展迅猛,销售增长幅度较大。安防手套龙头企业规模不断壮大,竞争力日益增强,充分发挥了对行业的支撑作用。(见表2)

表2　如东县2020年安防手套重点企业情况表

纳税人名称	街道乡镇	2020年销售(万元)	增幅(%)	2020年税收(万元)	增幅(%)
汇鸿(南通)安全用品有限公司	开发区	69096.44	14.37	6790.95	72.38
江苏恒辉安防股份有限公司	开发区	61387.56	27.85	5233.53	2.90
南通强生安全防护科技股份有限公司	开发区	34635.88	5.94	2807.95	-5.50
恒劢安全防护用品(南通)有限公司	开发区	25563.12	73.54	1189.55	474.44
霍尼韦尔安全防护产品(南通)有限公司	开发区	25205.01	43.68	1287.46	32.49
江苏昌邦安防科技股份有限公司	曹埠镇	24985.23	4.58	1578.62	68.00
赛立特(南通)安全用品有限公司	掘港街道	24230.77	5.77	1066.59	264.03
江苏盾王科技集团有限公司	大豫镇	23677.39	83.78	594.34	9.44
南通泰卫仕医疗科技有限公司	开发区	19471.04	1365.72	486.32	76541.69
江苏泛亚劳护用品有限公司	曹埠镇	17827.77	38.99	1037.62	100.91
南通嘉得利安全用品有限公司	双甸镇	16002.29	-1.22	1161.69	103.11
南通亚升安全用品有限公司	双甸镇	11688.80	7.30	998.07	81.77
南通汇多亚安全用品有限公司	曹埠镇	10691.95	27966.37	17.99	78.88
鸿瀚防护科技南通有限公司	开发区	10423.20		199.07	735.88
南通进夫劳保用品有限公司	大豫镇	10006.16		9.03	147044.38
合计		384892.60	40.28	24458.81	47.13

三是产品种类日趋齐全。安防手套按工艺与材质分,主要分为针织、皮革、浸胶手套,浸胶手套又可分为乳胶、丁晴、PVC、PU等种类。由于防热、绝缘等特殊需要,浸胶手套发展越来越迅速,已成为市场主流。如东县现有企业生产的安防手套产品涵盖几乎所有品种,已形成高、中、低档产

品相配套的系列产品。随着行业的转型升级,中高端手套占比不断提高,强生、恒辉、汇鸿等一批骨干企业已成为国际、国内知名的安防手套供应商,产品质量也达到国际先进水平,在国内同类企业中也拥有较高的影响力。

二、存在的问题及原因

(一)低水平重复建设,恶性竞争加剧

“僧多粥少”、产能过剩现象开始逐步影响安防手套业发展。日益增多的新开业手套企业致使整个行业产量远远过剩,订单量较同期增长乏力。中高档产品为主的企业因良好的口碑销量还能缓慢增长,而以低端产品为主的企业被新企业以更低的价格抢走订单。

(二)产业分布较散,未形成聚集效应

虽然高新区、曹埠镇、马塘镇安防手套企业数较多,占如东县安防手套企业总量的60%,但销售收入占比较小,仅有31.5%。安防手套业准入条件较低,许多企业出于成本因素就近开厂,是造成现在行业分布散乱,规模较小的主要因素。

(三)研发投入较少,运行质量不高

多数企业对研发的重要性认识不足,在经营理念上缺乏科技创新意识,产品升级动力不足,认为研发投入是一项风险投入,效益上不一定能立竿见影,追求利润的手段仅靠降低成本、扩大销售,往往将产品转型升级置之于后。多数企业还对国家支持研发投入的优惠政策不甚了解,把研发投入仅仅当作企业自然自发行为,研发投入积极性不够。

(四)用工问题较为严峻,可持续发展受到挑战

用工一直是制约如东县经济发展的重要因素,安全防护行业尤为严重。本地人才外流,外地人才引不进,有些引进的又留不住,导致如东县高端人才、技术工人存在缺口。如东经济开发区一带企业一线工人和熟练工人短缺,有些严重的企业甚至出现“抢工人”现象。为留住工人,企业也频频提高工资水平,但日益增长的用工成本也给企业未来发展带来了不利影响。

三、建议措施

（一）加强规划引导，强化产业集聚发展

制订如东县安防手套业发展专项规划，依托骨干企业相对集中的镇区，尽快规划建设安防手套特色园区，制定相关政策，引导企业入园发展，考虑到目前已经形成的地域布局，以如东经济开发区、高新区、曹埠、马塘等镇区为中心建立安防手套发展集中区。安防手套企业相对集中的镇区要对安防手套业集聚发展予以政策倾斜。要跟踪指导企业进行污染治理设施的配套建设，实现污染物达标排放，从而推动如东县安防手套业健康发展。

（二）依托骨干企业，培育产业做大做强

安防手套业已成为如东县工业经济发展不可或缺的一支重要力量。要充分认识到该行业对县域经济发展的积极作用，将安防手套业的培养和发展作为重要产业来培育。要尽快制订如东县安防手套业发展行动计划，明确产业发展目标和重点。重点培育强生轻工、恒辉手套、汇鸿手套、霍尼韦尔、昌邦劳保等一批销售亿元级企业做大做强，发挥龙头带动作用，形成相互协作，共同发展的新格局，打造国内一流安防手套产业基地。

（三）突出转型升级，努力提升行业质态

对已经形成规模，在国内外市场具有一定知名并且管理规范的企业，要继续鼓励其加大投入，加快产品研发，培育其发展壮大。以科技创新、上市培育、品牌创建、两化融合、节能降耗为重点，引导推进安防手套业自主创新，促进产业内涵式提升。强生、恒辉、汇鸿等骨干企业要不断加大研发力度，提升产品技术含量，调整产品结构，向高端功能性手套方向发展。要继续实施产学研合作，加速技术成果转化速度。要增强品牌发展意识，对"TAEKI ""HANVO""T-TOUCH"等品牌要加大宣传推介力度，不断提升品牌影响力。要不断提升行业管理水平，加强管理流程设计改革，全面提升企业管理水平。要积极落实节能减排、清洁生产等各项措施，有效治理好生产过程中产生的废水、噪音等污染，推进企业清洁化生产水平，促进行业发展质态的整体提升。

(四)强化协调发展,提升行业整体效益

不断强化行业治理,引导企业加强行业自律。针对目前同行业内非理性竞争的情况,充分发挥行业协会组织作用,在产品定位、标准制定、信息发布、竞争合作等方面协调运作,提升利润空间,增强地区整体竞争力。逐步吸纳小微企业入会,健全如东县安防手套业协会,规范竞争秩序,协调市场,统一行动,促进如东县安防手套业不断发展壮大。对一部分具备一定生产能力,但自身治理能力较差的小企业,通过政策引导,鼓励其进区与骨干龙头企业协作配套发展。对工艺落后、产品档次低、能耗高、污染重,依靠低成本竞争维持生存的小微企业,要通过转产、转型等方式,淘汰落后生产能力。

撰稿人:曹卫东

2021 年 4 月

如东县食品业发展报告

如东县发展和改革委员会　如东县工商业联合会

食品业是支撑国民经济的一大支柱，如东县食品业在集聚发展、转型发展中焕发出新的生机和活力，其产业优势、资源优势明显，持续稳健发展。

一、如东县食品业概况

2020年，各相关部门紧紧围绕县委、县政府决策部署，坚持“稳中求进”总基调，牢牢把握高质量发展这个根本要求，如东县食品业正驶入高质量发展轨道。

（一）产业总量不断增加，规模持续扩大

截至2020年年底，如东县共有食品生产加工企业307户，2018年至2020年新增24户，其中食品添加剂生产企业11户，资产总额52.6亿元，同比增长11.8%；其中规模以上有45户，规模以上资产总额43.1亿元，同比增长21.0%。此外，如东县规模企业中有涉及种养殖、农副产品销售、饲料加工企业12户，食品机械制造企业2户。如东县共有各类农业龙头企业95户，其中国家级农业重点龙头企业2户、省级15户、市级35户、县级43户。

（二）经济总量持续壮大，经济效益稳步提升

2020年，食品生产加工企业实现主营业务收入91.7亿元，同比增长5.0%，实现利润2.78亿元。其中45户规模以上食品生产加工企业，实现主营业务收入67.1亿元，同比增长17.1%，实现利润1.7亿元。

如东县销售收入亿元的食品加工企业12户，占如东县规上食品加工企业的26.7%。凯爱瑞和金太阳粮油逐步形成了年营收入5亿元以上的

第一梯队,以正大食品、东盛米业、景田食品等10户企业为代表的年营业收入1亿元以上第二梯队,以泰莱食品配料、鲜之源水产食品、润特米业等28户企业为代表的年营业收入2000万元以上的第三梯队。凯爱瑞食品(南通)公司销售收入逐年攀升,已接近10亿元大关(7.9亿元);投资近10亿元的翼扬蛋品已投入生产,全部生产线达产后,预计年销售收入超17亿元。食品业呈良好发展态势,在如东经济中的地位更加凸显。

(三)优势产业集群发展,产业布局渐趋合理

如东是农业大县,水资源、土地资源、海洋资源丰富,是国家全国粮食生产先进县、全国水利建设先进县。尤其近海资源丰富,是全国最大的文蛤和条斑紫菜生产和出口基地。各镇区充分发挥农产品资源优势,因地制宜,错位发展,初步布局形成了优势产业群,新店镇、双甸镇、岔河镇、马塘镇发展东盛、绿之蓝、晨希米业等30户企业形成粮食加工(大米)产业群;长沙镇、洋口镇、丰利镇发展宏达水产、海达水产、协和食品等100户企业形成海产品加工产业群(如东县共有紫菜生产企业89户,海苔生产企业23户)。食品行业初步形成了一批生产企业密集区和多个优势农产品加工产业带,呈现出集群式发展的特色和较为合理的区域布局。

二、主要举措

(一)注重全程服务,招大引强成效显著

一是积极推进园区建设。在食品科技产业园项目规划初期,邀请南京农业大学、苏州农学院、江南大学、淮安食品学院等大中院校的专家学者进行规划论证,着力解决食品业园配套设施建设问题。与如东高等职业技术学校沟通,建立食品专业职业教育中心,为长三角地区输送食品专业人才。与相关院校联合建立博士后工作站等工作稳步推进,招引上海高技术人才,进一步带动食品业园发展。通过外延扩展,拟建立燕窝加工基地,从马来西亚引进天然优质燕窝作原料,做燕窝系列冷饮、糕点、茶饮、保健食品等,也可直供食品科技产园内企业,打造如东燕窝品牌。

二是努力打造综合服务体。计划建成400亩集食品业观光、旅游、休闲、生活服务等的综合体项目。主动对接上海方向中核清大控股有限公司、清大控股有限公司、深圳棋润文旅运营发展股份公司,构造食品科技产业

园商产城市综合体，打造数字智能产业，提升产业导入运营服务水平。

三是注重深挖资源。为协调、服务和发展如东食品科技产业园建设，经多方协调，全国焙烤制品标准化技术委员会第三届糕点分技术委员换届大会在如东成功召开，会上，我们向与会的117名企业家推介了如东食品科技产业园。

目前已促成5个落户项目：

1.食品级变性淀粉项目。主要从事变性淀粉及淀粉衍生物的研发和应用创新，项目总投资1.1亿元，占地35亩，建筑面积约2.8万平方米。本项目分两期建设，其中一期投资6000万，建成后具备年产2.5万吨变性淀粉的生产能力；二期投资5000万元，二期建成后具备年产2.5万吨变性淀粉的生产能力。项目建成达产后实现销售4亿元，上缴税金3400万元。

2.高端冰激凌项目。项目总投资1.08亿元，标准化厂房8000平方米，主要从事高档冰激凌、果酱、巧克力制品生产销售。项目一期建成后，可形成年产冰激凌3000吨、果酱400吨、巧克力制品200吨的生产能力；二期项目建成后，可形成年产冰激凌7000吨、果酱1000吨的生产规模。项目建成后可实现销售1.2亿元，入库税收800万元。

3.京海动物营养饲料项目。项目主要从事动物营养饲料生产，项目建成后可形成年产粒料5万吨的生产规模。

4.经纬食品项目。项目总投资为1.08亿元，项目占地30亩，主要从事糕点、白酒、防腐剂等生产销售，项目建成达产后，预计可形成年产6000吨糕点、1000吨食品防腐剂及500吨白酒生产规模。

5.源丰食品项目。项目总投资8000万元，占地15亩，主要从事固体饮料、方便菜、白酒等生产销售。项目建成后可形成年产2万吨烘焙预拌粉、100吨白酒、25吨黄酒以及年出栏400万羽肉鸡的生产规模。其中食品级变性淀粉项目、高端冰激凌项目和京海动物营养饲料项目已在建设中。另外目前储备在手的在谈项目有11个，其中澳牛加工项目和新华食品业园项目计划投资分别达到16亿元和15亿元，各个项目在稳步推进中。

(二)加快基础建设，丰富壮大发展载体

2020年，曹埠镇的省级如东现代农业产业示范园，完成公共服务平台招标,示范园基础设施项目招标完成并已进场施工,稻米加工中心改造工程招标完成并已进场施工,入口绿化、核心区河道绿化、种苗服务中心智能温室二期、精神堡垒(入园区)大门项目已完工,河道道路绿化项目招标完成并已进场施工,核心区路渠项目一标段、优质稻米品牌打造(直港村智慧农场)项目验收完成。掘港街道创建的首批国家农村产业融合发展示范园,投资1650万元用于完善园区交通环路、旅游公共设施、蒸汽管道、景观提升、公共区域视频监控及公共管理等设施配套。

(三)发挥职能优势,稳步推进品牌建设

一是扶持民营企业高质量发展。立足对接服务上海,深入百家村居了解农村发展的需求,深入千家企业了解创新发展的需求,深入万家个体工商户了解大众创业的需求。把实施“产业扶优、质量提升、标准领跑、品牌精育、技术服务、融资解难、信用修复、效能监管、执法护航、走访调研”等十大行动“清单式”的融入走访活动中,让服务上海项目发展按需“点单”、让服务上海企业壮大组合“点单”、让服务上海百姓创业快捷“点单”。

二是加强地理标志产品品牌培育。如东文蛤、如东条斑紫菜、如东泥螺、如东狼山鸡、如东大米、栟茶竹蛏等获评国家地理标志证明商标,如东国家地理标志证明商标位居全市首位。如东狼山鸡、如东条斑紫菜、如东泥螺先后获评国家地理标志保护产品。大豫西兰花省级农业标准化项目拟于2021年底通过省局验收。“如东斑紫菜”省地理标志商标保护运用项目成功验收,验收结果为良好。“如东小黄鱼”地理标志注册保护项目验收准备工作取得关键性进展。

三是推广地理标志产品品牌。积极和县农业农村局、文广旅局等部门对接,将如东大米、狼山鸡、条斑紫菜、栟茶竹蛏、如东泥螺等如东地标产品,在上海、南京等一线城市进行深度推广,有效提升如东地理标志产品知名度、美誉度。推荐如东条斑紫菜迈上中国杨凌农业高新科技成果博览会,有效推动如东特色农业、特色农产品的产业化发展。

(四)加强食品安全,持续提升质量效益

牢固树立保食品安全就是保发展,营造良好食品安全环境就是提升市场竞争力的战略思维,多措并举维护食品安全环境。

一是强化检验检测，提供技术保障。县综合检验检测中心总投资额9000万元、可检测食品种类71种、食品参数277个，检验检测能力全省领先，2019—2020年对县内主要食品生产企业实现监督抽检260批次，合格率100%。

二是划清职责属性，严把质量关口。督促相关部门抓牢食品安全监管责任，序时推进全覆盖检查、“双随机”监管、重点监管、开展“落实食品安全主体责任年”主题活动等举措。要求企业强化产品质量把关，加强管理，规范生产检验，落实企业食品安全主体责任，抓好安全生产和环境保护，于2019年度成功创成江苏省食品安全示范城市。

三是推进认证认可，促进转型升级。通过会议动员、现场指导，推动如东县53家食品生产企业通过ISO9000/ISO22000/HACCP等质量体系认证，持续提升食品质量安全管理水平和风险防控能力，促进食品业转型升级和持续快速健康发展。

三、存在的问题

虽然如东县食品业近年来取得了长足发展，但与省内外相比，仍然存在一定差距，主要表现为：

一是产业规模偏小。具有带动性的大型龙头企业明显偏少，大部分企业规模偏小，绝大多数为一次紫菜和大米生产企业，产业整体实力较弱。

二是创新能力偏弱。现有食品加工企业中，大部分企业生产工艺流程简单，部分还停留在传统手工作坊生产的水平，技术含量较低，现代食品制造技术和先进装备在食品工业中的应用刚刚起步，企业自主创新开发新产品的意愿和能力普遍不强。

三是集聚程度偏低。食品加工产业涵盖行业众多，但规模型企业布局分散;产品种类较多，但尚未形成主导品牌产品，整个产业集聚程度较低。

四、下一步食品企业发展的思路和重点方向

（一）食品招商“全方位融入苏南、上海”

积极联系对接苏南商会、中介机构，特别是苏锡常的如东商会实行借会招商、委托招商、代理招商，利用其平台开展招商推介活动，多渠道、全方位开展招商，不断拓展食品工业招商引资领域和合作空间。重点吸引长三角食品企业尤其是上海的食品企业来如东投资。引进不同种类的食品企业,促进产业结构调整。

(二)积极招引食品龙头企业落户

积极争取省市部门的支持，尤其是市食品业办的支持，招引规模较大、创新能力强、经济效益好、有发展前景的优势企业落户,培育核心竞争力,支持其加快发展,尽快成为行业领军企业。通过招商引资与培育本土企业相结合的办法,发展壮大龙头企业。充分利用龙头企业先进技术、品牌价值、标准和营销网络,提升知名度和外向度

(三)加快食品业园区建设

一方面抓好基础设施建设。建成集研发、加工、仓储、物流、贸易、环保为一体,具有“两化两型”(专业化、特色化、效益型、科技型)的现代功能的现代化食品业园。另一方面抓好企业落户、项目落地和达产达效,推动产品空间集聚和产业升级。形成较强的食品业集群效应,食品企业之间实现合作式竞争,优势互补,促进产业结构优化,借助产业集群发展的潜力与效力改造和提升,从而实现传统工艺技术和高新技术的集成和优化,克服食品工业粗加工产品多,精深加工产品少,产业链短,产品缺乏竞争力等一系列问题。

(四)实行项目全链条服务

对在谈有意向落户如东的食品企业，以及开工在建的重点食品工业项目，原则上自其提出意向或签约及办理营业执照之日起，根据项目类别,明确专人负责,及时与上级部门建立挂钩服务关系,实行跟进式服务。根据项目实施的不同阶段及企业需求,重点提供相关法律、法规、政策,以及工程规划、建设、生产许可办理等服务,促进大项目建设质量效率。

(五)大力推进品牌建设

着力培育一批拥有自主知识产权、核心技术和市场竞争力强的品牌。逐步提高食品品牌的公信力和竞争力,形成“区域名片”。

(六)明确扶持政策

加大对食品业的扶持力度,建立补助金、贷款和税收等优惠制度,通过实施积极的财政政策和产业政策,促进食品业链、产业集群的形成,切

实做大地方特色食品业，打造区域品牌效应，提高核心竞争力。

(七)强化食品生产安全监管

在创成江苏省食品安全示范城市的基础上，积极参与全国食品安全示范城市创建，严格日常监管，推进溯源体系建设，鼓励指导企业通过质量体系认证，提高食品安全与食品质量，提高食品企业竞争力和区域综合竞争力。

撰稿人：缪建院

2021年4月

启东市电动工具业发展报告

启东市工商业联合会

电动工具业是启东市起步较早、规模集聚优势明显、市场竞争力较强、发展潜力巨大的特色产业。自20世纪70年代末起步,经过上门维修、坐店零售、批发经销、生产经营、品牌培育、产业集聚等发展阶段,电动工具业从无到有、从小变大,产业呈现出加速发展、加快转型的良好发展态势,成为中国电动工具“三分天下有其一”的主产区,通过启东人销售的电动工具产品占全国市场总量的60%以上。1997年,启东市规划建设江苏天汾电动工具业园,以电动工具及其配套产品为发展特色,原规划面积8.5平方公里,2008年乡镇行政区划调整后,将吕四、兆民片电动工具企业集中区纳入规划范围。

近年来,产业发展坚持大力实施规模集聚、品牌培育、创新驱动、外向开拓等四大战略,先后获得了中国电动工具业基地、中国电动工具第一城、国家外贸转型升级基地、江苏省电动工具出口基地、江苏省产业集群品牌培育基地、江苏省第一批中小企业产业集聚示范区、江苏省重点培育小企业创业示范基地、江苏省电动工具出口产业集聚检验检疫监管示范区、江苏省服务业集聚示范区等省级以上荣誉。

一、电动工具业发展情况

截至2020年年底,园区共有注册登记拥有电动工具整机及零配件加工企业1100余家,其中有税务登记的743家;实际经营企业535家,其中规模企业近百家。2020年吕四电动工具业实现规模以上应税销售88.59亿元,同比增长25.89%,占全市规模工业应税销售的11%;全部电动工具企业应税销售101.42亿元,同比增长26.06%;贡献税收超3亿元。龙头企业东成公司应税销售突破70亿元，国内市场占有率连续十年位居第一。

近年来，伴随着电动工具产品升级换代，启东市电动工具企业也在与时俱进，加强新产品研发和新技术的开发，从传统产品向清洗机、喷涂机、空压机等新产品拓展。光电仪器、锂电工具、无刷电机等前沿技术与新产品不断推向市场，尤其是经过近几年培育和发展，启东市已成为全国最大的激光水平仪生产基地。

本地外贸公共服务平台启东市天汾电动工具公共服务中心，占地面积6000平方米，建筑面积3800平方米，建有专业电动工具公共检测试验室，电动工具业展览馆等配套设施，专职工作人员6名，为本地外贸企业提供代办自营出口业务申请、原产地证书申请、报关咨询等公共服务。

近年来，园区电动工具企业加快国际营销网络建设，尤其在东南亚等“一带一路”沿线国家持续发力，目前企业在外设立营销服务网络数量有5家，分别是东成伊朗形象店、印尼形象店、菲律宾形象店、新加坡形象店和仟得公司墨西哥形象店，均为本地企业海外直营。

二、主要工作和政策扶持措施

（一）坚持党建引领产业

2020年吕四港镇成立电动工具行业党委，同时市电动工具业商会成立行业商会党支部，加强党建引领，助力产业发展。商会整理启东市电动工具业四十多年发展历史，协助吕四港镇政府拍摄产业宣传片，建成电动工具业展示馆，记录并展示启东市电动工具业从小到大、由弱变强的变迁历程，以及弘扬早期创业者秉持“创业创新、敢为人先”的小五金创业精神，指引本地电动工具业企业抱团发展、创新发展。

（二）加大对接交流力度

积极开展外联工作，与中国电器工业协会电动工具分会、上海电动工具研究所集团有限公司、广东五金机电商会、江苏省五金机电商会、浙江永康电动工具行业协会、浙江武义电动工具行业协会等单位建立联系，经常性开展业务交流、实现信息互通；与上海电机学院、电子科技大学、上海应用技术大学、华东理工大学等一大批国内高校、科研院所建立“产学研”对接平台，帮助企业引进技术、人才；组织企业参观上海电气、博世工具等行业内顶尖企业,开阔眼界、交流学习。商会加强同电动工具公共服务中心的合作交流,在服务中心内成功引进包括人力资源、检验检测、电商服务、技术研发、知识产权在内的多家生产性服务机构,为本地企业提供一站式本地化服务。

(三)支持企业复工复产

江苏东成电动工具有限公司是全国电动工具行业龙头企业,全市共有90多家企业为其提供配套产品。东成公司2月25日复工后发现,有5家配套企业未同步复工,影响了公司复产进度。吕四港镇政府及时向市发改委报备,同时与配套企业属地相关乡镇协调。4天后,这5家企业也全部复工复产。自打通产业链复产不同步的“关节”后,3月底东成公司的产能已达100%。

(四)致力服务企业

一是积极依托启东市天汾电动工具公共服务中心开展工作。公共服务中心为企业代办自营出口权限20余次,指导外贸开户10余家,开展检测服务100余批次。

二是定期开展政企对话。在政府的指导下,建立起定期政企对话会,针对性地邀请政府领导、税务、工商、企管、法律等方面的专业人士,传递政府经济发展政策和思路。

三是积极利用和争取政府扶持。疫情期间,市政府出台了《企业稳外贸提质效新政十条》,在国际市场开拓、进出口信保补贴、船运补贴、反垄断调查等多个方面给予企业支持,政府专门列出企业参与程度高的国际会展纳入启东市重点支持的十个展会目录,对企业疫情期间设备投入和销售开票给予补贴。在此普惠基础上,工商联与商会主动对接政府,专门为电动工具行业向上申请了疫情期间扶持政策《关于全力应对疫情,扶持电动工具业发展的政策意见》,惠及数百家企业。人和电动工具公司作为专门从事齿轮生产加工的企业,其高端齿轮应用于很多医疗器械生产,疫情非但没有减少订单,反而忙得加班加点,同时也享受到参照疫情重点保障企业的待遇。

（五）引导企业创新创优

商会积极引导电动工具企业创新创优，2020 年，10 家企业被认定为高新技术企业，有力提升了本地电动工具业核心竞争力。依托电动工具公共服务中心“十大服务平台”加强行业发展趋势研究预判，与政府部门一同引导产业规范发展。针对电动工具行业质量良莠不齐、恶性竞争愈演愈烈的情况，启东市电动工具业商会会同启东市市场监督管理局、启东市综合检验检测中心和 3 家品牌电动工具企业发起成立电动工具业质量合作社，吸纳行业企业为合作社成员，旨在加强行业自律和行业监管，规范行业生产经营行为，推动质量提升、转型升级，促进行业健康发展。2020 年，天汾电动工具城通过了南通市部门审核和专家评审，成为南通市先进制造业和现代服务业深度融合重点单位的示范集聚区。基地企业还加大智能化改造，稳步提升产品质量。

（六）助力企业“跨境出海”

商会对接南通、启东两级商务部门，对接海关为本地企业开展业务培训，提高政策知晓度，惠及大批企业。积极与亚马逊等国际电商对接，积极开拓外贸新渠道，缓解疫情带来的影响。与阿里巴巴签订战略合作协议推动原产地工具电商引流，与京东、拼多多等平台联合举办业务招商会，让更多企业参与电商。受疫情影响，6 月举办的广交会首次从线下“搬”到了线上，为期 10 天，展会倡导各参展商 24 小时直播。在参与线上广交会的 10 天里，仅赫芝电气就接到了总价值超 700 万美元的意向订单。2020 年，启东市外贸转型升级基地（电动工具）获评国家级外贸转型升级示范基地，成为启东市电动工具业对外宣传的窗口，加快了今后电动工具企业“走出去”的步伐。

（七）强化企业社会责任

2020 年新冠疫情突袭，商会大批会员企业带头捐款捐物。会长单位东成公司更是第一时间驰援武汉雷神山、火神山医院建设，不少企业老板组织员工，甚至亲自上阵充当志愿者。疫情后，电动工具行业率先恢复生产，为全市“六稳六保”工作挑起大梁，率先实现逆势增长，鼓舞人心，为启东市经济社会发展再立新功。

三、2021年工作打算

2021年是“十四五”规划开局之年,电动工具业迎来了新的发展机遇,锂电工具的快速发展带来了转型发展的关键时期。启东市电动工具行业要以擦亮启东市电动工具金字招牌为使命目标,为启东市电动工具走向世界奋力拼搏,再创佳绩、再立新功。

(一)做好民营经济统战工作

坚持以习近平新时代中国特色社会主义思想为指导,全面贯彻党的十九大和十九届二中、三中、四中、五中全会精神,加强会员企业诚信服务体系建设;开展“致富思源、富而思进”思想教育活动,积极倡导光彩事业;加强非公经济组织的党建工作;探索和完善对非公经济代表人士的政治谈话机制。

(二)提升行业社会形象

激励会员企业坚持“爱国、敬业、诚信、守法、贡献”,鼓励企业积极投身到“光彩事业”的行列,继续奉献公益事业、慈善捐赠。鼓励会员企业进一步发挥自身特有的社会政治地位,积极建言献策,努力提高参政议政水平。积极通过新闻媒体宣传会员企业中代表人士的创业风采、先进事迹,扩大会员企业的社会影响力,提高企业家的知名度,增强其自豪感、成就感和责任感。

(三)加强政府部门联系

我们要更好地发挥商会的桥梁纽带作用,重点与财政、银行、工商、税务、司法、科技、环保及安全等部门保持密切联系,争取在具体业务工作中为会员企业争取利益,做好协调工作,为会员服务,维护好会员企业合法权益。

(四)促进产业转型升级

在提高效率、降低成本、提高质量的基础上,加强产业配套本地化进程,逐步做大做强产业链,培育产业群,提高竞争力。加快建立人才激励机制,广泛开展横向联合和技术协作,积极推行多种技术创新模式,加快科研成果的应用速度,推进电动工具产品升级换代。

（五）常态化开展活动

利用商会现有的场地资源为会员企业搭建交流平台，争取做到会员活动“三定”，即定点、定时、定主题。加强青年企业家培养。在商会中设立年轻企业家沙龙，为年轻企业家和创业第二代创造交流平台，为商会和行业发展培植青年力量。

撰稿人：孙林

2021 年 4 月

启东市建筑业发展报告

启东市工商业联合会

2020 年,在宏观经济环境复杂多变,国内经济发展换挡减速的大背景下,特别是在新冠肺炎疫情的严重冲击下,启东市广大建筑企业始终坚持新发展理念,以“稳中求进、科学发展”为工作总基调,切实加快转型升级步伐,积极拓展市场规模,整体实力和质量效益同步提升。

一、发展情况

2020 年是国家全面建成小康社会和“十三五”规划的收官之年。2020 年建筑业总产值突破 1300 亿元大关,第九次包揽“鲁班奖”“国优工程奖”“詹天佑奖”,不断刷新国家级优质工程获奖数量新纪录。南通二建、建筑集团、启安集团荣获全国优秀施工企业和江苏省建筑业竞争力百强企业。南通二建集团连续 4 年、共计 9 次荣登江苏建筑业企业综合实力百强榜首,16 次进入中国企业 500 强、中国承包商 80 强,施工范围遍及全国 40%的地级以上城市,境外劳务涉及 10 多个国家和地区。启东建筑集团连续多次荣获“全国守合同重信用企业”“中国建筑业竞争力 200 强企业”、江苏民营企业 200 强企业等荣誉,获评 2019 年度南通市市长质量奖。江苏启安集团自 2009 年以来,连续十一年荣膺江苏省建筑业百强企业安装类第一名。南通二建集团、启东建筑集团、启安集团、银洲建设集团被评为金牌企业。全市建筑业圆满完成“十三五”规划。

二、发展特点

(一)综合实力稳步攀升

2020 年共承建项目施工面积 9256.5 万平方米,其中新开工面积 2860.9 万平方米;新签合同额 950.4 亿元;完成建筑业总产值 1305 亿元,同比增长 8.4%，其中境外产值 20.5 亿元；完成税收 15.3 亿元，占全市税收的 14.6%；建筑业一般预算收入 7.3 亿元，占全市一般公共预算收入的 12.3%。在建筑业总产值中，南通二建完成 860.5 亿元，同比增长 16.1%；建筑集团完成 185.2 亿元，同比增长 22.2%；启安集团完成 111.9 亿元，同比增长 6.4%；银洲集团完成 54.1 亿元，同比增长 41%。在税收产出方面，南通二建完成税收 5.4 亿元，同比增长 11%；建筑集团税收突破亿元大关，同比增长 31%；启安集团完成税收 1.1 亿元。南通二建、启安集团荣获 2020 年度启东市纳税 20 强企业荣誉称号。

（二）疫情防控扎实有效

疫情初期，全市建筑企业积极响应市委、市政府疫情防控决策部署，第一时间落实防疫物资准备、隔离设施搭建，强化施工留守人员防控知识宣贯和各项措施落实，疫情防控扎实有效。复工复产工作启动后，全市建筑业一手抓防控，一手抓复工，早在 3 月底，全市 362 个在建项目已复工 339 个，复工率达到 93.7%。

（三）市场开拓捷报频传

区域市场再创佳绩，在南通、苏州、东北、南京、京津等市场，牢牢占据当地建筑企业排头兵位置。南通市场保持领先，以完成施工产值 285.6 亿元的业绩遥遥领跑各大市场；苏州市场追赶超越，以一个地级市市场的容量完成施工产值 129.1 亿元，牢牢占据第一方阵的位置；东北市场迅猛扩张，完成施工产值 80.3 亿元，实现了进入前三名的目标；南京市场完成施工产值 77.8 亿元，始终保持区域市场前列；京津市场高点定位，完成施工产值 64.4 亿元。与此同时，严守阵地稳住海外市场，在疫情严重、人员管理难度大的境外市场，南通二建各涉外事业部严格实施项目封闭式管理，确保经营生产正常开展，海外市场再创佳绩，施工总面积达到 122 万平方米，同比增长 26.8%；施工总产值达到 20.5 亿元，新签合同额达到 15.1 亿元，与 2019 年基本持平。其中，以色列市场新签项目 11 个，代表项目为拉姆拉 305 项目，建筑面积 3.8 万平方米，造价 4377 万美元。

（四）转型升级成绩斐然

南通二建多领域、全方位调优调强经营结构，充分发挥信用分较高的领先优势,积极参与国有投资项目公开投标;利用品牌及资源积累优势,大力承建外资项目;利用综合实力优势,主动承接高、大、难、新的标志性工程;同时在物流仓储领域竞争力显著提升,形成强项。建筑集团多元经营蓄势发力,旗下建都房产活力迸发,累计开发面积83.2万平方米;建立总投资10亿元的筑城装配式建筑产业基地,共计生产各类PC构件5万方,完成产值1.4亿元,新签合同总价1.6亿元,在手订单充足。骅东公司善于把握投资趋向,重点协调发展名仕建设和物业公司,实现多元经营的可持续发展。启安集团主动出击,充分利用品牌、专业、队伍等优势,与中铁二十五局、十一科技等国企、央企、上市企业达成战略合作协议,向新兴市场、新基建领域延伸拓展。恒绿公司注重公建市政项目拓展,跨省与优秀企业形成长期互惠互利合作,实现强强联合、合作共赢。2020年全市建筑企业资质升级取得较大进步,全市共有建筑企业490家,新增102家,其中总承包企业226家、专业承包企业208家、其他56家;总承包特级资质企业2家、一级资质企业9家、二级资质企业51家、三级资质企业164家;专业承包一级资质企业5家、二级资质企业42家、三级资质企业58家,混凝土企业21家,模板脚手架82家,施工劳务56家。启安集团成功晋升石油化工施工总承包一级资质。

(五)品牌优势持续放大

品牌是一个企业的灵魂,也是企业综合竞争力的标志之一。2020年,全市获中国建设工程鲁班奖2个(承建1个、参建1个),是由南通二建承建、江苏启安参建的新疆艺术中心;获国家优质工程奖5个(承建1个、参建4个),分别是建筑集团承建的华兴源创电子科技项目车间工程,南通二建、南通博群参建的长春万达中心酒店项目地下建筑、一号楼,启安集团参建的中石化(香港)杨浦成品油保税库项目配套码头项目、泰州市人民医院新区医院建设项目(一期)土建项目;获詹天佑奖4个(承建3个、参建1个),分别是南通二建承建的日钢绿城·理想之城项目、华新城D地块项目,南通二建承建、启安集团参建的高新区北区舒心苑住宅小区项目。南通二建杨晓东荣获2019年度中国建筑业年度人物“东方建筑之子”、2020年度江苏省有突出贡献中青年专家,王忠荣获江苏省建筑业优秀企业家，樊有福荣获2019年度江苏省优秀建造师，陈建国等荣获2019年度江苏省出省建筑施工先进个人；建筑集团陈伟被评为江苏省建筑业优秀总工程师，倪建红被评为江苏省建筑业企业安全生产先进安全总监；启安集团殷炜东、陆飞获评江苏省安装行业金牌企业家。

(六)创新创优成果丰硕

创新是社会进步的第一生产力，是企业发展的不竭源泉。科技成果亮点纷呈。全年共获得国家级QC成果22项、省级QC成果奖65项、部省级工法20项、国家发明专利2项、国家实用新型专利1项。技术运用推陈出新。南通二建1项成果荣获第九届全国BIM大赛施工组优秀奖，1项成果荣获第五届江苏省安装行业BIM技术创新大赛一等奖；建筑集团1项成果荣获“江海杯”BIM技术应用大赛专项组一等奖；启安集团1项成果荣获首届工程建设行业BIM大赛三等成果及第五届江苏省安装行业BIM技术创新大赛二等奖。人才培养扎实推进。全行业现有注册建造师2436人，其中一级建造师1106人、二级建造师1330人。10460名安管人员参加了继续教育培训，743名安全生产B、C类人员通过考试，84人参加了特种作业人员新证、复审考试，组织413名建筑工程中高级专业技术职称评审。

(七)营商环境不断优化

市委、市政府历来高度重视建筑业发展，市四套班子领导多次赴施工现场进行指导。根据《关于进一步促进建筑业高质量发展的意见》及配套的实施细则，对建筑业企业创优夺杯、科技创新等进行奖励，有力支持了全市建筑业加快发展。住建局紧扣监管环节，常态化开展安全质量隐患排查整治，有效推动建筑工程安全生产形势持续好转。举办了南通市建筑业职业技能竞赛暨启东市第二届“陶桂林杯”建筑职工技能比武竞赛、“陶桂林”杯优质工程的评选，通过搭建建筑技能交流平台，进一步展示了建筑铁军风采，弘扬了建筑工匠精神。推动启东建校恢复与重建，2020年11月11日，启东市建筑工程学校正式揭牌，建立了启东建筑业人才培养新基地。各区镇、相关部门和金融机构在人才、资金和技术支持等方面做了大量卓有成效的工作，资源配置进一步优化。同时，积极推进企业诚信信息平台与行业管理部门信用平台对接,加强与社会信用体系互联互通,逐步实现对企业诚信信息的即时检索查询。

三、发展目标

2021年是"两个一百年"的历史交汇点,是"十四五"规划开局之年,更是启东市建筑业创新体制机制、转变发展方式、促进高质量发展的决胜之年。全市建筑业将坚持以新发展理念统领全局,牢牢把握高质量发展主题,以强化质量和提升效益为根本,进一步加快转型升级,进一步增强企业核心竞争力,进一步提升行业运行质态,为打造"启东制造"建筑品牌,全面推动启东建筑业高质量发展而努力奋斗。2021年,全市建筑业预期发展目标是:提前一年完成建筑业总产值1500亿元(其中南通二建实现总产值超千亿元),同比增长14.9%;实现建筑业税收南通第一;实现建筑业增加值、承建施工面积、新开工面积同比增长10%;争创"鲁班奖""国优工程奖""詹天佑奖"5项,创省级以上优质工程50项;杜绝重大安全生产事故发生。

四、主要工作措施

2021年,启东市建筑业发展措施,主要有以下五个方面:

(一)坚持市场导向,进一步在发展空间上有新拓展

坚持科学布局、战略聚焦,抢占细分市场。

一是合力抢占潜力市场。在继续巩固和拓展长三角、环渤海、东北等传统主力市场的基础上,以国家战略为导向,以一线市场为依托,形成以上海、京津、沈阳、苏州、南京等主阵地为中心的建筑都市群;抢抓长三角区域一体化、粤港澳大湾区建设等国家战略加快实施的重大机遇,集中优势兵力、优势资源抢攻两湖、两河、两广、云贵等华南、华东和西南市场,努力形成以西安、长沙、郑州、昆明、贵阳等为次中心的新兴建筑都市群;以内联外合的方式,纵向拉伸产业链条,横向拓宽专业领域,努力形成房建、公建、市政、机电安装、新能源等门类齐全、领域宽泛的发展格局。

二是合力跻身高端市场。以公建、厂房、隧道、桥梁、机场、城市综合管廊等技术含量高、建筑体量大的工程作为经营工作的重点和难点,努力承接一批"高大上、精尖难"项目。南通二建、建筑集团要发挥资质、资源、技

术优势，抢抓一批区域关注度高、市场关联度大、社会影响力强的标志性建筑。启安集团要继续扩大在石化安装、光伏电子等高新技术装备安装方面专业优势，或强强联合赢得机遇，或同台比拼赢得主动，争取更大发展空间。

三是全面加强战略合作。“十四五”期间，启东市将加快推进通州湾新出海口、北沿江高铁、市域轨道交通等重大项目，本地优势企业要进一步加大与央企、房产巨头结成战略友好合作伙伴的力度，放大竞争优势，力争在这些领域有所突破。以诚信经营赢得信任、以项目品质赢得认可，以精诚合作增强企业在市场经济中的抗压能力，为企业在复杂形势下夺得竞争先机。

(二)坚持结构优化，进一步在转型升级上有新突破

坚持改革和完善组织架构，提升资质品质，提高自身的市场议价能力。

一是提升企业资质结构。如何扩大特级、一级资质企业的发展数量和水平，推进二、三级企业的资质升级，是摆在我们面前的重大课题。启安集团、银洲集团要积极申报房建特级资质，恒绿公司要积极申报市政特级资质。行业主管部门要提前介入、积极配合，在资质申报、组织协调、材料送审等方面，主动服务、优质服务。市政府也将不断完善激励政策，在优化组织结构、提升发展层次等方面推进全市建筑企业的优质发展，同时探索将安置房等政府工程交由急需提升资质但缺乏相应业绩的优质企业承建。

二是延伸产业发展领域。紧紧把握国家战略重点转移，全面拓展在铁路、港口、轨道交通、水利、市政等领域的市场份额和施工能力。积极引导企业由单纯的建筑项目承建产业向建筑承建和生产产业延伸拓展，形成产、供、销、建一体的建筑产业链，不断向高端领域延伸。南通二建要充分发挥资本、技术、人才和管理优势，实现多层次联动开发；建筑集团要继续保持多元化经营特色，进一步加大装配式建筑发展的力度；启安集团要进一步拓展在新能源领域的承建空间。

三是切实转变经营方式。加快施工企业经营承包方式升级，全面增强盈利能力。龙头企业要适度扩大资本在企业运营中的比重，进一步加大运行 PPP、EPC 等建设模式。南通二建、建筑集团要积极、适时承接投资类、

BT 等高附加值项目。骅东公司要放大资本优势,盘活、用好资金流,不断创新盈利水平。

(三)坚持创新发展,进一步在放大品牌上有新成效

坚持创新是第一生产力,不断在创新创优中实现提质增效。

一是强化自主创新。充分发挥各建筑企业技术中心在创新和运用方面的支撑作用,加大创新投入,与高等院校和科研院所合作,尽快建立技术开发利用、资源共享互通的研发平台,力争在核心技术、应用技术的研发和技术转化等方面取得实质性突破。各建筑龙头企业要积极探索和实践建筑"工厂化"的发展模式,因时因地制宜找到适合自身发展的创新之路,走建筑产业化发展道路。各建筑企业要全面倡导绿色施工,在节能、节地、节水、节材和环境保护等方面有新的突破。在实践中鼓励和支持微创新,加快建筑工业化、科学化进程。

二是推进人才建设。建筑业龙头企业要担起富民强市的责任,努力吸纳人才、促进就业,让更多的人才加入启东建筑铁军的队伍中来,共建美好家园,共享发展成果。市政府专门出台了政策,对符合条件的企业供地建设人才公寓,南通二建第一个受益。

三是放大品牌效应。启东建筑业品牌已经得到了社会各界的充分认可。积极争创优质精品工程,以品牌树信誉、以品牌赢市场。对于社会影响面大的重、特、大工程,严格落实创优责任目标,努力成为有一定美誉度的样板工程。广泛宣传推介,借各种媒介发挥自身优势,主动介入、放大品牌效应。2021 年,对在当地市场有一定影响力的标志性项目,都要争创省级以上优质工程,并力争再夺"鲁班奖""国优工程奖""詹天佑奖"等国家级优质工程奖项 5 个。

(四)坚持科学管理,进一步在风险防控上有新进展

坚持以提升管理能力推进全行业在经营、服务方面的优质高效。

一是继续推进标准化建设。各企业要注重在管理制度、人员配置、现场管理、过程控制等方面的探索和挖掘,力求更科学更规范。这方面,南通二建走在了江苏建筑业的前列,以标杆项目推动整体水平的提升。各企业要结合自身实际和项目当地的标准要求进行再实践、再创新,推动质量安

全管理水平再上新台阶。

二是全面推行精细化管理。加快 BIM 技术引进、消化、应用,使建筑施工在可控范围内操作,达到既显著提高效率又减少大量风险的目的。几大龙头企业在这方面已经走在了前头,其他企业也要紧紧跟上,通过精细化管理,以高质量、高效率、低成本、低风险实现经济效益和社会效益的最大化。

三是全方位加强风险防控。顺应新经济发展大势,积极应对市场和政策调整策略,把控政策方向,调控发展规模和速度,防范合同履约风险,加强内部管控,严把成本和支付关口,对资金运行情况及时梳理、专门监控。

(五)坚持效能建设,进一步在服务质量上有新提升

坚持政策引领、规范竞争、优质服务的发展原则。

一是加强财税政策研究。2021 年,将优化税收奖励政策,研究出台建筑外经规模专项激励政策,鼓励企业向境外承揽业务、拓展市场;加强信用考核及结果应用,扶持本地企业积累业绩,鼓励外地房产开发商使用本地施工总承包企业。

二是规范市场竞争行为。必须深化企业的诚信体系建设,以诚信经济支撑企业的规模经济和品牌经济。切实加强对企业在资质、资格申报、承揽工程、合同履行等方面管理力度,加大对合同欺诈、恶意压价、失信违约等行为的惩治。加大招投标监管力度,严厉查处围标串标、违法分包、转包行为。建立完善监督检查机制,通过策划、备案、监控、督查的防控体系建设,切实维护建筑业企业和从业人员的合法权益。

三是提高政府服务效能。牢固确立服务意识,改进优化服务措施,进一步简化办事程序,改进服务质量,努力为企业提供实实在在的支持和帮助。

撰稿人:孙林

2021 年 4 月

通州区服务业发展报告

通州区发展和改革委员会

服务业作为地区现代产业体系的重要组成部分，已成为拉动区域经济增长重要引擎。推进服务业高质量发展，能更好满足人民日益增长的美好生活的需要，也是推动地区经济高质量发展的重要举措。

一、通州区服务业发展的基本情况

近年来，通州区按照“扩总量、优结构、重融合、强推动”要求，以产业质效提升、服务业重点项目建设、规上服务业企业培育、集聚区发展等为主要抓手，加快推动服务业高质量发展。2020 年，全区实现服务业增加值 667.5 亿元，增长 5.2%，占 GDP 比重 45.6%，占比提高 1.8 个百分点，增速高于同期 GDP 增速 0.6 个百分点。实现服务业应税销售 634.9 亿元，增长 25.2%；实现税收 40.6 亿元，增长 15.1%。营利性服务业营业收入增幅 26.3%，比 2019 年增长 1 个百分点。

(一)持续提升产业层级，发展活力不断激发

2020 年，全区围绕完善区域功能配套，结合产业发展所需、所能，全力发展现代物流和电子商务。南通供销产业园、顺丰速递分别建成 5A、4A 级物流企业，全区累计建成 3A 级以上物流企业 29 家。在库 244 家物流企业实现应税销售 41.1 亿元，增长 26.9%。全区电商网店总数达 1 万余家，从事电商网销人员 8 万多人，获评省级农村电子商务示范镇 2 个、示范村 7 个，示范基地、示范企业、特色产业街各 1 个，荣获省农村电商示范区(县)称号。围绕“通天下州如画”着力推进全域旅游，开展“万人游通州”“苏韵乡情”等旅游推介活动，绿博园启动 5A 级景区创建，开沙岛房车露营地承办 2020 年南通乡村旅游节，洲际梦幻岛水上紫藤苑、桃花岛等景

观已完工。注重两业融合发展，推动服务业产业转型升级，先进制造业与现代服务业融合程度进一步深化，南通家纺城及金太阳纺织、四方冷链分别获评省级两业融合试点示范产业集群和重点企业，永达电力被认定为市级两业融合重点单位。

（二）持续狠抓项目建设，有效投资不断增长

2020年开展了“大项目突破年”活动，推行“链长制”，建立“4+X”集中评审机制，设立“产业高质量发展引导基金”，坚持以大投入推动服务业大发展，加快服务业项目建设，着力培育区域经济新增长点。突出项目招引。不断创新招商引资方式，全方位推介通州区位、交通、产业、港口及配套服务等优势，吸引服务业新业态项目集聚。举行苏南对接会、上海招商推介会等专题招商引资推介会，累计签约宝尊电商、百万葵园等服务业重大项目5个。加快项目建设。优化服务业项目建设流程和服务保障机制，全力推进省、市级重点项目建设。2020年新开工服务业项目23个，其中总投资亿元以上项目13个，累计完成投资16.6亿元，12个项目列入省、市级服务业重点项目，累计完成投资30.5亿元。

（三）持续服务企业发展，品牌效应不断增强

2020年，全区服务业纳税企业达4697家，应税销售超千万元服务业企业582家，净增53家，超亿元服务业企业89家，净增8家。新增规上服务业企业45家，净增29家。推动制造业企业向产业链两端延伸、向价值链高端攀升，新世嘉纺织品（南通）有限公司被评为省级服务型制造示范企业。全区累计培育国家级工业设计中心1个，省级工业设计中心8个，工业设计示范园1个，市级工业设计中心3个。

（四）持续促进集聚集约，发展质效不断提升

2020年，全区6家省、市级服务业集聚区全年实现营业收入579.6亿元，税收11.4亿元，利润85.1亿元，入驻企业（含个体工商户）11300多家，净增1200多家，吸纳就业人员近10万人。加强楼宇经济引导，全区18幢重点楼宇入驻企业371家，当年新增企业130家，实现应税销售488.7亿元。推动企业功能性总部、区域性总部入驻，江海圆梦谷孵化出濠汉信息技术、京东航空、连邦软件等一批亮点企业，成功升级市四星级科

技服务类主题楼宇。

二、通州区服务业发展面临的主要问题

近年来,通州区尽管服务业经济发展取得较大成绩,但是对照周边先进地区发展态势、通州区经济高质量发展需求,全区服务业经济存在运行有待提升、环境有待优化、产融有待增强等亟须解决的问题。

(一)服务业运行有待提升

从列统企业数来看,全区规上服务业企业461家,其中以生产性为主的规模以上服务业企业110家,占23.9%,限额以上批发和零售、限额以上住宿和餐饮及房地产开发经营企业占76.1%。重点企业支撑不力。2020年1—11月,全区应税销售超千万服务业企业530家,其中超亿元企业72家,超10亿元企业12家,超亿元、超10亿元的服务业企业数在南通各县市区均是最少的,没有1家超50亿元企业。

(二)产业发展环境有待优化

一是政策扶持精准度有待加强。资金支持偏向于传统大中型企业和项目,而对中小型成长企业及孵化培育期的新兴服务业支持不多;有的涉企优惠政策门槛较高,实施操作性不强。

二是产业项目(企业)落地偏少。2020年全区在建亿元以上服务业项目13个,仅占全区在建亿元以上项目的19.7%,服务业项目数量逐年减少。近三年通州总投资10亿元以上的服务业重大项目均为物流业和旅游业,缺少高精尖领域的数据应用和科技研发类项目。近年新增的桑夏、皇悦、恒隆等商务大厦招商入驻率偏低,目前全区18幢商务楼宇有9幢入驻率低于50%,全区“个转企”“小升规”培育成效不明显。

三是工作合力偏弱。近年来,通州区对服务业新兴业态研究不够深入与专业,相关产业主管部门推进服务业发展工作合力尚未形成,一定程度上制约了发展的效率和效果。

(三)产业融合有待加强

一是先进制造业与现代服务业融合不深。2020年全区虽有2家龙头企业、1家产业集群列为省首批“两业”深度融合试点单位,但省对“两业融合”试点单位的项目、平台建设、“两业”融合模式创新等内容实行定量评分

和专家评审考核后，通州区仅高端纺织产业集群融合试点排名位居前列。

二是现代服务业与现代农业融合不够。农业的产前、产后基本属于服务业的范畴，目前在通州区主要体现在农村休闲游，缺少农业产业化服务体系。

三是服务业新消费市场未形成发展态势。随着互联网、大数据和人工智能与服务业的深度融合，便利化、体验化和低成本促进服务消费市场，服务业态和服务模式创新居民服务新消费，以"旅文体康养"为代表的服务新消费市场在通州区还没有形成发展态势。

三、推进服务业高质量发展的几点建议

（一）以战略思维谋全局，推进发展思路的精准化

一是精准谋划。在深入调研的基础上，研究长三角地区特别是省、市服务业发展规划及通州区"十四五"发展规划，树立长期发展理念，明确我区服务业经济"十四五"产业重点。围绕"一体两新城三园"发展布局产业，量身定制产业招商项目指导目录，着力引进关联性强、知名度高、带动性强的大企业、大集团，引导集群集聚发展，推动服务业经济提速发展，力争"十四五"期末服务业经济占 GDP 比重超过 50%。

二是靶向定位。面向国家省市服务业高质量发展新形势、新要求，通州区服务业应立足通州"四大定位"，加快将通州打造成为长三角北翼服务中心，提升发展航空物流、休闲旅游等主导产业，培育发展科技服务、电子商务等特色服务，重点建设航空物流基地、休闲旅游基地、科技服务基地与电商服务基地，打造区域服务业地标，形成环南通主城区、辐射长三角的"四大服务品牌"。逐步完善健康服务、商贸新消费等生活服务业及信息服务等新兴服务业支撑，加快构建"4+X"现代服务业集群，带动服务业规模集聚与能级提升。

三是培育主体。加快招引服务业项目、企业，培育服务业领军企业，大力发展总部经济，做优江海智汇园科技企业孵化器、圆梦谷众创空间、城区楼宇经济等平台，有效加快推动市场主体发展。

（二）以创新思维增活力，推进产业发展融合化

一是区域融合。抢抓长江经济带、长三角一体化等战略落地实施机

遇,主动融入区域一体化发展,深入研究长三角地区产业转移特点、路径,顺应上海“龙头”带动,加快与苏南融合发展,全面对接周边其他城市,加强服务业特色发展,增强我区服务业与南通主城区的错位发展与统筹互动。

二是“两业”融合。先进制造业与现代服务业的深度融合是增强制造业核心竞争力,培育现代服务业产业体系,实现高质量发展的重要途径。加快发展供应链管理、产品全生命周期管理、总集成总承包服务、信息增值服务等服务型制造新模式,促进两业融合发展、互促互动。发挥生产性服务业对先进制造业的引领和支撑作用,推进金太阳纺织、中实交易等服务业企业的服务制造化发展,向服务业制造和柔性制造转型,打造一批“两业”深度融合的优势产业链条、产业集群、融合示范企业。围绕和依托高端纺织、新一代电子信息、高端装备制造等先进制造业集群,以龙头骨干企业及先进制造业集群为重要载体,以生产性服务业为主攻方向,积极发展高端科技服务、个性化定制服务、工业设计、工业互联网、大数据服务、融资租赁服务等,推动先进制造业与现代服务业产业融合加深,培育形成集“智能制造+增值服务”功能为一体的“两业”深度融合发展态势。

三是创新融合。以信息技术为依托的新兴服务业发展,催生了新的服务方式、服务业态和服务内容,有效提高资源利用效率、拓宽就业方式、便利人民生活、提升消费质量。发挥南通顺丰速递有限公司的快递服务标准化项目、悦慈老年公寓的医养结合服务标准化项目效应,推进服务业企业标准化建设。突出濠汉信息、中实交易等互联网技术、区块链技术等生产平台创新示范效应,提升通州家纺平台经济、数字经济的影响力与竞争力,打造通州数字经济产业。

(三)以平台思维促完善,推进产业发展集聚化

一是明确标准。集聚区作为服务业发展的重要载体平台和“加速器”,已成为服务业跨越发展的有效形式。按照集聚区“五有”建设要求,加快规划推进建设集聚区建设,积极招引服务业项目、企业入驻集聚区,有效推动服务业集群、集约、集成发展,提升我区服务业发展新水平。

二是分类推进。按照产业优势、规模经济、配套完善等评价标准,按示

范带动类、加快建设类和规划策划类分类推进。发挥省市级集聚区发展中获得评价较高的南通高新区科技服务集聚区、南通家纺城生产性服务业集聚区的示范带动效应，引领全区服务业集聚区发展。加快推进家纺城电子商务产业园、空港物流园等基础条件较好、业态定位明确、框架基本成型的集聚区建设，切实加大招商引资和项目建设力度，形成通州区服务业集聚区发展新支撑。深入研究和加快策划金沙湾、平潮高铁新城及新机场区域的服务业集聚区产业定位、功能规划、项目建设等，有效招引集聚一批服务业项目、企业，形成通州区服务业集聚区梯度发展的良好态势。

三是完善平台。重点围绕集聚区核心业务，完善相关的金融、信息、商务、研发、行政服务、生活设施等公共服务配套功能，加快功能性公共平台建设，大力提升服务业集聚区要素集聚能力、产业支撑能力和辐射带动能力。

撰稿人：高燕　孙旸朔

2021 年 4 月

通州区建筑业发展报告

通州区住房和城乡建设局

2020年是极不平凡的一年，在通州区委、区政府坚强领导下，全区建筑业战线广大干部职工攻坚克难、奋勇争先，在疫情防控、复工复产、建筑业转型发展、工程质量安全监管、创优夺杯、绿色建筑创建等方面都取得了巨大成果，较好地完成了全年目标任务，为建筑业“十三五”画上了圆满的句号。

一、主要特点

(一)综合实力再上台阶

2020年全区建筑业产值规模稳步增长，总产值首次突破2000亿元(达到2029亿元)，同比增长5.08%，是全省第二个产值突破2000亿元的县(市)区(第一个为海门)。实现上缴入库税收15.46亿元，占全区税收总量的16.08%。全年新增有资质企业53家，其中新增二级企业18家，高资质企业数全省领先。南通四建、通州区建总主营收入分别达到463亿元、304亿元，跻身“2020中国民营企业500强”分列第94位、第210位，列省建筑业百强企业第4位、第21位。

(二)转型升级深入推进

全区特级、一级资质企业实现建筑业总产值1871亿元，产业集聚度达到90%。业务领域由单一的房屋建筑施工加快向轨道交通、市政桥梁、机电安装、港口码头等综合多元板块拓展，完成非房建产值193.91亿元，年增长率达7.76%，增幅高于全区建筑业总产值近3个百分点。加快推进建筑产业现代化，大力发展装配式建筑，南通四建、通州区建总、南通新华等骨干建筑企业以BIM(建筑信息模型)和互联网技术为依托，开展建筑全过程数字化集成应用，大幅提升了项目信息化管理水平和数字建造水平，部分项目达到全国领先水平。高度重视绿色建筑推广和应用，成功创成省级绿色建筑示范区。

(三)市场开拓稳中有进

紧盯国家开发开放战略，充分发挥通州区建筑产业优势，积极争取、参与国家和省市重大项目建设，坚定不移"走出去"。目前区域市场中，建筑业总产值百亿级市场达到4个，五十亿元市场达到7个，超十亿元市场达到35个，以省外市场为主导的市场格局得到进一步巩固。深耕"一带一路"建设，南通四建成功中标加纳霍城医科大学二期工程，通州区建总在吉布提、越南、以色列等海外业务有序推进。全年建筑外经实现营业额1.4亿美元，新签合同额近1亿美元。此外，诸多本地建筑企业集聚到区内建筑市场，积极参与通州区重大项目建设，全年完成总产值达296亿元，通州区市场跃升为省内第一大市场。

(四)品牌优势持续彰显

通州区建筑企业精品工程战略不断推进，创优夺杯成果丰硕，斩获"国家优质工程奖"1项(南通新华施工的天元国际大厦工程)，国家级专业奖项19项(其中"钢结构金奖"2项、"安装之星奖"3项、"中国装饰奖"14项)。创获国家级QC成果27项，发明专利8项，实用新型专利95项，实施新技术示范工程19项。完成国标修订2部、编制省标2部。在疫情防控中，建筑企业和企业家积极响应，慷慨解囊，捐款捐物570多万元，南通四建获"全国住房和城乡建设系统抗击新冠肺炎疫情先进集体"，作为江苏建筑施工企业的唯一代表受到住建部表彰。通州区建总荣获"江苏省城市轨道交通建设科技创新先进单位"，其南通轨道项目部被授予"江苏省工人先锋号"荣誉。

(五)发展环境不断优化

针对行业发展需求，出台《关于进一步推进建筑业高质量发展的补充意见》，从资质升级、人才培养、创新创优等多维度、全方位提出具体措施，切实推动建筑业转型升级，激发企业发展活力。此外，为培植壮大建筑企业税源，出台《关于进一步完善促进建筑企业发展壮大激励政策的措施》，成立“建筑产业发展专项扶持资金”,持续助力建筑业高质量发展。加强行业党建工作,成立“南通市通州区建筑产业委员会”,链接全区建筑企业党组织,推动组织共建、队伍共抓、资源共享、发展共谋,切实发挥党组织在建筑产业发展中的引领作用。开展“廉润铁军”品牌创建活动,强化廉洁纪律教育,为建筑企业打造优质精品工程、优秀管理团队提供了坚强有力的组织纪律保证。

二、存在的主要问题

在总结成绩的同时,我们也清醒地认识到,由于长期累积性原因和国际国内经济形势影响,通州区建筑业行业发展的制约因素已越来越明显,建筑产业现代化进程不快,传统施工方式尚未得到完全改变,科技投入率普遍偏低;复合型、创新型专业人才短缺,劳动力资源不足,融资能力难以适应新的工程承包方式;中小资质企业数量较多,发展速度较缓,且没有导入现代企业制度,管理团队能力偏弱,等等。我们必须高度重视这些问题,采取切实有效措施加以解决。

三、2021年通州区建筑业发展目标和举措

2021年,通州区建筑业要在“十三五”的成就中再出发,为“十四五”开好局、起好步,为建设“强富美高”新通州作出新的更大贡献。具体目标是:实现建筑业总产值2150亿元,建筑业税收贡献额进一步提高,在全省县(市)区中保持领先水平;转型升级深入推进,企业持续发展能力不断增强,产业现代化水平不断提高;工程质量持续提升,创国家优质工程2项以上;安全生产保障有力,避免一般等级安全生产事故,杜绝较大及以上安全生产事故。

(一)优化市场布局,拓展产业发展空间

全区建筑业要抢抓政策机遇,把开拓大市场、承揽大项目作为做大做强的重要抓手,以市场的大开拓推动建筑业的大发展。

一是深耕细作本地市场。继续发挥地缘优势,密切关注通州本地建筑市场。随着多重国家战略机遇叠加,通州将迎来机场、高铁、国省干道等一批重大基础设施项目的落地,金沙湾新区、平潮滨江高铁新城等重点城市片区加快建设,此外,全区计划新注册、新开工重大产业项目均不少于25

个，恒力四期等一批重大项目即将启动，通州区域内建筑市场大有可为。

二是巩固扩大外埠市场。进一步培植主力市场，开拓新兴市场。充分利用前期积累的品牌、信誉等优势，选准路径，最大限度巩固提升京津冀、长三角、珠三角等核心区域市场，深耕东北、华北、西北传统区域市场，开拓中部、西部等新兴市场，争取新增2~3个超百亿的省外潜力市场。

三是持续拓展海外市场。密切关注海外疫情发展，重点围绕国家“一带一路”倡议，加强与国内外优势企业、知名承包商合作，通过“借船出海”“借梯登高”等途径，有效控制经营风险，有序拓展国际市场份额，2021年争取新承接境外总承包项目2个。

（二）深化转型升级，厚植产业发展优势

转型升级是实现产业高质量发展的必由之路，全区建筑业要突出信息化、数字化、智能化，把转型升级作为当前一项最紧迫的任务来抓。

一是推进建筑产业现代化。2020年，住建部等部门先后下发了《关于推动智能建造与建筑工业化协同发展的指导意见》和《关于加快新型建筑工业化发展的若干意见》，为我们提升建筑产业现代化发展水平指明了工作方向。要加快推进装配式建造，推动与智能建造协同发展，形成涵盖科研、设计、生产加工、施工装配、运营管理等全产业链融合一体的智慧建造产业体系，鼓励培育打造智能建造龙头企业。积极推行数字建造，全面引进建筑高科技，集成应用5G、GIS、物联网等技术，将BIM+PM+智慧工地等系统融合，逐步推广数字建造，形成企业的科技优势。

二是推进建筑工人现代化。要强化企业技能培训主体作用，发挥设计、生产、施工等资源优势，大力推行现代学徒制和企业新型学徒制。依托通州建校等专业学校的实训基地，探索开展智能建造相关培训，加大对装配式建筑、BIM等新兴职业建筑工人培养，增加高技能专业人才供给。

三是推进建筑企业现代化。全区建筑业企业要调整决策思路，精心制订企业长期发展规划，充分发挥企业既有的竞争优势和专业特长，实现平稳增长。要加快建立现代企业制度，着力打造与企业自身状况相匹配的法人治理结构，改变传统的粗放型管理模式。要积极应对市场变化，加强自身建设，规范经营行为，加强风险管控，提高盈利能力，提升市场竞争力。

(三)坚持结构调整,培育产业发展梯队

加快形成一批产业集中度高的龙头企业，利用建设工程企业资质管理制度改革契机,持续调优产业结构,促进形成大企业做大做强、中小企业做精做专的良好发展生态。

一是做大做强龙头企业。鼓励支持南通四建等 6 家特级龙头企业继续发挥资源整合能力，在区内寻求发展中同心同向的企业伙伴，集聚勘察、设计、咨询、投资、开发、采购、设备供应、施工建设、运营等方方面面的要素资源,加快形成“一体化”综合服务能力,打造可以比肩中建集团、上海建工、北京城建那种更具旗舰规模的特大型企业。同时培育壮大优势企业,全区 39 家一级企业要紧紧抓住当前国家加快城乡经济建设和加大基础设施投资机遇,积极的打造企业新的发展优势,进一步提升企业综合实力。

二是做精做专中小企业。全区中小企业要加快整合要素,聚合专业资源,进行细化、深化,加快各个专业做精、做专,形成特色明显的专业格局,争取打造几个像苏州金螳螂、沪宁钢机等全国知名的专业龙头企业。支持大中型劳务企业充分利用自身优势搭建劳务用工信息服务平台，为小微专业作业企业与施工企业提供信息交流渠道。同时鼓励和引导现有劳务班组或有一定技能和经验的建筑工人成立以作业为主的企业，自主选择 1~2 个专业作业工种,发展专业作业企业,逐步实行公司化、专业化管理。三是积极实施“引企入驻”。通过对外宣传、招商引资、乡情感召等方式,按照“先行先试”和“引进来、留得住、可发展”的思路,围绕建筑业开展全产业链招商,培育、壮大、吸引一批建筑企业来通注册发展,推动建筑设计、咨询、监理等上下游企业集聚发展,形成具有更具竞争能力的现代企业集群。大力发展总部经济,鼓励央企和区外优质建筑企业到我区设立总部或区域中心,为通州区建筑业发展注入新活力。

(四)突出品牌建设,扩大产业发展影响

引导支持建筑企业从技术创新、企业文化、质量创优等方面,持续加强品牌建设,不断提升“通州建造”品牌影响力、知名度和美誉度。

一是加大创优力度。要树牢品牌意识,积极推行精益制造,以在建规模工程和当地重点工程项目为载体,积极实施名牌工程战略,打造出更多的高精尖和地标性建筑,创获更多的鲁班奖,真正做到建一个工程、出一个精品、树一个形象,全面提升"通州建造"的水平和品质。

二是倡导文化建设。要加强建筑企业文化建设,树立行业文化自信,打造企业文化和产品特色,扩大品牌市场影响。依托全区建筑产业党委,指导建筑企业加强党组织建设,以政治建设、思想建设、制度落实、能力提升和工作推进为重点,着力打造服务型党组织,切实提升建筑企业党建规范化水平,激活企业发展内驱力,使党建成为引领行业发展的"推进器"。

三是突出科技创新。要提高产业研发投入,引导龙头骨干企业按照高新技术企业标准,确保研发费用占主营收入3%以上,加强与高校科研院所合作,加大建设科技研发与应用技术供给,尽快形成一批拥有自主知识产权的现代化核心技术。鼓励企业积极争取国家级、省部级研发专项,主动参与国家级、省级工法、专利技术的研发和标准的制定,增强对产业链中最具附加值环节的话语权。

(五)优化营商环境,加强产业发展保障

各地、各部门要切实强化大局意识,齐抓共管、优化服务,合力助推全区建筑业更好更快发展。

一要营造宽松的政策环境。区委、区政府将全力扶持本土建筑企业做大做强,严格落实《关于进一步推进全区建筑业高质量发展的实施意见》等相关配套措施,最大限度发挥政策引导和激励作用,促进建筑业良性发展。住建、税务部门要细化优化通州项目建筑施工税收本地化的办法,引导企业在通州多承揽项目、多纳税、多做贡献。今年建筑业税收占全区总税收力争突破20%。

二要营造高效的服务环境。用改革的方法、发展的思路和服务的理念,加大对企业改革、总部建设、人才培养、市场开拓、税收筹划等方面的支持力度。住建部门要始终坚持企业至上的理念,在资质晋级、品牌建设等方面做好指导服务。发改委、财政、金融监管、税务等部门要加强沟通配合,建立健全建筑业改革发展的促进机制,推动市场前景广阔、成长性好的企业加快上市步伐。人社、教体、科技等部门要支持建筑企业做好人才培养引进、科技进步等工作,促进企业提升综合竞争能力。各金融机构要一如既往地为建筑企业提供资金支持,积极探索新形势下实现银企双赢的有效途径。

三要营造安全的市场环境。安全就是效益,严管就是厚爱。要进一步健全完善工程质量和安全生产监管体系,结合建筑施工安全生产、扬尘管控等专项整治行动,鼓励引导企业积极争创绿色工地、智慧工地、文明工地,增强软实力、提升美誉度。建筑企业要切实落实安全生产主体责任,积极实施精益建造,大力弘扬“工匠精神”,不断促进工程产品品质提升,持续提高客户满意度,提升企业可持续发展能力。

撰稿人:周峰

2021 年 4 月

海门区汽车零部件业发展报告

海门区工商业联合会

海门区汽车零部件业起步于20世纪80年代，产品为改装汽车和汽车零部件，随着经济体制改革和市场经济的发展，部分不能适应市场的汽车改装企业和产品被淘汰。

一、发展概况

全区拥有汽车零部件规上企业29家，2020年受新冠肺炎疫情影响，主营业务收入70.9亿元，同比下降2.4%，实现利润总额2.9亿元，同比下降9.7%，入库税金3.3亿元，同比下降5.5%。

二、企业发展

我区汽车零部件业发展顺应国际产业发展潮流，积极吸引国外先进技术和装备，形成了以电路总成、线束、汽车车灯为主的车用电器系列；以传感器支架、铝合金曲柄、定子外壳、法兰、行星齿轮盖、制动盘鼓、轮毂罩、紧固件为主的汽配锻铸件系列；以轻量化视窗、天窗、各类密封件为主的综合配件系列；以车用空调压缩机、发动机传动零部件为主的发动机配件及车用动力空调部件系列；以水箱专用复合材料、胎用丁基橡胶、胎用钢帘线及专用焊丝等为主的车用材料系列；以汽车脚踏板、喇叭等表面处理为主的镀饰加工件系列；以汽车修理专用举升机、座椅皮革冲压机为主的汽车专用机械系列；以锂离子电池正极材料、氢氧化锂等新能源汽车动力材料产品系列以及以车内垫饰品装饰等车用饰品产品系列等十大汽车零部件及材料、饰品等产品系列。产品多为克莱斯勒、大宇、日产、东风日产、上海大众、上海通用、一汽大众、福特、厦工、柳工、重汽等世界及国内知名汽车企业配套。丁基橡胶为普利司通、固特异、韩泰、中策、正新等名牌车用轮胎配套。

截至2020年年底,海门区规模企业汽车零部件生产企业中拥有研究生工作站3个,分别是宝钢精密、合硕电子和当升科技;建成智能车间3个,分别是东辰安费诺的线束自动化制造车间,当升科技的新能源汽车用高能量密度动力锂电正极材料智慧工厂,亨通科技的亨通电子线缆智能化生产车间。

三、研发创新

全区汽车零部件企业拥有中国驰名商标1个(南回),省级企业技术中心(工程研究中心)4家,国家高新技术企业17家。海门区汽车零部件企业十分重视科技进步与技术创新。南通冠东模塑股份有限公司秉承一贯的"工匠精神",高度重视产品研发和技术创新,企业的车灯、线束等部分产品市场占有率超90%,与上海复旦大学等高等院校结成产学研合作,建立了轿车关键外饰件研发及检测平台,PC玻璃膜复合技术为国内首创,公司的高光注塑件产品直接供给捷豹路虎、上海大众、上汽集团和通用汽车等知名整车生产厂商。回力橡胶轮胎用再生丁基橡胶占国内外资企业用量90%,国外市场50%,内资企业用量20%。南通海林橡塑有限公司与上海交通大学、西北橡胶所等多家科研院所有着长期的紧密合作关系,建立了橡塑制品及模具研发平台,研发的橡胶成型技术质量性能达国际先进水平,研发的精密橡塑模具设计技术、金属铸造模具设计技术、塑料成型技术、不同材料多次成型技术达国内领先水平。南通回力橡胶、南通海林橡胶塑等多个企业参与国家行业标准制定。

海门区依托原有的汽车零部件业这一相对比较成熟的基础,发挥企业主体作用,营造良好发展环境,集聚资源、高点定位,大力推进海门区新能源汽车零配件产业的发展。海门区有南通冠东模塑股份有限公司,江苏当升材料科技有限公司等几家新能源汽车零部件及配件生产企业。冠东模塑与上汽集团新能源汽车技术中心有紧密合作关系,合作研发了电动汽车新型GSB自动启闭装置并申请了国家发明专利。当升材料科技有限公司主要产品为高性能锂电正极材料,是国内唯一能够向国际市场同时出口动力和储能用锂电多元正极材料的中国企业。

四、重大项目

1.江苏当升材料科技有限公司:锂电正极材料三期项目,项目于2018年三季度开工,2020年二季度竣工,建成厂房约34000平方米,设备投入近30000万元,项目已投产运行并于2020年四季度认定达产达效。

2. 南通力立汽车配件有限公司：年产600万套汽车门锁智能锁扣，45000吨汽车用合金线碳素线,9000万米汽车橡胶骨架编织网。于2019年开工,占地面积50亩,建筑面积5万平方米。

五、产业基地

2012年,海门区经济技术开发区和正余镇被省发改委认定为江苏省汽车零部件特色产业基地，省汽车零部件特色产业基地拥有规模以上汽车零部件企业20余家。我们将加快“一园两基地”建设,通过3~5年努力,形成发展层次分明、分工协作有序、业内优势互补的集聚集约发展的产业体系,建成长三角区域内汽车零部件特色基地。

1.开发区汽车零部件业园:发展轻量化、智能化汽车零部件及材料产业。

2.正余镇汽车零部件基地:发展发动机零部件、车灯及车灯密封件、汽车天窗、模具制造及注塑成型等相关系列产品,规划成为美国通用、上海大众等国际、国内知名汽车企业的部分配套产品总成基地。

3.海门开发区汽车销售维修基地:致力汽车销售、汽车零部件生产、汽车装饰装潢、汽车维修保养、汽车商务会展和汽车物流六大业态。

六、下步发展方向

下一步,海门将着力发展壮大汽车零部件业基地,引导相关企业进一步加强技术创新,培育一批龙头企业和在动力电池、电机、电控、高效变速器,以及车用新材料等核心零部件领域具有较强研发生产能力的骨干企业。同时大力发展和跟进新能源汽车领域和智能网联领域,深化产业链合作,对接苏南地区汽车产业资源,实行建链强链补链的精准招商,补齐延伸新一代新能源汽车及汽车零部件业链的薄弱、缺失环节,打造具有核心竞争力和特色优势的汽车零部件业集群,推动海门汽车零部件市场蓬勃发展。

撰稿人:徐婷

2021年4月

海门区叠石桥家纺业发展报告

海门区工商业联合会

叠石桥位于海门区叠石桥国际家纺产业园区，建于清道光年间，于2016年被国家工商总局评为“中国驰名商标”。家纺业是海门叠石桥的传统产业、特色产业与富民产业。产业覆盖周边8个县(市)区、30多个乡镇，从业人员50多万人，拥有家纺企业2500多家，其中规模以上家纺企业300多家，外商投资企业及外贸企业300多家。产业链与配套体系较为完善，产业区域特色鲜明，产业集聚区优势明显，整体技术处于国际领先水平。

发展到现在，叠石桥市场已是全球最大、全国唯一的现代化、国际化家纺专业大市场，有“中国的法兰克福”之美誉。市场先后荣获“全国文明诚信市场”“全国家纺产品知名品牌创建示范区”“国家重点培育内外贸结合商品市场”“国家4A级旅游景区”等国家级荣誉。叠石桥国际家纺产业园区家纺业集群区共有制造业企业9911家(含个体户)，其中一般纳税人生产企业820家，规上工业企业92家；服务业企业644家，其中限上规上服务业企业63家。家纺年生产能力超过2000亿元，外贸供货额约占全国的1/10、江苏的1/2。2020年，实现地区一般预算收入2.92亿元，完成工业应税销售120.61亿元、工业入库税金2.41亿元，完成服务业应税销售49.2亿元，完成全社会固定资产投资41.36亿元。

叠石桥市场规划面积1.95平方公里，目前已建成1.1平方公里，建筑面积约100万平方米，拥有近2万间商铺(其中核心区商铺6315个)，经营200多个系列、560多个品牌、1000多种家纺产品，在全国家纺市场占有率超过50%，并远销全球5大洲、150多个国家和地区，是集床品批零经营、国际国内贸易、购物旅游休闲、产业公共服务等多功能于一体的现代化、国际化商业综合体。2020 年，叠石桥市场线上线下成交额达 1282.34 亿元。

一、叠石桥家纺业发展特点及原因分析

2020 年初，突如其来的新冠肺炎疫情打乱了各行各业的运行节奏，一季度叠石桥家纺业大面积陷入停工、减产状态，行业收入较上年同期下降近三成。但随着国家、地方政府对疫情的逐步有效控制，行业企业克服重重困难，在有效应对疫情的同时积极组织复工复产，使行业运行稳步恢复，下半年行业恢复正增长，行业质效保持稳定。

（一）线上线下融合，打造贸易新业态

依托实体市场，构建电商平台，推动跨境电商和市场采购贸易方式融合发展，发出“拼柜出海”全国首单。开展跨境电商深圳系列活动、亚马逊卖家论坛，成立“跨境电商培训孵化基地”。市场采购贸易方式累计出口单量 7040 票，出口金额 6.15 亿美元。市场采购贸易和跨境电商融合交易额完成 1541 万美元。直播经济平台功能日趋完善。举办“首届直播月暨‘一带一路’线上交易会”，领导、网红同台直播带货，叠石桥品牌影响力持续放大。

（二）开展交流合作，依托平台添活力

与深圳跨境电商协会合作，开展专题培训。被市商务局授予“中国（南通）跨境电子商务综合试验区海门工作站”。跨境电商产业中心新入驻跨境电商企业 50 家。同心 e 家跨境电商产业中心获批省级众创空间。外贸大楼正式开业运营，入驻商家 193 户，打造南通市级服务业集聚区。同时，借助现代旅游，鼓励批零兼营，拓宽销售渠道，增加主业效益，带动商贸配套，促进市场持续繁荣。

（三）推进品质革命，培育品牌助升级

全面推进“品质革命”，大力倡导“工匠精神”，开展了一系列卓有成效的基础性工作，并取得了阶段性成效，形成了区域品牌与产品品牌同步建设、同步培育的品牌建设工作局面。推进高新技术企业培育，积极开展产学研合作，与东华大学合作成立叠石桥家纺研发中心，与苏州大学、南通纺院开展产业合作对接。2020 年，亿丽、黛恒等 3 家企业申报省级智能车间，明超等 4 家企业申报市级智能车间，美罗、凯盛等 20 多家企业参与工信部品牌培育计划,申报高新技术企业16家,新增有效发明专利85件,引进3家研发设计团队入驻叠石桥设计研发中心,新增市场主体总量全区第二。

(四)组织各类活动,国际交流破新局

突出招大引强,知名家纺品牌纷至沓来,招引项目涵盖研发、制造、物流完整产业链。努力克服疫情影响,打造叠石桥家纺App和微信公众号等平台,组织企业参与线上广交会,累计拓展境外家纺专业采购商2000多名入驻。成功招引水星家纺、南方寝饰等4个重特大项目,成功申报1个省双创人才项目。新引进应税销售1000万元以上品牌家纺企业4家。成功举办深圳招商推介会、投资说明会,承办东洲英才创业周子活动。实际利用外资到账3000万美元。市场采购贸易方式试点推进顺利。先后开通中亚班列、举办叠石桥进出口商品交易会、家纺国际博览会等,不断扩大叠石桥海内外影响力。

二、叠石桥家纺业发展存在的问题

叠石桥家纺业勇于面对诸多机遇与挑战,积极应对外部风险,适时调整产业结构,凝心聚力谋求发展,行业经济发展态势良好,但还面临不少困难和挑战。

(一)企业基础薄弱,发展意识需强化

数十年以来,叠石桥家纺人走南闯北,甚至走出国门、闯荡世界,但基本都是自发行为,也基本都是低层次的走出去途径,这些以单个企业甚至外贸作坊走出去发展的模式下,普遍都有“肥水不流外人田”的小农意识,这些创业者到了境外一般不会大范围宣传推介叠石桥,这也是数十年来尽管走出去的叠石桥家纺人很多,但是叠石桥真正的国际影响力并不十分大的内在原因。现在原先发展较不错的大企业都或多或少在全球整体经济环境不利、中美贸易摩擦持续的逆境中,特别是老一代企业家陆续感觉力不从心,对家纺业新趋势、新模式等把握不准,如对家纺微电商等快速发展已经无能为力、显得不适应时代发展步伐,陆续被淘汰,要么转行要么让位第二代新生力量接班。

(二)产业集群低质,行业实力需夯实

民营企业大多规模小、自主品牌知名度低、创新能力弱,家纺业内真正的龙头企业并不是很多,第二梯队的品牌家纺企业数量也不是很多,单体规模也不是很大,总体发展水平、档次、质效并不十分高。另外,家纺业仍然处于附加值低,结构不完整的产业链中低端,整个产业链缺乏科技含量高、带动能力强的大项目、好项目,总体发展水平、档次、质效并不十分高,核心竞争力不足,企业亩均税收低、对社会贡献度不高。

(三)开发开放不足,品牌影响需提高

当前两个国家级政策试点融合度不高,对本地企业影响带动不大。跨境电商受制于生态链束缚,缺乏有效创新和突破。在境内供货商的培育、境外专业采购商的引进和境外市场的开拓上力度不够,国际市场占比份额还有待持续提高与扩大,国际影响力还有待增强。

(四)行业管理不佳,发展环境需优化

叠石桥地处两大行政区域交界处,在区域协调发展、交通发展规划、土地综合利用、资源整合共享方面存在较大的发展困难和瓶颈,产业同质化竞争严重。大量生产加工点产生极大生态环境破坏问题。安全生产隐患普遍监督管理难度大。社会治安安全隐患多,管理难度大。

三、叠石桥家纺业发展的几点建议

在国内大循环为主体,国际国内双循环相互促进的新发展格局下,为推动叠石桥家纺业抓住机遇,应对挑战,建立更加优质高效、自主可控的产业链、供应链体系,保持行业经济运行的稳定健康发展,建议如下:

(一)注重规划引领,优化产业格局

发挥综合交通枢纽优势,全力做好产业规划,明确产业发展方向、推进重点。推动产业结构从以商品贸易经济为主向商贸经济、共享经济并重发展转变。借力市场采购贸易方式和跨境电商外贸新业态国家试点政策优势,发展壮大现代家纺优势产业,构建集新面料研发、产品设计等环节于一体的高端家纺全产业链。

(二)加强平台建设,紧跟"互联网+"

加强与深圳跨境电商协会的合作,推动跨境电商工作站升格为跨境电商产业园,招引跨境电商运营商企业。注重利用"互联网+"大数据发展的机遇,把线下的产业园和线上的产业带做起来,进一步扩大叠石桥家纺在全球的影响力,同时大力培育市场新型业态,实现国内从单一家纺产品指数发布和流行趋势向全球发布贸易信息和参与国际规则制定转变。

(三)调整招商策略,强化招商选资

强力推进项目建设,重点围绕水星家纺、锦鼎家纺等重特大项目加快推进。优化调整招商策略,重点关注品牌家纺龙头型、旗舰型企业,注重企业亩均税收和外资贡献,抢抓家纺市场协同发展和空港规划建设机遇,大力推进产业链招商,将大家纺、大家居与临空产业协同并行招商,着力在补链、延链、强链上下功夫。

(四)加强品牌培育,注重科技强企

突出森达、凯盛等龙头企业带动作用,强化与东华大学等院校的战略合作,按照扶大、扶强、扶优的原则,实施企业梯队培育计划,实现企业规模和效益同步提升。加强企业智能化建设,推动企业开展智能化车间改造,提升智能化水平。全力提升企业科创水平,加大高新技术企业培育,出台激励政策,加大科创企业招引力度。

(五)突出创新驱动,打造活力产业

以创新驱动为主线,进一步解放思想、扩大开放、提升能级。聚焦会展商贸核心。围绕“燃爆一个点,点燃一座城”的目标,大力推进产城融合,深化市场采购贸易方式转变,创新跨境电商出口通关模式,以市场采购贸易与跨境电商融合发展为契机,用最低的成本撬动最强的改革优势,进一步提升家纺业对社会的贡献度。

(六)加强政策联动,突出内增外扩

当前国际经济形势严峻,外贸形势越发复杂,在立足扩大内需,推动供给与需求的动态平衡同时,也要注重稳定外贸形势,推进高水平对外开放。不断转变涉外服务理念,更加注重简政放权,积极争取涉外审批权限,形成“一站式、一条龙”涉外服务政务平台,推动涉外政务从以注重行政管理为主向简政放权、综合服务并重发展转变。不断努力提升国际贸易综合服务能力水平,打造国际合作和竞争新优势。

撰稿人:徐婷

2021 年 4 月

南通经济技术开发区产业发展报告

南通经济技术开发区商会(工商联)

南通经济技术开发区(以下简称开发区)是中国首批14个国家级经济技术开发区之一,于1984年12月经国务院批准设立。2019年地区生产总值690.7亿元,财政总收入160.2亿元,一般公共预算收入65.9亿元,进出口总额67.7亿美元,实际利用外资6.17亿美元,单位地区生产总值能耗逐年下降。先后获批长江经济带国家级转型升级发展示范开发区、国家绿色生态园区、国家循环化改造示范试点园区、国家知识产权试点园区。建区以来,开发区坚持产业兴区,大力推进产业集聚发展、规模发展、特色发展、绿色发展,实施园区循环化改造,培育发展了新一代信息技术和大数据等特色产业,走出了一条绿色、协调、共享的产城融合发展之路。(见图1至图5)

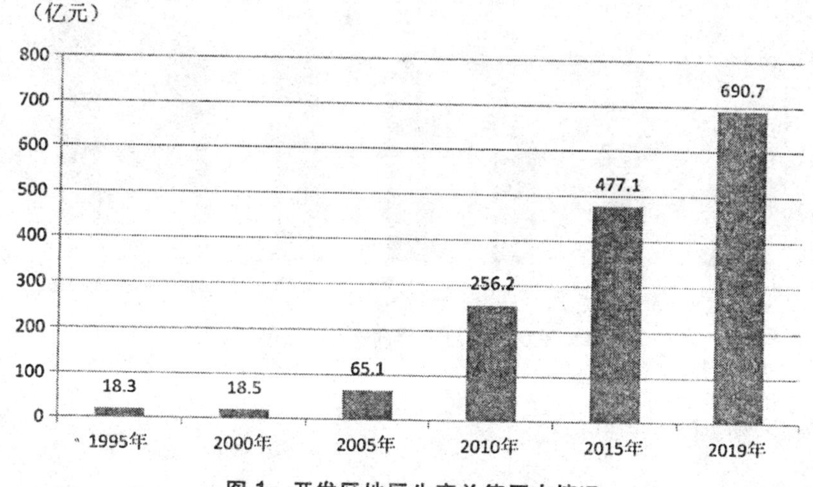

图1　开发区地区生产总值历史情况

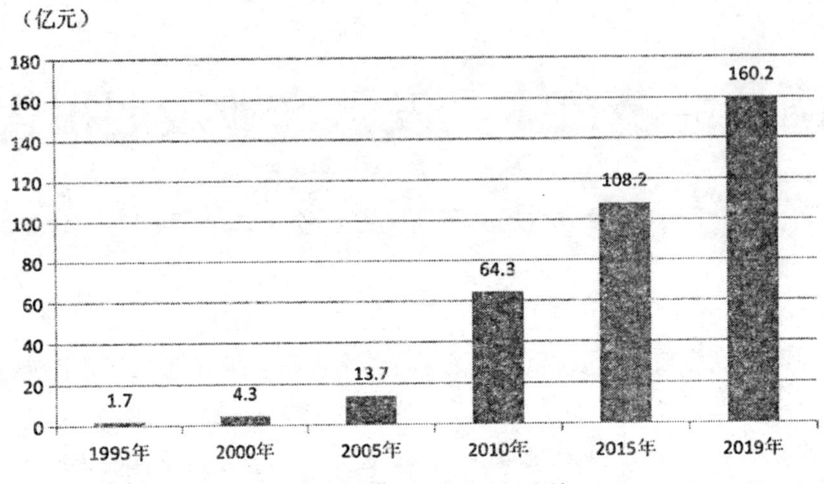

图2 开发区财政总收入历史情况

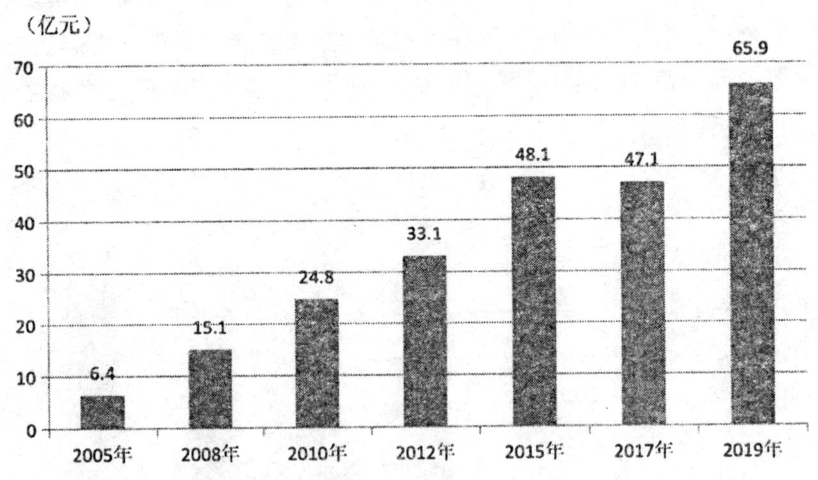

图3 开发区一般公共预算收入历史情况

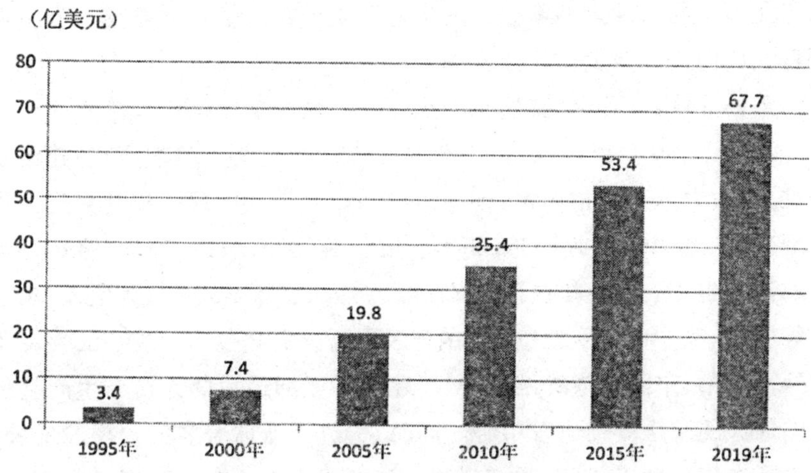

图4 开发区进出口总额历史情况

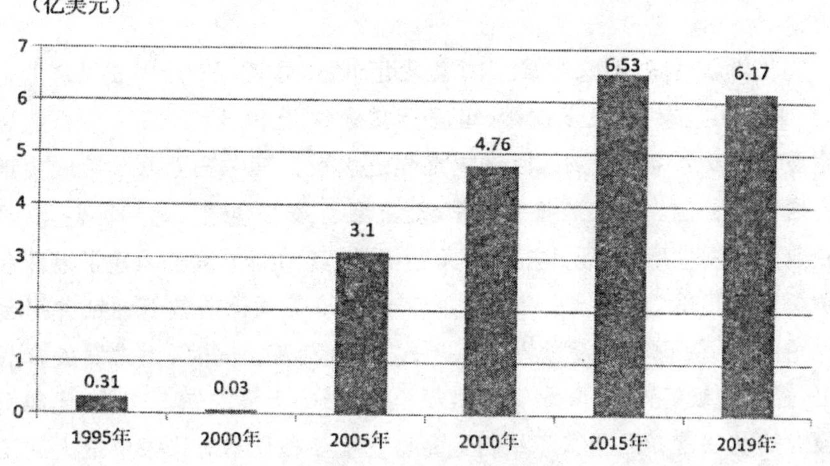

图5 开发区实际利用外资历史情况

一、产业发展历程

建区35年来，在市委、市政府的正确领导下，开发区依靠区域产业基础和靠江靠海靠上海比较优势，大力发展了纺织轻工、化学新材料、海工装备、医药健康、电子信息等产业。近年来，充分发挥经济主战场、产业主力军作用，围绕高质量发展和长三角一体化战略，持续推进产业升级，大力发展智能制造装备、大数据、医药健康“1+1+1”先导产业，全力建设先进制造业基地和南通南翼新城，为南通建设长江经济带战略支点和上海大都市北翼门户城市提供产业支撑。

第一阶段:发挥南通"纺织之乡"优势,发展了纺织轻工等产业

20世纪90年代以来,依托开发区传统产业发展基础,规划建设纺织纤维园,大力推进外招内扩,推动纺织企业逐步从一家一户的家庭式作坊向现代化、规模化企业转变,基本形成了集化纤、织造、印染、服装等为一体的产业链条,先后集聚了日本东丽、帝人、罗莱家纺、三嘉化纤、衣依衬布等项目。其中,东丽株式会社在全区累计投资超过10亿美元,兴办了东丽酒伊织染、东丽合成纤维等项目,建成了亚洲最大的无纺布生产基地和国内最大的纺织纤维研发中心。同时,引进了全球著名的台橡股份公司,设立了申华化学工业(南通)有限公司,专业生产丁苯橡胶等产品。

第二阶段:依托沿江岸线资源,发展了化学新材料、海工装备制造等产业。

化学新材料领域,建成了国家火炬计划、国家863计划成果产业化基地,集聚了宝泰菱、三菱丽阳、星辰合成材料、台橡、韩国SKC等行业领军企业,10多个项目达到国际国内最先进水平,其中三菱丽阳单线生产能力居世界首位。海工装备制造领域,集聚了振华、惠生、润邦等企业,部分企业的研发生产、市场开拓能力不断提升,其中振华重工承建了港珠澳大桥海底隧道的"最后接头";惠生重工收购了美国休斯敦石油钻井平台研发企业,承接研发建设世界首座浮式LNG设备。同时,大力发展食品加工、轻工造纸等产业,集聚了一批规模大、影响力强的知名企业,比如世界最大的动物营养品和农产品制造商嘉吉粮油和日本对华投资最大的工业项目王子制纸。

第三阶段:顺应转型升级趋势,发展了医药健康、电子信息、精密机械等新兴产业和服务外包等现代服务业。

"十二五"以来,围绕创新转型发展的新要求,以苏通大桥通车为契机,着力推动新兴产业规模化、集群化发展。医药健康领域,集聚了德国默克制药,瑞士斯福瑞制药等龙头企业。电子信息领域,集聚了中天科技、清华同方、意力速电子、赫尔思曼等项目。赫尔思曼汽车传感器项目,产品专

供奔驰、宝马等知名厂商。精密机械领域，集聚了日本丝路咖精机、武藏精机。武藏精机主要为本田、铃木、三菱等汽车制造企业提供配套。现代服务业领域，集聚了携程、去哪儿网、飞牛网、中兴网信、香港脉络等一批重点服务业项目，获评中国服务外包产业集聚园区。

第四阶段：围绕创新驱动和绿色发展，大力发展新一代信息技术、智能制造装备和大数据产业。

党的十八大以来，贯彻落实习近平总书记关于长江经济带"共抓大保护，不搞大开发"的重要指示精神，大力发展环境友好型、创新驱动型产业。新一代信息技术领域，在全国地级市中率先建设了互联网国际通信专用通道。设立国家集成电路测试产业园，致力于打造中国"测谷"，引进和培育了飞昂微电子、兴通智慧产业园等项目。智能制造装备领域，围绕长三角一体化发展，聚焦创新驱动，引进和培育了罗博特科、爱信精机、朗恩智能、科瑞恩智能、筱莫智能等优质企业。罗博特科致力于工业机器人的研发和生产，在行业内名列前茅。大数据领域，设立大数据产业发展局，全力打造华东地区重要信息港，获批国家新型工业化特色产业示范基地，引进阿里巴巴、中兴、尼尔森、文思海辉等龙头企业。阿里巴巴项目总投资330亿元，将建设华东最大的数据中心。

二、产业发展概况

（一）现代产业体系初步形成

当前，开发区形成"4+2+2"的产业结构，即4个支柱产业（化学新材料、船舶海工、高端纺织、现代服务业）、2个新兴产业（新一代信息技术、医药健康）和2个先导产业（智能制造装备和大数据）。（见表1）

表1　南通开发区产业情况表

产业结构	产业名称	规模企业数（个）	2019年销售收入（亿元）	龙头企业	占比（%）	特色
支柱产业	化学新材料	60	296	台橡实业、台橡宇部、星辰合成材料、爱思开希、三菱丽阳、江山股份、醋化股份、三大雅	20.2	国家科技部认定的化学新材料基地，产业规模大，龙头企业体量大

续表

产业结构	产业名称	规模企业数(个)	2019年销售收入(亿元)	龙头企业	占比(%)	特色
支柱产业	船舶海工	13	126	振华重装、振华传动、惠生重工、润邦股份、韩通赢吉	8.6	振华的技术水平世界一流,参与港珠澳大桥建设,纪录片《厉害了我的国》首个镜头
	高端纺织	67	130	罗莱生活、东丽酒伊、东丽合纤、东丽高新、帝人、崇天纺纱	8.9	罗莱是全国家纺龙头企业
	现代服务业	116	1277	阿里巴巴、中天软件、瑞慈医疗、永旺梦乐城、车置宝、东丽研究所	—	服务业近年来呈爆发式增长
新兴产业	新一代信息技术	42	184	中天光纤、中天射频、赫比电子、赫尔思曼、埃尔贝勒、意力速、御渡半导体	12.6	培育了完整的光通信产业链,整体竞争力名列国内前茅。建设了国家集成电路测试产业园
	医药健康	22	52	默克制药、上药东英、联亚药业、斯福瑞、鹿得医疗、臣邦制药、嘉逸药业	3.5	默克制药建设全球第二大生产基地和研发中心
先导产业	智能制造装备	74	263	罗博特科、爱信技术、丝路咖精机、武藏精密、爱慕希	18.0	罗博特科专业致力于工业机器人生产,2019年3月上市
	大数据	—	—	阿里巴巴、中兴网信、欧域、润泽、京希信息	—	国家新型工业化特色产业基地

1.化学新材料产业。开发区是科技部火炬中心认定的化学新材料基地,有规模以上企业60家,主要生产合成橡胶、工程塑料等产品,培育了中华化学、星辰合成材料、台橡宇部、三菱丽阳、爱思开希等一批行业地位高、市场前景好的龙头企业。2019年实现销售收入296亿元,同比下降0.3%。化学新材料产业销售收入占全区规模以上工业销售收入的比重为

20.2%，占比逐年下降，比2015年下降10个百分点左右。

开发区化学新材料产业主要有以下特点：一是企业体量大。规模以上企业60家，2019年销售收入296亿元，平均每个企业年销售收入5亿元左右。年销售收入10亿元以上企业10家，江山股份、星辰合成材料年销售收入分别达42.8、37亿元。二是智能化水平高。大量企业拥有智能化生产线、生产车间。星辰合成材料获江苏省战略性新兴产业专项资金扶持，资金3000万元。三是绿色循环发展。严格贯彻落实行业管理标准和规范，大力实施清洁化生产、循环化改造，多数企业完成ISO14000质量体系认证。

2.船舶海工产业。开发区船舶海工产业与启东、如皋一起被江苏省工信厅授牌为省级新型工业化特色产业基地。船舶海工产业现有规模以上企业13家，主要生产船舶、港口机械、舱口盖、传动装备、海工平台等产品。培育了振华重工、振华传动、惠生重工、润邦股份等龙头企业。2019年实现销售收入126.2亿元，增长54.2%，占全区工业应税销售收入总额的8.6%，比上一年提高2.2个百分点。

开发区船舶海工产业主要有以下特点：一是龙头企业多。振华重工、惠生重工、润邦股份是各自领域的龙头企业，分别在海工平台、LNG浮式船、船舶舱口盖领域具有领先地位。二是技术水平高。振华重工的轨道吊、海工平台，惠生重工的浮式船，润邦股份的舱口盖技术水平达到国际水平，国内一流。中传机械的板式热交换器获江苏省科技成果专项项目立项，广泛应用于军民融合领域。三是产业链相对完备。船舶海工产业是开发区的早期产业，形成了相对完备的产业链，覆盖钢结构—传动装置—舱口盖—热交换器—轨道吊—船舶—海工平台—船舶装饰等相对完整的产业链，是全国著名的造船基地之一。

3.高端纺织产业。开发区产业起步于纺织业，目前从事纺织服装生产的企业数量较多。最近几年，大力实施绿色化、循环化、清洁化生产，形成高端纺织产业集聚。培育了东丽集团、帝人集团、罗莱生活科技等龙头企业，在全国家纺产业中占有重要地位。当前共有规模以上高端纺织企业67家，2019年实现销售收入129.9亿元，下降2.6%，总量占全区规模工业销售的8.9%。

开发区高端纺织产业主要有以下特点:一是规下企业数量多。全区纺织企业总量在800家以上，其中90%是规模以下企业，年销售收入不足2000万元,多为个体工商户或者私营企业。二是产业技术水平差异大。既有罗莱生活、东丽高新等技术水平高的行业龙头企业,也有大量技术水平不高的规下小企业。罗莱在全国家纺产业中居于龙头地位,东丽的无纺布技术水平世界一流。三是环保水平快速提升。大力开展印染行业整治,实施清洁生产,不断提升纺织行业的绿色发展水平。

4.现代服务业。近年来,开发区现代服务业快速发展,2019年服务业规模以上企业达到116家，比上一年增加26家。服务业应税销售收入1277亿元,增长17%,服务业增加值270.9亿,占地区生产总值的比重达39.2%，比2015年提升11.7个百分点；实现服务业税收54.3亿，增长10.7%,增幅列全市第一;服务业固定资产投资212.9亿,占全社会投资比重59.4%。

开发区现代服务业具有以下特点:一是发展速度快。近5年内,服务业应税销售收入年均增长20%以上，服务业增加值年均增长25%以上，服务业增加值占地区生产总值比重提高了15个百分点左右,服务业税收年均增长20%左右。二是载体平台多。能达商务区获批江苏省生产性服务业集聚区。南通创意设计大厦集聚了众多创意设计企业,成为现代服务业的重要孵化器。创业服务外包中心成为全区服务外包企业的重要载体,离岸外包执行额占全市三分之一。三是龙头企业好。上海赫程南通分公司是携程集团最大的呼叫基地,每年营业收入均超过50亿元。永旺梦乐城在国内的体量跻身前三,与世茂广场一起,成为全市重要的商业集聚区。物流产业是开发区现代服务业的内容,集聚了京东、普洛斯、丰树等重要的行业龙头企业。

5.新一代信息技术产业。共有规模以上企业42家,2019年销售收入183.7亿元,下降1.8%。产品主要涉及集成电路、光通信、光纤光缆、电子材料、手机配件、汽车电子、软件与信息技术等领域。培育了中天科技、赫比电子、新宙邦等知名企业,形成相对完整的产业链。

开发区新一代信息技术产业主要有以下特点:一是平台层次高。在全国地级市中率先建设了互联网国际通信专用通道。南通市与集成电路测试仪器与产业技术创新联盟合作设立国家级集成电路测试产业园，聚力打造中国“测谷”。二是产业链完备。打造了全国名列前茅的光通信产业链，覆盖光纤预制棒—光纤光缆—海底电缆—特种电缆—光纤光缆设备等各个环节。三是龙头企业实力强。主要龙头企业是中天集团，在开发区设立20多家企业，包括中天精密材料、中天光纤、中天海缆、中天昱品、中天装备电缆等，年销售收入突破150亿元。

6.医药健康产业。现有规模以上医药健康企业22家，2019年销售收入52.5亿元。主要生产化学药、原料药、生物医药、医疗器械、保健品等产品，引进和培育了默克制药、联亚药业、上药东英、斯福瑞制药、鹿得医疗等龙头企业，行业整体呈现出产业层次高、发展前景好、创新能力强等特点。

开发区医药健康产业主要有以下特点：一是成长速度快。近年来，开发区医药健康产业从无到有，从有到优，经历了快速发展。“十二五”末，开发区医药健康产业销售收入不足5亿元，2019年达到52.5亿元，4年增长了10倍。从最初的以本地企业为主，到引进国际著名的医药健康企业；从单一产品的灵芝孢子粉到生物医药、化学药、原料药、成品药门类齐全的产品系列，开发区医药健康产业的发展用了不到十年，丰富了产业培育和发展的成功案例。二是企业质态好。默克制药建设了全球第二大生产基地和生命科学研发中心；联亚药业仿制药获40多个FDA认证，总数占全国一半以上；上药东英手性合成、分离技术国内先进，在麻醉肌松药领域名列世界前茅。三是创新能力强。累计培育高新技术企业18家，建设市级以上研发机构35个，拥有专利2000多个，其中发明专利突破200个。吸引国家千人计划专家10多人，省双创人才20多人，南通市江海英才人才100多人。

7.智能制造装备产业。规模以上企业74家。主要生产智能成套系统、智能机器人、增材制造、高端数控机床和高端专用装备等产品，发展了网络化、数字化、智能化、高附加值、高效能的制造技术。代表企业有罗博特科、丝路咖精机、银宝山新、大阪精工、蓝科减震、武藏精密、音户神商、普腾设备、小森机械、广野自动化、普盛动力、中天智能制造装备等。2019年销售收入262.6亿元,增长22.8%。

开发区智能制造装备产业主要有以下特点:一是创新能力强。建设了中船机械、机电实业、中天装备、普腾停车等32家国家高新技术企业,占规模以上智能制造装备企业的43%。所有规上企业均建设了研发机构或平台,其中市级以上研发平台69个。赫尔斯曼、中船机械、长江电器、环球转向器等12家企业建设了省级工程技术研究中心。二是项目后劲足。近年来,招引了大量智能制造装备优质项目。上市公司罗博特科主营工业4.0智能制造装备,技术水平全国领先,一期总投资4亿元人民币,即将试生产;科瑞恩智能制造项目主营智能制造生产车间、研发中心、无人示范车间、智能制造重点实验室、智能制造实训基地;富士特航空座椅项目建设航太座椅研发中心、展示中心,设备投入1亿元,可年产10万套航空座椅。

8.大数据产业。开发区近年来重点培育的先导产业,建设了国际数据中心产业园和南通大数据产业园,累计吸引企业100多家。获批国家级新型工业化特色产业示范基地(大数据.实时应用类),举办了全国大数据产业博览会,参与成立长三角大数据产业联盟,举办长三角大数据发展一体化论坛,招引和培育了阿里巴巴、中兴、欧域、钛基、润泽等优质企业和项目。

开发区大数据产业主要有以下特点:一是高点定位。策应南通市"三港三基地"建设,致力于为南通打造华东地区重要信息港提供基础支撑。研究编制《开发区大数据产业发展规划》《开发区大数据产业三年行动计划》等文件,为未来几年的发展提供基本遵循。二是发展迅速。开发区大数据产业起步于2015年左右,历经从无到有,从有到优,利用3~4年的时间,发展成为国家新型工业化特色产业基地,速度快、质态高、效益好。三是前景广阔。基于阿里巴巴、中兴等优质项目的集聚,全区数据中心基本建成。近期大力发展数据清洗、筛选、应用和服务领域,形成相对完备的大数据产业链。

(二)产业结构持续优化

近年来,开发区不断优化产业结构,发展新兴产业,增强创新驱动,推动企业上市,产业转型升级取得实效。

一是是产业转型步伐加快。抢抓获批长江经济带国家级转型升级发展示范开发区的契机，推动传统产业转型发展，新兴产业规模发展，先导产业战略发展。2019年三次产业结构调整为0.13:60.64:39.23，服务业占比持续增长。工业结构不断优化，化学新材料占比下降至20%左右，新一代新技术和智能制造装备产业累计占比突破30%，高新技术产业占比提升至40.5%。大力发展大数据等先导产业，国际数据中心产业园获批“国家新型工业化产业示范基地”，区内签约机柜超3万个，培育了阿里巴巴、中兴等龙头企业。阿里巴巴总投资330亿元，建设华东地区最大的数据中心。

二是产业创新不断增强。2019年，全区高新技术产业产值486亿元，增长5.4%，占比40.5%，五年提升了10个百分点左右；万人发明专利拥有量66.3件，列全市第一；建设了市级以上工程技术研究中心203个，培育高新技术企业191家。中天海缆、星辰合成材料、中天精密获江苏省战略性新兴产业专项资金5300万元。振华传动、惠生重工获批国家海洋经济示范城市专项资金项目，扶持资金超4000万元。

三是骨干企业支撑强劲。规上企业数量不断增加，总数达881家。其中工业企业399家，服务业企业111家，战略性新兴产业企业98家，纳统高新技术产业企业109家。单打冠军纷纷涌现。2019年应税销售超亿元工业企业突破150家，其中超50亿元企业3家。三大雅的高吸水性树脂、联亚的FDA药品等跻身行业细分前列。中天集团开发区基地全年实现营收超143亿元，嘉吉实现应税销售79亿元，江山股份、星辰合成全年分别实现应税销售43亿元和37亿元。

四是产业资本支撑发展。推动企业借助资本市场，提升创新驱动，增强核心竞争力。开发区共有IPO企业5家(江山股份、罗莱生活、润邦股份、醋化股份、瑞慈医疗)；新三板挂牌企业5家(鹿得医疗、爱慕希、辰华能源、天盛新能源、恒太照明)；IPO过会企业1家(江天化学)；上市入轨企业7家(江天化学、鹿得医疗、天盛新能源、海珥玛、惠生重工、力德尔电子、伊仕生物)；新三板晋升精选层企业1家(鹿得医疗)；上市重点后备企业8家(联亚药业、星辰合成材料、三圣石墨、人先医疗、普腾停车设备、瑞翔新材料、飞昂通讯、经开控股)；新三板后备企业2家(泰洁检测、勤奋药业)。

五是绿色发展持续提升。“十三五”期间,全区能源消耗总量和强度“双控”取得明显成效,获批国家“绿色生态园区”。2019 年单位地区生产总值能耗 0.5343 吨标准煤/万元,比 2015 年下降 19.5%(见图 6)。深入推进国家园区循环化改造示范试点建设,以 2.227 亿元财政资金撬动了一批总投资 120.27 亿元的基础设施、循环利用、产业发展和智慧管理等项目,打造了若干特色循环发展产业链,在经济、生态、社会方面取得了显著成效。能达水务的中水回用项目成功解决王子制纸排水问题,获国家科技进步二等奖。钢丝绳行业整治取得突破性成果,68 家企业涉重污工段关停,38 家企业整改提升,钢丝绳行业正朝着高质量方向发展。持续开展长江大保护,整治 35 条黑臭水体,拆除营船港 13 家非法码头,复绿 5.7 万平方米,加固堤防道路。建设 9300 亩老洪港滨江湿地,成为南通滨江重要生物栖息地。

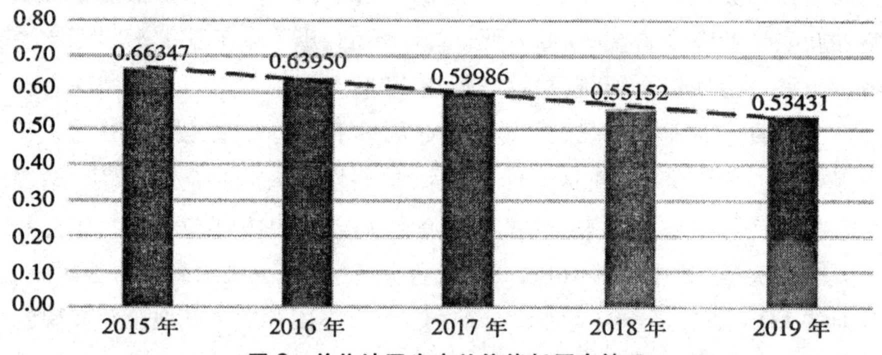

图 6 单位地区生产总值能耗历史情况

三、重点产业园区

(一)集成电路测试产业园

位于开发区东方大道和沈海高速之间,由南通市政府与集成电路测试仪器与装备产业技术创新联盟合作共建,一期 180 亩,将以产业园、公共服务平台、投资基金“三位一体”的方式,聚力打造中国集成电路产业“测谷”。御渡半导体、金海通、联动科技和中科飞测 4 家企业已成功入园,未来还将招引 10 家测试服务以及测试设备等配套生产企业,并将集聚各类创新、创业型企业和科技服务机构 50 余家,成立一支 20 亿~25 亿元规模的集成电路产业基金。

(二)国际数据中心产业园

位于开发区综合保税区 A 区，以热数据处理为主导，以大规模采用绿色能源为特色，招引和培育了阿里巴巴、中兴通讯、香港脉络、旗云科技等 30 多个数据中心项目，运营机柜 3 万多个，累计将突破 10 万个机柜。国家工信部将其确定为国家级大型数据中心产业示范基地（实施应用类），是南通市建设华东地区重要信息港，推进“三港三基地”建设的重要支撑。

(三)大数据产业园

分东西两区，西区位于能达商务区，东区位于沈海高速与星湖大道交叉口，重点围绕金融电商大数据、医疗健康大数据、智能制造大数据、游戏电竞大数据等四大领域，建设特色载体，构筑产业生态，着力打造长三角地区具有影响力的大数据产业发展高地。西区已集聚京希慧管家、尼尔森等行业龙头企业，东区正在开展规划编制。

(四)智能制造装备产业园

位于南通市开发区竹行街道，分南北两区，南区为智能芯片产业园，北区为感知元器件产业园，重点发展智能成套设备、智能机器人、无人驾驶、智能家居、3D 打印、无人超市、VR、无人机、高端数控机床等产业。已引进罗博特科、科瑞恩、苏大维格等优质项目，目前正在编制有关的园区规划。

四、重点产业代表企业

(一)化学新材料产业

主要生产合成橡胶、工程塑料等产品，代表企业有申华化学、星辰合成材料、台橡宇部、三菱丽阳等一批行业地位高、市场前景好的龙头企业。在化工新材料领域，引进和培育了申华化学、星辰合成材料等一批龙头企业。申华化学工业有限公司是较早入驻开发区的全球著名企业，隶属于台湾台橡集团，是全球领先的丁苯橡胶生产企业，年产量 18 万吨左右，国内前三。申华化学的生产工艺控制采用台橡自创的具有国际水准的 DCS 控制系统，在国内处于领先水平。2019 年实现应税销售收入 14.9 亿元，同比下降 3.2%。南通星辰合成材料有限公司成立于 1976 年，是中国蓝星集团在我国东南沿海地区的新材料研发、生产基地。公司主要从事高品质工程塑料、彩色显影剂、双酚A、环氧树脂等新材料产品的生产和销售,技术水平和产能全国领先,“凤凰牌环氧树脂”获“南通名牌产品”称号。2019年实现应税销售收入37.1亿元,同比下降10.2%。在新型膜材料领域,引进和培育了爱思开希、福融辉等龙头企业。爱思开希(江苏)尖端塑料有限公司位于江河路以南,东方大道以西,通达路以东,主要由韩国SKC株式会社、日本伊藤忠株式会社共同出资设立。企业总投资3亿美元,主要生产热收缩薄膜、光学薄膜和太阳光用薄膜,是全球最大的热收缩膜生产企业,广泛应用于可口可乐、雀巢、百事可乐等快消品。同时,该公司实施以太阳能电池材料及发光二极管材料、下一代强力半导体、二次电池等绿色武器材料产业为新增长轴的中长期成长战略,创新能力行业领先。2019年,企业应税销售收入6.2亿元,增长5.2%。福融辉实业(江苏)有限公司由福建福融科技集团投资建设。企业成立于2012年,注册资本4000万元,占地120亩。公司拥有世界领先的日本三菱生产线一条及全球最新技术的德国布鲁克纳生产线一条,是一家集塑料软包装材料研发、生产、营销、服务于一体的大型现代化环保型企业,产品广泛应用于冷冻食品、新鲜蔬果、书刊及广告制品的包装,是国内生产BOPP膜的龙头企业。2019年应税销售收入5.7亿元,增长4.3%。

(二)船舶海工产业

南通振华重型装备制造有限公司和上海振华重工集团(南通)传动机械有限公司隶属于上海振华港机(集团)股份有限公司,该集团公司是世界上最大的港口机械及大型钢结构制造商,市场占有率高达80%。其母公司中交集团跻身全球500强。振华重装和振华传动生产的产品广泛应用于中国的跨海大桥、海上工程等建设,已成为彰显国家基础设施建设硬实力的杰出代表之一。振华重工在海洋工程装备领域具备自主可控技术和国际顶尖水平。2019年振华传动应税销售收入6.8亿元;振华重装应税销售收入39.6亿元,增长115.7%。惠生(南通)重工有限公司专业生产海洋油气工程装备,提供海上石油平台、海洋石油平台工程模块、平台导管架等的设计、建造、安装服务。惠生重工并购美国休斯敦专业设计公司,探索发展豪华邮轮等高附加值船舶的建造和服务。公司的技术水平达到国际一流，建立了符合国际标准的 QHSE 管理体系和流程。通过发展营销、设计、总装制造和分包管理等核心能力，为顾客创造最大的价值。2019 年，惠生重工实现应税销售收入 4.5 亿元，下降 81.9%。江苏韩通赢吉重工有限公司 2014 年成立，注册资本 5 亿元，主要生产液化天然气储罐、特种罐箱、大型钢结构、机械设备，近三年完成技改投入 1.2 亿元，2019 年应税销售收入 8.3 亿元，增长 31.9%。

（三）高端纺织产业

经过多年的发展，开发区在高档无纺布、家纺产品以及高性能纤维领域，培育发展了一批龙头企业，产业层次不断提升。在高档无纺布领域，代表企业有东丽合成纤维、南通帝人、东丽酒伊织染等。东丽合成纤维由全球500 强企业日本东丽集团投资建设，是世界最大的高档无纺布生产企业。东丽合成纤维 2019 年应税销售收入 9.5 亿元。南通帝人是一家专门从事高档服装面料、里料纺织加工的大型日资企业，主要客户有阿迪达斯、美津浓、李宁、波司登等，自有品牌帝特龙是江苏省知名商标，获得广泛的市场认可。公司 2019 年应税销售收入 14.3 亿元，同比增长 15.8%。东丽酒伊织染依托东丽纤维研究所（中国）有限公司，注重技术创新和产品研发，致力于涤纶和尼纶织造及染整产品的加工及销售。2019 年应税销售收入 26.2 亿元，同比下降 8.7%。在家用及产业用纺织品领域，骨干企业有罗莱生活科技、延锋江森等。南通罗莱生活科技股份有限公司成立于 1994 年，1998 年在家纺行业率先导入特许连锁加盟经营模式，2005 年被授予“中国名牌”称号，2009 年成功上市募集资金逾 13 亿，成为南通家纺业首家上市公司，2010 年入选“中国 2010 年福布斯最具潜力企业”，成为全国家纺行业的龙头企业。2019 年应税销售收入 25 亿元，下降 14.6%。

（四）现代服务业

中国最大的旅行服务商携程集团在开发区投资设立呼叫中心。拥有座席超 1.1 万个，是目前世界旅游业内最大单体式呼叫中心。2019 年共实现应税销售收入 114.9 亿元，解决就业 8000 人。江苏中天科技软件技术有限公司成立于 2012 年 8 月，注册资本 1000 万元，为国家高新技术企业、软件企业、江苏省民营科技企业,通过了ISO9001质量管理体系、CMMI成熟度等国际体系认证。公司主营计算机领域的技术开发、转让、咨询,为企业提供信息化整体解决方案和信息化管理咨询服务。公司拥有软件著作权9项,独占许可专利3项,其中发明专利2项,实用新型1项,与南京邮电大学物联网学院、南通大学在数字化工厂建设领域开展了深度合作。东丽纤维研究所(中国)有限公司成立于2002年3月,致力于创新型聚合物的研究开发,是东丽全球重要研发基地。公司注册资本3250万美元,建有南通市功能纤维与纺织品工程技术研究中心。主要研究方向包括纳米级超细纤维、生物能源纤维材料、纤维相关评价技术、ISO国际标准评价系统等。江苏泰洁检测技术股份有限公司成立于2010年8月12日,2013年8月总投资150万元,设立公共实验室,服务于市区所有涉及公共卫生企业,检测公共区域空气质量。该公共卫生实验室,成为南通市第二个公共卫生实验室,弥补了南通市国有机构的检测缺口。南通瑞慈医院有限公司是全国知名的民营综合医院,也是江苏省内首批三级乙等综合民营医院。拥有一批高水平学科群,儿外科于2014年和2018年两度获评国家级重点专科。2016年10月6日,瑞慈医疗集团成功在香港联交所上市(股票代码:HK01526)。此后,南通瑞慈医院引进肿瘤诊断和治疗设备,组建"瑞慈医院上海肿瘤中心"。

(五)新一代信息技术产业

代表企业有赫比电子、赫尔斯曼汽车电子、中天科技光纤、海缆、精密材料等企业。在集成电路测试领域,市政府与集成电路测试仪器与装备产业技术创新联盟合作共建集成电路测试产业园,将以产业园、公共服务平台、投资基金"三位一体"的方式,聚力打造中国集成电路产业"测谷"。将集聚创新型企业和科技服务机构50余家,力争实现销售收入100亿元以上。在光通信领域,培育了中天科技海缆、光纤、精密材料等龙头企业。主要产品光纤预制棒、光纤光缆、海底电缆等达到国际领先水平,其中光纤预制棒一定程度上打破了国外技术垄断,成功跻身中国光通信最具综合竞争力10强和中国光纤光缆金牌企业之列。在电子元器件领域,培育了赫比电子、意力速电子、赫尔思曼、泽瑞电力滤波器等龙头企业。赫比电子是全球著名的手机配件生产企业,是苹果的重要供应商;意力速电子总投资6亿元，主要生产电子仪器连接器及其配套附件。公司于2018年4月20日正式开业，目前已正式投产，具有工艺先进、操作稳定、节约能耗、价低质好等优点。在电子专用设备领域，培育了精技电子、力德尔等龙头企业。精技电子是一家高科技电子制造企业，具备很强的自主研发和生产制造能力，产品附加值高，主要从事IC封装设备等电子产品生产与制造，主要用于半导体封装、电子通信、太阳能及医学等领域。力德尔主要生产柔板压合治具、多PCS折弯机、FPC自动冲模、DOME贴合机、非标自动化流水线设备等，研发的产品打破了国外垄断，填补了国内空白。

（六）医药健康产业

引进和培育了默克制药、斯福瑞制药、联亚药业、上药东英、臣邦制药、嘉逸药业等重点企业。默克集团是全球著名医药跨国巨头，2019年销售收入150多亿欧元。默克制药（江苏）有限公司2014年在开发区注册成立，注册资本5.6亿元，总投资10亿元，建设默克在亚洲最大的生产基地，主要生产用于治疗糖尿病、甲状腺功能失调和心血管疾病等主要慢性疾病的领先产品。公司已正式投产，2019年销售收入12.2亿元，增长69%。2017年，默克集团在南通投资1.95亿元，建设生命科学基地，研发生产高纯度无机盐、细胞培养基以及快速微生物检测试剂等产品，目前已正式投产。默克在南通投资设厂，大大提高了开发区的知名度，特别是在医药领域，一批医药健康企业相继入驻。斯福瑞（南通）制药有限公司总投资6856万美元，2012年9月在开发区成立，专注于原料药和中间体的研发及生产。投资方斯福瑞集团为瑞士上市企业，至今已有140年的历史，是诺华、辉瑞等国际知名公司的战略合作伙伴。2019年销售收入1.8亿元，增长83.7%。南通联亚药业有限公司是一个以高新科技为基础的、专注于特殊药品的跨国制药公司。企业研发能力顶尖，工作环境国际化，与国际制药巨头建立战略合作关系，并为多家国外制药企业提供国际技术外包服务。企业在FDA仿制药领域处于国际领先水平，目前已获批40多个FDA仿制药，占全国半数以上。2019年销售收入4.3亿元，增长65%。

（七）智能制造装备产业

招引发展了罗博特科、丝路咖精机、爱信精机等优质企业。罗博特科智能科技南通有限公司是工业4.0智能化装备领域的上市企业。公司提供智能制造装备个性化整体解决方案，主要产品包括柔性智能制造高端专用设备、智能检测设备、智能仓储物流设备、智能制造执行系统MES等;广泛应用于光伏电池片、电子及半导体、汽车精密零部件、食品药品等制造行业。江苏普腾停车设备有限公司由上市公司江苏润邦重工股份有限公司倾力打造,是一家集产品研发设计、制造、安装、改造、维修、服务和经营为一体的专业化停车设备制造商，公司致力于解决日益困扰城市的停车难问题,为现代城市提供全方位的停车一体化解决方案。目前已成为行业龙头企业。丝路咖精机(南通)有限公司是由世界著名企业米思米集团总投资2亿美元建设,主要生产工厂自动化设备精密零部件,是国内同行业的佼佼者,2019年销售收入3.6亿元,增长0.5%。爱信(南通)汽车技术中心有限公司是丰田在开发区独资设立的继美国之后在海外设立的第二家汽车技术研发中心,主要从事汽车部件的研发、设计及性能测定、评价、技术服务等相关业务。爱信是世界第二大变速箱供应商,其6AT变速箱堪称全球最好的变速箱之一,广泛应用于丰田汽车。

(八)大数据产业

阿里巴巴江苏云计算数据中心,总投资330亿元,位于开发区综合保税区A区、B区和海门区，开发区境内总投资270亿元。项目于2017年12月落户南通,2018年3月启动建设,至今已建设5000多个机柜,为开发区建设国家级新型工业化特色产业基地作出重要贡献,是南通建设“华东地区重要信息港”的强力支撑。欧域数据服务(南通)有限公司总投资10亿元建设欧域数据中心项目,该项目占地77.5亩,规划建设9000个标准机柜,一期3万平方米,建设10万平方米高端数据中心,目前土建已基本竣工。润泽大数据中心项目由江苏润泽信息科技有限公司建设,总投资125亿元,占地187亩,建筑面积20万平方米,建设25000个标准机柜的数据中心。

五、产业发展问题

(一)龙头企业规模有待提升

全区应税销售100亿元以上工业企业(集团)仅中天科技一家(中天

科技开发区制造基地），2019 年应税销售收入 143 亿元。50 亿~100 亿元工业企业 2 家，为嘉吉粮油（南通）有限公司、中天科技海缆有限公司。与徐州经开区的徐工集团（592 亿元）、连云港经开区的恒瑞医药（233 亿元）、芜湖经开区的奇瑞集团（1300 亿元左右）等相比，还有差距。

（二）产业集聚度有待持续提升

部分产业还未形成明显的集聚区，产业集聚效应有待进一步释放。

（三）产业特色不够鲜明

近年来，开发区大力发展大数据、智能制造装备等产业，但由于起步晚等各方面原因，特色鲜明的产业地标还需持续培育。

（四）对全市的贡献份额不够大

2019 年，开发区工业应税销售收入 1464.8 亿元，全市 11434.1 亿元，开发区占比 12.8%。

六、产业发展目标

今后，开发区将围绕市委、市政府各项工作要求，以"选准产业主攻、对接服务上海、创新产业发展、提高承载能力"为目标，加快形成现代化产业体系，争做全市经济主战场、产业主阵地。

（一）提升优化产业布局

全面梳理全区产业现状，研究国际国内产业发展规律，按照市委、市政府的要求，推进新一代信息技术、医药健康、智能制造装备、大数据等新兴产业发展，大力发展"1+1"（智能制造装备和大数据）先导产业。

在大数据产业方面，主动融入长三角区域大数据产业生态链，加强顶层设计，集聚优质资源，全力推进大数据产业规模发展。建设长三角大数据产业集聚区，力争 3~5 年内引进大数据企业 300 家以上，大数据企业收入超 300 亿元，加快打造千亿级大数据产业集群。

在智能制造装备、医药健康等产业方面，以构建集约紧凑的生产空间为目标，按照产业集聚化、工业园区化的原则，进一步整合、盘活存量工业用地，优化产业用地布局，预留发展空间。以获批开通互联网国际通信专用通道为契机，全面加强园区信息化基础设施建设，持续提升区域信息化水平，提高智能制造装备等产业发展的基础支撑。

(二)承接沪苏产业转移

一是加强宣传推介。抢抓沪苏通铁路、苏通二通道、江苏新机场、北沿江高铁、如通苏湖铁路等一批重大交通工程建设契机,在主要区域、关键场所宣传开发区,扩大在沪苏及周边区域的知名度和美誉度。持续参加和开展上海投资促进周等主题和专题推介、招商活动,增添对接服务沪苏的开发区力量。

二是加强对接沟通。加强与昆山、无锡等经开区及上海、苏南行政机构的对接沟通,探讨产业转移工作的开展。对接上海、苏南社科院、政策研究机构,交流研讨产业转移的规律、趋势和举措。加强与上海、苏南金融、法律、招商等中介机构的沟通交流,为两地产业转移搭建市场平台。

三是加强产业研究。深入研究全区产业现状,全面梳理主导产业和先导产业。学习研究上海、苏南产业结构,加强分析研判,持续明确承接产业转移的主攻方向。

四是加强招商选资。持续推进驻城招商、驻点招商、活动招商、中介招商和以商引商,加强沪通产业招商力度,优化招商人员结构,提高招商人员能力和实务水平,提升招商实效。

(三)强化产业技术创新

构建"企业主体、政府主导、政产学研深度合作"的科技创新体系。强化企业的创新主体地位,大力建设科技创新项目,鼓励企业建设科技创新平台,加大科技研发投入。培育高新技术企业,力争年新增20家以上。推动专利创设、运用和保护,力争万人发明专利拥有量突破70件。强化与北京、上海、南京等地高校的互动合作,加快高校创新产业化。以"引才"为重点,以"聚才"为根本,以"育才"为主线,进一步完善人才政策、培养机制、创业扶持、服务体系,优化人才存量、扩大人才增量、提高人才质量,着力提高人才满意度和人才贡献度,为产业发展提供坚强的人才保障。

(四)优化服务产业龙头

一是放大政策激励效应。发挥全区产业基础雄厚的优势,放大《南通市经济技术开发区企业高质量发展激励办法》的政策效应,继续开展党工委、管委会领导挂钩联系重点企业,加强调研走访,坚持分类指导,个性化推动企业发展。

二是落实运行服务机制。完善全区经济运行联席会议制度,实时监测企业产值、应税销售、用电量、社消零等关键指标,履行对企业调研走访、信息收集、问题汇总、会办协商等职责,及时化解矛盾,发挥增长支撑作用。加快企业服务App运管、服务超市等平台功能的开发,落实专班人员动态了解掌握重点企业运行状态,全面适时对接企业,及时有效协调解决企业发展问题,助力企业提振发展信心,培大育强行业龙头。

(五)强化利用产业资本

一是持续宣传发动。通过业务辅导、专家讲座、现场走访、新闻媒体宣传等形式,促使更多企业和负责人积极主动推动上市工作。

二是常态化联系服务。实施党工委、管委会领导和部门联系上市后备企业制度,坚持深度调研、常态走访与电话联络三者有机结合,深入了解企业,把握企业及相关行业发展态势,加强政策与形势解读,切实帮助企业答疑解惑,协调解决实际困难。

三是培育后备梯队。紧紧围绕9家重点上市后备企业开展工作,引导企业尽早加入IPO队伍。

四是加大问题协调。对土地证、房产证补办,企业、个人所得税补缴等上市遇到的问题,切实履行牵头协调责任,力争解决各类问题。

(六)狠抓产业项目建设

新项目是经济增长的新动力。对已经竣工的项目,更要加大服务力度,力争早一天投产,早一个月达产,尽快形成一批新增长点;对已备案和实施的技改项目,要加大跟踪力度,全力推动项目竣工达产;对新开工和续建项目,要落实专题会商制度,及时会办解决项目推进中遇到的各类问题,力争项目建设跑出加速度。

撰稿人:王慧

2020年9月

海安市民营经济发展报告

海安市工业和信息化局　海安市工商业联合会

2020年,海安市积极应对新冠肺炎疫情造成的巨大冲击、外部环境深刻变化带来的重大考验,认真贯彻落实南通市民营经济大会精神,坚定围绕"产业高地,幸福之城"战略目标,着力推进企业培大扶强、民资招商、科技创新、创新驱动、冠军培育等重点工作,全面促进经济转型升级,保障中小企业、民营经济健康、可持续发展。

一、2020年工作完成情况

(一)产业经济逆势而上

一是民营企业迅速回稳。2020年,海安市在南通地区率先出台了《关于支持企业抗疫情稳发展的若干措施意见》等系列文件,派出998名机关干部挂钩服务2300家中小企业,最大程度保护市场主体,激发市场活力。全市民营市场主体累计达到11.96万户,同比增长21.12%;私营企业累计达到3.47万户,同比增长11.17%。

二是发展势头继续向好。规模工业企业、亿元企业数分别达1102家、280家,均居全省第一方阵。鑫缘集团成为继文凤、天楹之后海安市第三家百亿级企业。全年实现工业应税销售2300亿元,增长15%,总量南通第一。民营企业实现财税贡献75.59亿元,占比87.75%。吸纳42.8万人就业,占全市91%。

三是企业投资热情高涨。全年新开工亿元以上产业项目119个,其中10亿元以上重特大项目44个。省市重大项目数、项目开工率、投资完成率南通第一;固定资产投资增幅、高技术产业投资占比及提高值南通第一。11个项目获批中央预算内投资、省工信转型升级资金,鹏飞集团获省战略性新兴产业专项资金立项,22个项目获批一般债、专项债、特别国债21.78亿元。

(二)冠军培育成效凸显

一是高峰企业迅速成长。天楹集团预计实现全球营收210亿元,获评国家制造业单项冠军示范企业,单项冠军企业总数继续保持南通第一;威尔曼获评国家专精特新科技小巨人企业;兴华胶带、昌荣机电、双弘纺织、飞亚化工获评省级专精特新科技小巨人企业;繁华玻璃、昌荣机电等7家企业获评南通市科技小巨人企业。

二是两化融合深入实施。鑫缘入围总数30家的工信部重点跟踪培育纺织服装品牌企业,是南通市唯一入围企业。申菱电器等7家上云企业获评四星级,跃通数控等65家企业获评三星级,总数位居南通市第一。爱登堡、瑞恩电气、浩驰科技等12家企业通过工信部两化融合管理体系贯标认证。节能环保"等离子体无害化废灰处置技术"项目入选省关键核心技术(装备)攻关项目。

三是创新驱动持续发力。联发获评国家技术创新示范企业,铁锚玻璃获评国家级企业技术中心,天楹环保、华艺服饰、铭利达科技3家企业获得省级技术中心认定,黑马森田、联荣集团、浩驰科技等12家企业获得南通市级技术中心认定,总量继续保持南通市第一。37个项目入选省重点技术创新项目导向计划,10家企业获评南通市首台套,天楹环保"等离子体熔融先进系统装备"获评省首台套。

(三)集聚优势持续增强

一是整体实力不断壮大。本年度新增获评国家新型工业化产业示范基地(南通唯一)、国家锦纶功能纤维新材料示范基地、国家装配式建筑产业基地、江苏服装供应链基地等荣誉,国家级、省级示范基地累计达到60余个。商贸物流园蝉联全国优秀物流园区,软件科技园获评省级生产性服务业集聚示范区,商贸物流园获评市级两业融合试点重点园区。

二是服务平台持续扩容。海安市锻压机械产业中小企业公共技术服务平台通过复评,认定为2020年度省级三星级中小企业公共服务示范平台,海安南京大学高新技术研究院、海安太原科大高端装备及轨道交通技术研发中心新认定为2020年度省级三星级中小企业公共服务示范平台。铁锚玻璃获评省级军民融合创新平台、省级军民融合示范企业,商贸物流中心通过省大宗物资动员中心考评，铁锚玻璃通过省特种玻璃配件动员中心考评。

三是产业形象稳步提升。中国长丝织造协会年度理事会、中国木门智能制造技术与装备发展研讨会、江苏省服装产业链大会、江苏省建筑行业协会年度理事会等国家级、省级行业年会峰会在海安召开。海安市人民政府与苏州大学签订合作框架协议，推动企业与长三角地区高校院所开展对接活动达120多场次,实施产学研合作项目128项。

(四)分类指导精准清欠

一是三个常态坚持稳推清欠节奏。坚持一季一摸排,将相关通知发至区镇、部门主要负责人,全力推进清欠工作;坚持一月一报告,每月初向分管领导报告清欠进度,对清欠进度缓慢的区镇和单位,加大督办力度;坚持一周一跟进,10万元以上每周跟进还款进度，确保完成各类账款如期“清零”任务。

二是明确新建项目政府投资机制。对政府投资类项目，严格审核条件,没有明确资金来源和制定资金平衡方案的,一律不得审批,一律不得开工建设;涉及举债融资的,必须严格评估项目现金流和收益情况,依法合规落实资金来源和偿还责任。严禁未批先建、先开工后立项行为,严禁要求企业带资承包政府工程项目,坚决杜绝“打白条”行为。

三是强化沟通协调提高清欠质量。市政府定期召开民营企业家座谈会,公布服务民营企业清欠举报电话,建立与民营企业的沟通机制,积极推进民营企业欠款清欠工作,目前1056.3万元欠款已全部清偿到位。同时,通过电话、座谈会或实地走访等形式,回访已清偿账款单位,逐户了解民营企业对办理结果的满意度,确保清欠成果落细落实。

(五)党建引领商会发力

一是全面加强党的建设。坚持商会党组织成立、换届与商会组建、换届同步,各类商会在全省率先实现党的组织和党的工作“两个全覆盖”。注重加强对民营经济人士的宣传教育引导工作，积极开展民营经济人士理想信念教育活动。组织基层商会、民营经济代表人士开展学习苏州“三大法宝”,答好南通“发展四问”专题交流。发挥商会党员会员先锋模范和示范引领作用,广泛开展“送党课到商会”、红色之旅等活动,凝聚商会党员力量。

二是强化培训提升素质。注重加强民营企业家思想建设和能力提升,加大新生代民营企业家培养力度。在“5·23南通企业家日”发布“致全市广大企业家的一封信”,组织民营企业家赴南通博物苑开展“学张謇企业家精神,促高质量发展”主题讨论活动。开设以“迎战疫情·赢战未来”为主题的“海安民企大讲堂”,发挥“1+N”的机制优势,组织10多个部门开展合作,开展专场培训16期,覆盖90%以上商会。

三是建立多元服务机制。工商联与法院联合设立“海安市民营经济纠纷调解中心”,中心全年结案解决纠纷标的3000多万元,项目获评江苏省工商联创新工作优秀成果奖。与公检法司共同建立联动机制,制定助企服务36条清单,着力打造最优法治营商环境。建立行业商会与政府部门结对培育特色产业工作品牌,参与编制十大产业集群“十四五”发展规划。工商联及主导产业行业商会参加市委、市政府月度产业集群培育例会,共同会商解决行业、商会发展中的难题。

二、2021年目标举措

(一)全力抓运行保发展

继续巩固拓展企业疫情防控和工业经济发展成果,加快建成“全市有示范、全省有位次、全国有亮点”的先进制造业基地和现代产业高地。持续扩大经济总量,确保列南通第一位次,进入全省第一方阵;打造千亿级园区2家;数字经济总量及占GDP比重居苏中前列。深入实施“5123”工业大企业培育工程,推动中小企业提档升级,培育一批具有生态主导力的产业链“链主”企业。

(二)全力兴产业稳增长

加快新一代信息技术与制造业深度融合,让数字经济赋能传统制造业转型升级。积极培育机器人及智能智造、新材料、电子信息等战略性新兴产业,做大做强装备制造、汽车及轨道交通、节能环保等优势基础产业,做精做优纺织丝绸、时尚锦纶等特色支柱产业,优化升级现代家具、现代建筑等传统常青产业,打造一批产业链条完整、分工合理、布局优化、特色鲜明的现代产业集群。

(三)全力补短板强基础

构建集科技研发、创新中试以及创新成果产业化为一体的产业协同创新体系,全力推进时尚锦纶在石墨烯应用、纺织丝绸在高端面料、装备制造在智能改造、汽车及轨道交通在实时模块、新材料在显示屏偏光片、电子信息在高精度电路、机器人及智能制造在伺服驱动器、节能环保在光伏组建半衰期、现代建筑在装配式、现代家具在清洁涂料等领域取得关键性突破。

(四)全力攻难关疏堵点

优化营商环境,落实减税降费政策,尽快出台促进民营经济发展指导意见,适时再推出一批降本减负措施,提振实体经济发展信心。坚持"无事不扰、有求必应",建立企业诉求直通渠道,推动企业审批"零障碍"、办事"零阻力"。全面推行政务公开,推动市政府各审批部门将审批事项、审批程序、审批时限、收费标准、联系电话等有关信息集中公开。

撰稿人:刘华骥

2021年4月

如皋市民营经济发展报告

如皋市发展和改革委员会 如皋市工商业联合会

2020年，如皋市在南通市委、市政府的正确领导下，深入贯彻习近平总书记在民营企业座谈会上的重要讲话精神，扎实做好“六稳六保”工作，认真落实全市民营经济发展大会暨第三届通商大会精神，聚焦“三做一建”、疫情防控等中心工作，进一步解放思想、攻坚克难，持续探索优化民营经济营商环境路径方法，充分激发民营企业发展的活力和创造力，以实际行动答好南通“发展四问”，圆满完成民营经济发展各项年度目标任务，全市民营经济呈现稳中有进发展态势。

一、2020年全市民营经济发展情况

(一)注重规模质量提升，主体地位持续凸显

总量发展上，全市个体工商户、私营企业分别新增17357户、5356户，分别增长12.6%、23.7%；全年新引进注册超千万元以上市外民资项目531个，引进注册超亿元以上市外民资项目17个，各项指标均位居南通前列。

质量提升上，全市新增规模民营工业企业175家，新增亿元企业44家、10亿元企业2家，新增省民营科技型企业30家，新认定民营高新技术企业107家，梦百合家居、如高高压等2家民营企业纳税超亿元。

(二)注重特色产业培育，贡献份额不断提升

2020年1—12月份，全市完成规模以上民营工业增加值同比增加6.7%；实现规模以上民营工业产值同比增加4.6%；完成全部工业应税销售1702亿元，同比增长7.56%，总量位于南通第三；完成工业用电量42.39亿千瓦时，同比增长2.74%。全年实现民营经济入库税金90.21亿

元,同比增长0.39%,占全部税收比重 85.55 %。智能装备制造、汽车及汽车零部件、高端新材料、新一代信息技术、生命健康五大重点工业产业完成应税销售 785 亿元,占全市规模工业比重 80%,支撑作用显著增强。

(三)注重企业创新培育,发展格局日益优化

2020 年,全市战略性新兴产业、高新技术产业产值占规上工业比重分别达 32.3%和 40%。推动星球石墨获批国家制造业单项冠军示范企业,斯密特森、思源赫兹、汤臣汽配 3 家企业获评第二批国家专精特新“小巨人”企业,累计获评总数 6 家,位居全省县(市)区首位。全年新增省级专精特新“小巨人”企业 3 家、省五星级上云企业 1 家、省级示范智能车间 4 家。万达轴承荣获 2020 年省科学技术三等奖,力威机械实现南通民营企业主导制定国际标准零的突破。

(四)注重有效投资拉动,项目质效稳步提升

2020 年,全市完成固定资产投资额 476.5 亿元,增长 10.1%;规模工业投资同比增长 14.2%;全市新开工亿元以上产业项目 84 个,完成投资 109 亿元,其中 10 亿元以上工业项目 18 个、5 亿元以上服务业项目 4 个,竣工项目 93 个、竣工率 78.2%,转化达产项目 66 个、转化率 35.1%;续建重特大项目新增设备投资额 64.7 亿元,位于南通前列。

二、推进民营经济发展主要举措

(一)全力以赴抓复工复产,“双胜利”基础得到新巩固

一是一以贯之抓惠企政策落地。主动落实国家、省惠企政策和南通市“克难惠企 12 条”等扶持政策,第一时间编印发放《经济政策汇编》《防疫期间惠企政策汇编》《项目申报指南》,将政策进行“打包”推送;借助企业家微信群、如皋发布等媒体平台,对政策要点进行连续推送和导读(累计 6 期),引导企业关注政策的及时申报兑付;在全市范围开展 4 场“送政策到企业”宣讲活动,活动覆盖全市全部规模以上企业,有力有效地扩大了政策知晓度。经初步统计,全市全年减免各类税费达 26.2 亿元。

二是一如既往抓助企纾困解难。聚焦“六稳”“六保”,统筹协调、精准施策,采取援企稳岗、电力大数据分析等有力措施,降低企业用电成本近 1.12 亿元、用水用气支出 1130 余万元。本着“积极配套,增强企业获得感”

的原则,结合我市实际,研究出台制定《如皋市关于疫情防控期间加强企业用工保障工作的实施意见》《新冠肺炎疫情期间企业员工返岗交通补助发放实施办法》等扶持政策,兑现"点对点"接运员工补助209.9万元,全力解决企业用工需求。充分发挥市民营企业服务中心作用,切实解决企业各类问题诉求160多个,企业满意度100%。

三是一招不落抓企业疫情防控。坚持疫情防控和经济社会发展"两手抓、两手硬",制定出台《企业复工及疫情防控工作方案》等系列文件,实行派驻联系复工企业制和复工情况日报制,累计向企业调拨口罩113万只、防护服(隔离衣)1.8万件、额温枪800只,申领运输通行证3000余张,协调上下游关联企业复工数百家,有力保障企业复工复产。疫情期间组织31家防疫物资生产企业申报省级疫情重点保障企业,帮助企业享受国家税收优惠政策,有力对冲了企业受疫情冲击造成的影响。

(二)全力以赴抓项目建设,经济质效实现新提升

一是大力推进招大引强。坚持重兵会战、精兵招引,在上海、北京、深圳等地开展投资促进周活动,成功举办"一会两节",累计新签约10亿元以上重特大项目24个,投资总额超900亿元,省委书记娄勤俭见证签约总投资480亿元的金鹰如皋产业园项目,广大特材(如皋)产业园、日达精密模组等超百亿项目成功落户,有效筑牢了稳增长的"压舱石"。

二是扎实推进项目建设。开展"大项目突破年"活动,新开工亿元以上项目84个,完成投资109亿元,其中10亿元以上工业项目18个、5亿元以上服务业项目4个,竣工项目93个、竣工率78.2%,转化达产项目66个、转化率35.1%。入选南通市高端制造业项目5个。正威5G新材料、宏茂海上风电核心部件、力星高精度滚子研发中心等省重大项目开工建设。省、南通市重大项目完成年度投资计划。

三是持续推进园区建设。全面完成省级以上开发园区"区镇分设"改革,进一步发挥开发园区主阵地、主战场、主力军作用,整合推动特色产业集聚。五大共建园区基础设施配套全力全速推进,腾出发展空间6178亩,为30个10亿元以上民营项目成功落户提供有力支撑。

(三)全力以赴抓创新转型,实体经济汇聚新动能

一是积极培育主体创新。强化民营企业的主体地位,大力实施"2523"工业大企业培育行动计划、专精特新"小巨人"培育计划和高新技术民营企业"倍增"计划,引导企业加大创新研发投入,深入推进产学研合作,不断提高创新能力。全市新认定高新技术企业107家,新增省级工程技术研究中心4家、省级工业设计中心2家,获批省级资金类科技计划项目5项,新签产学研合作项目118项。主导或参与制定国家、行业标准9项,组建全国标准化分委会1个,新增国家级标准化试点项目2个、省级1个,创成国家基层标准化改革创新先行区。

二是科学优化产业结构。聚焦省政府提出的13个先进制造业集群方向,结合我市产业发展实际,着力打造"3232"现代产业体系。进一步理清全市重点制造业产业发展脉络,围绕推进产业基础高级化,产业链现代化,大力推动五大制造业产业在细分领域实行产业链垂直整合,上下游联动发展,不断提升产业能级,2020年五大制造业产业实现应税销售同比增长3.05%。

三是做优创新发展环境。制定出台《关于2020年推动经济高质量发展的激励意见》等财政性激励政策,从企业规模上台阶、技术创新、实施标准化和知识产权战略等方面对企业进行奖补,2020年奖励金额达11650.82万元。抢抓资本市场改革机遇,加大企业扶持力度,推动优质民营企业加快股改重组、挂牌上市,新增上市报会企业3家、过会企业1家。发挥金融集聚效应,提升产业引导基金规模和效益,撬动社会资本更好的服务民营经济,全年新增贷款总量269.5亿元,增幅南通第一,为民营经济跨越式增长提供强有力的金融支撑。

三、2021年目标举措

2021年,如皋市将继续认真贯彻国务院《关于营造更好发展环境,支持民营企业改革发展的意见》文件精神,全面对照2021年市委、市政府主要工作内容,立足新发展阶段、践行新发展理念、构建新发展格局,突出重点、创新办法、协同推进、多点发力,保障民营经济发展迈上新台阶。

(一)坚持项目至上,持续扩大有效投入,着力培育业态高端、产出高效的民营经济发展新引擎

秉持“项目为王、质效为先”理念,持之以恒大抓项目、抓大项目,为高质量发展提供硬核支撑。

一是高质量招引优质项目。围绕“3232”产业体系,持续猛攻重特大项目,密切跟踪央企、大型上市企业和产业链头部企业新一轮发展规划,深耕上海、苏南、珠三角等区域,突出科技创新、亩均投入、税收贡献等要素,进一步优化项目预审标准,着力招引一批战略型、基地型、功能型的民营项目,力争全年招引10亿元以上项目不少于32个、百亿级重大项目持续突破。继续强化“一把手招商”意识,配强招商力量,办好科技人才洽谈会和各类专题招商活动,切实提高招商成效。

二是高效率建设重大项目。开展“重大项目质态提升年”活动,健全月度观摩、集中开工、重特大项目“一项目一领导组”等机制,集中力量突破重特大项目,力争全年新开工100亿元以上项目2个、50亿元以上项目8个、20亿元以上项目12个、10亿元以上项目21个,入选南通市高端制造业项目5个。重点推动莱赛尔纤维等21个重大项目快开工,确保宏茂特钢、万达轴承等104个项目快达产,力争项目竣工率、转化率大幅提升。

三是高强度裂变扩张项目。鼓励骨干民营企业以规模提升、生产提“智”实现裂变扩张,实施超亿元技改项目30个、建成省级智能车间3个,确保纳税500万元以上民营企业技改全覆盖、规上民营企业技改面60%以上。大力支持民营企业利用资本市场直接融资,完善上市企业培育梯队,建立“一对一”挂钩服务制度,主攻企业入轨、上市挂牌,新培育上市企业2家、报会2家。

(二)坚持科技强市,加快集聚创新资源,着力增添引领加速、提升民营经济的创新创业新动能

突出创新核心地位,完善科创领导体制,推动产业链、创新链双向融合。

一是大力培育创新主体。深入实施高新技术企业“倍增计划”,加快培育和打造一批占据主导地位、具备先发优势的创新型领军民营企业,新认

定国家科技型民营中小企业200家、高新技术民营企业158家。建立企业研发投入普惠性奖励制度，新增省级企业研发机构4家，研发投入占GDP比重提升至2.7%。深化产学研协同创新，落地科技成果转化项目140个。深入推进标准化和质量提升行动，民营企业主导或参与制(修)订各级标准6项。

二是大力集聚创新资源。启动省技术创新中心建设，支持各主功能区创建国家级科技孵化器，搭建多层次科创空间载体。做优做强中科院化合物研究院、吉林大学汽车产业研究院、中乌第三代半导体研究院等科创平台，建成省级创新平台4家、省级众创空间2家，新增新型研发机构1家。充分发挥科技镇长团作用，持续推进产学研合作。深入实施“148高层次人才梯队”培养工程、“雉水英才”引进计划，力争新引进顶尖专家和高端团队4个、培育高层次创新创业人才30名。

三是大力优化创新生态。探索建立科创委，完善科技创新领导体制，推动科创资源高效配置。建立市场化产业引导基金运行制度，提升金融服务科技创新的能力，全年发放“苏科贷”“高企融资直通车”等各类科技贷款2.5亿元以上。健全“1+6”人才政策体系，探索有偿投资等创新创业资助方式，高品质建设青年人才公寓、国际社区，在住房、教育、医疗、社会保障等方面提供更优的人才政策。

(三)坚持转型升级，做实做强民营实体经济，着力打造集聚集约、特色鲜明的现代化民营企业新优势

坚持把发展经济着力点放在实体经济上，加快推进主导产业高端化、产业链条现代化，提高经济质量效益和核心竞争力。

一是培育壮大产业集群。深入实施“产业强链”行动计划，建立“八个一”工作推进机制，围绕智能装备、汽车和汽车零部件产业放大集群效应，推动新材料向价值链高端攀升，加快新一代信息技术全链条提档升级，增强生命健康产业发展新动能，促进五大制造业突破千亿级，不断提升产业集群优势。加快完善商贸物流流通体系，积极培育跨境电商、数字经济等新型业态，推动信息服务产业提质增效。

二是推动企业转型升级。实施引航企业培育计划，发挥日达智造等企

业的"链主"效应，培育一批掌握全产业链和关键核心技术的产业生态主导型民营企业。加大"2523"大企业、制造业单项冠军、专精特新"小巨人"培育力度，力争新增销售超百亿企业1家、50亿元企业1家、亿元企业30家、新开业规模企业60家以上。实施"千企升级"计划，优化产业配套半径，鼓励中小微民营企业围绕大企业生产需求，提升协作配套水平，促进大中小民营企业融通发展。

三是精准服务实体经济。落细落实支持民营市场主体发展的政策举措，着力解决融资、用地、用工等方面的难题，加快低效资产盘活，确保新增民营企业贷款30亿元以上，盘活闲置用地，完成南通下达任务。深化开发园区"去行政化"改革，完善市场化招商、企业化运作模式，加快建设氢能、光电及第三代半导体等一批产业园区，推动如皋港化工新材料产业园升格为化工园区。探索共建园区托管机制，重点打造城东工业区和磨头、下原工业园区。健全市领导挂钩联系优势产业链和重点企业机制，构建亲清政商关系，实施中生代民营企业家"磐石"工程、新生代民营企业家"雏凤"工程，培养更多创新意识强、家国情怀深的"张謇式"企业家。

撰稿人：白宝平

2021年4月

如东县民营经济发展报告

如东县发展和改革委员会　如东县工商业联合会

2020年,如东县在南通市委、市政府正确领导下,坚持以习近平新时代中国特色社会主义思想为指导,深入贯彻党的十九大和十九届二中、三中、四中、五中全会精神,精心谋划、严密组织,全力抗击新冠肺炎疫情,多措并举、攻坚克难,确保了全县民营经济运行平稳。

一、2020年民营经济主要指标完成情况

截至2020年年底,全县个体工商户在册87358户,比年初增长14.3%;全县私营企业在册20177户,比年初增长7.7%。

全县规模以上民营工业实现增加值比去年同期增长11%,比全市平均水平7%高出4个百分点。

全年民营经济实现税收收入71.08亿元,比去年同期增长12.79%;民营经济税收收入占全部税收的77.63%,比去年提高5.33个百分点。

1—12月,新培植规模以上民营工业企业52家,比去年同期的15家增长346.7%。

1—12月,引进市外民资项目有序推进。上报桐昆PTA等市外民资亿元项目27个,比去年同期24个增长12.5%。

固定资产民间投资增幅22.8%,在全市8县(市)区位居第一。

二、2020年民营经济发展主要情况

(一)加强组织领导,优化发展氛围

一是对民营企业服务机构进行认真研究,理清职责,并提出组建意见,目前机构已经获批,有编制8个。

二是组建了“政企通”微信群29个,1900多人分布在各个微信群。

三是组织300多家民营企业参加3月27日的全市民营经济发展大会,既做好主会场100名企业家的人员保障,也做好了分会场200名企业家的人员到会。

四是组织中天科技等17家民营企业申报市民营经济"十强企业",如东县有13家获得表彰。

(二)加强调查研究,抬高发展目标

一是对全县民营经济发展工作思路、目标、考核办法进行调研,形成了全年民营经济发展工作意见,印发到基层。

二是对全县所有规模以上民营工业和服务业企业复工复产中的问题加以调研,形成了汇报。

三是对县政协十五届四次会议263号重点提案办理进行调研,认真调查研究,建立纾困机制,突出从金融支持和存量盘活制定纾困目标,梳理办理清单,明确新增贷款100亿元,新增担保额5亿元,新增过桥3亿元目标。

四是开展"送政策进企业"调研,对全县规上677家工业企业和158家服务业企业逐企进行调查,听取基层呼声,找准服务着力点,做到有着落、有回声,得到基层好评。

(三)指导复工复产,开展村企联建

2020年初,新冠肺炎疫情发生后,广大民营企业生产经营受到严重影响,我们积极参与民营企业复工复产的把关和信息的上传下达。从2月初到4月底,历时3个月,我们走遍全县规上677家工业企业和158家服务业企业,指导复工复产,鼓励企业生产自救。对全县所有规模以上民营企业进行两轮服务指导,帮助企业克服困难。从7月开始,积极参与组织"百企联百村,共走振兴路"行动,参与方案制定和调研工作,对全县镇区街道的联建工作进行服务,先后对岔河、河口、外农等16个镇区街道98个项目进行服务跟踪指导。

(四)加强机制纾困,助力民营经济发展

一是运用杠杆,政策纾困。我们对本县民营企业运行情况进行认真的梳理、调研,反复听取基层民营企业等多方面意见,研究方法,实行分类施策。牵头会同县财政局等7部门联合研究印发了东发改〔2020〕103号《关于推动全县民营经济高质量发展政策意见中有关鼓励企业积极向上争取政策扶持的补充意见》;牵头3部门联合印发了东发改〔2020〕189号《关于印发如东县产融合作制造业重点企业科技型企业白名单的通知》;疫情期间,如东县在全市率先出台了金融支持企业复工复产八条意见,对资金困难的企业实行延期还本付息、降低担保费率、零利率转贷等政策。

二是舒筋活血,融资纾困。2020年年初以来,牵头组织中国银行、如东农商银行、县邮储银行、南京银行、农业银行、融资担保公司、动产质押监管公司等机构开展融资服务。在全县16个镇区、街道对120多家急需流动资金的中小企业现场开展了22场,近3亿元融资项目的现场咨询、融资策划对接活动。8月17日,召集全县各镇区、街道分管领导、经发局长、联络员,县农商行各支行负责人召开"推进三访三增,助力六稳六保"政银企对接启动会议。与县农商行交换了全县4000多家工业企业融资需求情况,县农商行安排50个网点支行进行逐家现场对接服务。9月组织邮储银行、担保公司逐镇区、逐街道服务对接,精准帮扶和精准纾困。辛苦付出结硕果,到12月末,全县普惠信用贷款余额24.31亿元,比年初增长75.6%,同比增长63.2%。

三是减税降费,缓压纾困。紧扣减税降费主题,在释放政策红利上为企业添力。1.积极落实上级减税降费政策,让利企业。1—12月份全县纳税人共享受减免税金41.77亿元,其中小微企业减免4.38亿元,全县新增减税降费规模达到37.77亿元,其中小微企业减免4.38亿元,全县新增降税规模达到13.76亿元。新冠疫情发生以来,为全县纳税人减免税金9.71亿元。2.减免社保费用。2—12月份减免企业职工养老保险费6.25亿元,工伤保险费2116.96万元,失业保险1442.55万元,合计阶段性减免各类社保费6.1亿元。通过落实阶段性减免社保费政策,有效地缓解了企业资金压力。3.降低电费。坚决贯彻上级规定,积极执行阶段性降低用电成本举措,累计减免电费10298.05万元。4.降水费。积极实施疫情防控期间自来水优惠政策。生产用水、特种用水到户价格降低0.10元/立方米,少收企业水费14.3万元。5.降低房租。东和集团、锦恒集团两大国有企业集团共减免租金260.96万元,各区国有企业共减免租金536.76万元。6.开展涉企违规收费自查情况。重点围绕进出口环节收费、企业融资相关收费、公共事业收费、物流领域收费、行政审批中介服务及行业协会收费、借疫情防控名义相关收费等为重点开展自查,全县未发现乱收费、乱罚款问题。

四是未雨绸缪,预防纾困。呼吁有关部门对升泰担保公司增资至3亿元,单笔授信担保门槛由1000万元提升至3000万元,撮合其成功与省再担保公司达成合作协议。推进有关部门起草了《如东县融资担保风险分担业务管理办法》和“园区保”框架协议,为县内中小微企业引入更多担保资源,着力解决贷款难贷款贵问题。

三、2021年指导思想

以习近平新时代中国特色社会主义思想为指导,深入贯彻落实县委十四届十次全委会精神,进一步优化发展环境、提升服务水平,强化政企沟通,助力全县民营企业高质量发展,为全县勇当长三角沿海高质量发展排头兵做出积极贡献。

四、2021年主要发展指标

1.新增民营纳税人8000户、一般纳税人1000户、应税销售收入500万元以上企业300家、纳税100万元以上企业80家;新增规模以上民营工业企业80家、规上民营服务业企业40家、限上商贸流通企业40家,民营工业增加值增幅8%。

2.新引进亿元以上市(县)外民资项目22个;固定资产民间投资增幅10%。

3.新增高新技术企业60家。

4.新发展个体工商户10000户、私营企业2000户。

5.全年贷款担保5亿元,转贷额5亿元。

6.培育形成100家具有专精特新特色的中小企业培育库群体。

7.争创5家国家制造业“单项冠军”和省以上专精特新“小巨人”企业。

8.全年培训2000人次。

五、2021年主要工作措施

2021年是“十四五”开局之年,面对复杂多变的经济形势,我们要主

动作为、埋头苦干,加快创新、转型发展,把新冠肺炎造成的损失夺回来,重点做好以下四个方面的工作:

(一)提升施策水平,助力企业纾困解难

一是强化政策宣传解读。联合县促进中小企业发展领导小组成员单位,加强惠企政策的宣传解读,确保企业掌握和理解最新政策,确保各项纾困措施直达企业、直接惠及市场主体,提高政策的知晓度,全年开展专场宣讲活动两场以上。

二是指导企业政策申报。会同民营企业服务中心编制县级工业和信息化政策项目申报指南,明确政策申报条件、流程和具体联系人,召开政策申报辅导会,精准引导企业申报,提高政策的兑现速度。

三是加强政策分析研究。通过走访企业、召开座谈会、电询等方式,广泛听取企业、行业对现行政策的意见建议,会同相关部门加强研究论证,及时修改完善相关政策意见,提高政策的精准度。

(二)营造良好氛围,提振企业发展信心

一是开展企业金牛奖评选。组织开展第四届企业金牛奖评选活动,提请县委、县政府召开第四届企业金牛奖表彰大会,进一步弘扬企业家精神,营造全社会尊重、理解、支持企业家的良好氛围。

二是巩固清欠工作成效。贯彻落实《保障中小企业款项支付条例》《江苏省清欠漏报瞒报等行为处理工作方案》,常态化开展清欠工作,高效率处理投诉举报。宣传《政府采购促进中小企业发展管理办法》,发挥政府采购政策功能,促进中小企业发展。

三是提供优质高效服务。利用社会力量,为中小企业提供创业辅导、人才培训、管理咨询、财会税务、技术支持等各类服务活动,全年拟组织参加市张謇企业家学院等公益培训400人以上。

(三)引导创业创新,提升企业竞争力

一是建立企业培育库。重点围绕全省13个先进制造业集群,聚焦各地专精特新小巨人企业、高新技术企业、优势成长企业、科技型中小企业、四新类企业,分类制订入库标准条件,各镇区、街道负责组织遴选入库企业,经企业自主申报,各地对照培育企业标准,结合当地实际,将一批拥有核心技术的成长性好、专业化水平高、创新能力强、产品服务特色化明显的企业纳入培育库,确保入库培育企业超100家。加强对入库培育企业的运行监测和动态管理,对不符合入库标准的企业,取消入库资格。

二是开展培育升级行动。按照建设自主可控先进制造业体系的要求,推动企业开展共性技术、关键技术攻关,提升产品和服务竞争力。支持建设以中小企业为主体、科研机构广泛参与、产学研紧密结合的产业创新联盟,归纳梳理全县共性技术需求,统筹推进各类联合创新项目。积极鼓励企业参与国际、国家和行业标准制订修订,建设企业技术中心,创建省级制造业创新中心,实施标准领航质量提升工程,培育标准领航产品。实施中小企业知识产权战略推进工程,在全县推广产品专利标志工作。

三是支持企业加快技术改造。鼓励企业结合行业特点和自身实际,对研发设计、生产制造、企业管理、售后服务等环节进行提质改造,加快推进应用新技术、新工艺、新装备、新材料,加快成套设备改造更新,提高产品技术、安全和质量工艺。鼓励引导企业加大在"四基"领域(核心基础零部件(元器件)、关键基础材料、先进基础工艺和产业基础技术)的技改投入,推进强基工程项目建设。积极鼓励以安全环保为方向的改造投入,有效提升安全生产保障能力和环境保护技术水平。推进智能化改造,支持企业推广"机器换人",加快智能车间、智能工厂和智能领军企业建设。

四是推动企业两化深度融合。实施"企业上云"三年行动计划,加大对上云企业的资金奖补,支持企业应用云产品,将数据、设备及业务系统向云端迁移,大力培育"星级上云企业";积极引进贯标服务机构,鼓励企业开展两化融合管理体系认证;支持企业创新应用工业大数据,开展工业互联网关键技术攻关与推广应用,培植工业互联网平台和标杆工厂,加快培育工业互联网特色基地。

五是支持企业提高绿色水平。推动企业节能降耗和绿色制造,深入开展重点用能单位"百千万"行动,引导推动企业节能降耗,建设绿色工厂。鼓励企业建立健全从项目建设到产品开发设计、生产制造、销售服务的全生命周期绿色管理体系,通过推进企业清洁生产,制定源头管理和末端治理相结合措施,实现绿色制造。

六是支持企业提升管理水平。引导企业提升企业基础管理能力,建立健全全员、全流程、全生命周期的安全与质量管理体系,鼓励企业积极采用国际先进的产品标准和质量管理标准,选择一批制造业企业组织实施5S/8S现场管理试点示范工程,促进企业加强生产现场管理。指导工业和重点行业企业加强安全生产管理,提升本质安全水平。支持各镇区、街道建立企业管理诊断制度,利用咨询机构和专业志愿者开展管理诊断、管理咨询服务。聚焦企业专精特新发展需求,注重对新生代企业家的培养,每年引进和培训一批企业领军人才、企业管理人才和企业数字化人才。

七是支持企业培育质量品牌。推动企业贯彻品牌培育管理体系系列行业标准,支持企业制定并实施品牌战略,建立完善的品牌培育管理体系,培育自主品牌,提升品牌价值。支持企业争创质量标杆,争创省和国家质量奖项。

八是支持企业应用金融服务。促进企业与金融机构、私募股权与创业投资基金管理人等方面的对接合作,优先支持企业充分利用"专精特新贷""苏科贷""苏微贷"等金融产品降低成本。加强对企业上市挂牌辅导,支持企业参加区域性股权市场"专精特新板"挂牌和市场化运作,鼓励企业拓宽融资渠道,做大做强。支持上市、挂牌公司进行再融资、并购重组等。

九是促进大中小企业融通发展。总结推广一批基于供应链协同、基于创新能力共享、基于数据驱动和基于区域生态的融通模式。围绕省确定的13个先进制造业集群,培育一批制造业"双创"平台试点示范项目,形成大企业带动中小企业发展、中小企业为大企业注入活力的融通发展产业生态。建设融通发展平台载体,支持实体园区打造大中小企业融通发展特色载体,努力创建省市中小企业公共服务示范平台和小微型企业创业创新示范基地。

(四)强化政企沟通,激发企业干事热情

一是强化政企沟通联系。通过走访调研、专题座谈和挂钩联系等方式,加强与企业家的联系,掌握企业发展动态,进一步构建亲清新型政商关系,发挥政企协调沟通作用,及时回应企业关切,高效解决企业发展难题。

二是开展服务专项行动。整合部门优势资源,组织税务、人社、科技、市场监管等部门人员组成的“服务小分队”,走进企业“面对面”提供指导和服务,拟不定期分行业和地区开展2~3次。

三是加强融资对接帮扶。继续组织政银企保对接活动，争取做到镇区、街道全覆盖,调整产融合作制造业重点企业白名单,推动制造业和金融合作,提高金融服务制造业效率,增强工业企业融资获得感。

撰稿人:缪寿明

2021年4月

启东市民营经济发展报告

启东市工业和信息化局　启东市工商业联合会

2020年,启东市突出"对接浦东第一棒,百强年年进两位"的新定位,坚持稳中求进工作总基调,自觉践行新发展理念,牢牢把握高质量发展要求,面对复杂严峻的国内外经济形势,面对新冠病毒疫情的不利影响,全市上下积极应对民营企业发展中遇到的新情况、新问题,加强指导服务,整体呈现平稳运行,持续向好的发展态势。

一、2020年民营经济发展基本情况

(一)全民创业稳中有进

2020年,启东市新增个体工商户9889户,新增私营企业3192家。至12月末,个体工商户达到81904户,私营企业21318家。民营经济入库税金达89.48亿元,占全部税收比重为85.49%。

(二)民营工业稳中向好

2020年,启东市规模以上民营工业增加值比上年同期增加7.4%,规模以上民营工业产值比去年同期增加4.4%。应税销售净增2000万元以上民营企业累计达179家,其中超亿元企业37家,全市工业企业实现应税销售955.4亿元,同比增长16.9%。

(三)民资投入稳中趋强

2020年,启东市固定资产民间投资增幅达到5.9%,其中私营个体经济增幅4.5%。全年引进超千万元以上市外民资项目52个,注册资本22.87亿元,引进投资超亿元市外民资项目18个。

二、2020年推进民营经济发展的主要做法

(一)建立服务网络,落实组织保障

启东市继2019年成立民营企业服务中心之后,于2020年1月成立了市政府促进中小企业发展工作领导小组，加强对民营经济发展的组织力量。为构建政府服务平台,拓宽政企沟通渠道,建立了启东经济工作群,启东市政企直通群等各层各类微信群。同时,各区镇也相应建立了政企交流群,畅通沟通联系渠道,方便企业反映问题,便于政府了解诉求。为深入贯彻落实市委、市政府"千家企业百日行"活动的要求,作为"千家企业百日行"活动的延伸和拓展,由发改委牵头建立了"启东政企云"App,搭建了政企沟通的平台,上线一年多来,反响良好。

(二)完善政策措施,凸显政策引领

根据《关于营造更好发展环境,支持民营企业改革发展的意见》等上级出台的各项政策措施,结合市委、市政府关于转型升级、降低成本的一系列政策措施,2020年以来,组织汇编了《支持民营企业发展政策选编》,涵盖了高质量发展、优化营商环境、大企业培育、人才、行业等政策,让企业通过一本汇编就能了解各项涉企政策,进一步营造了宽松的政策环境,坚定了企业发展信心。针对疫情对企业的影响,启东市出台了《启东市人民政府关于全力应对疫情,支持企业发展"1+N"政策意见》,帮助企业渡过难关,减轻疫情带来的损失,并促使企业通过各种方式转型升级,促进企业价值链延伸,逐步实现高质量发展。下半年又对原有的政策进行了修订,相继出台了《2020年培育"1521"工业大企业的实施意见》《关于加快推进工业经济高质量发展的若干意见》。通过出台一系列政策措施,加强了对民营企业发展的引领。2020年以来,根据政策规定,累计新增减税降费资金15.2亿元,市财政累计兑现产业奖励扶持资金12452万元。进一步强化"一企一策"工作力度,切实帮助企业解决困难,支持企业做大做强。

(三)培育创新载体,坚持创新驱动

突出企业创新主体地位,大力培育创新型领军企业、科技型中小企业和高新技术企业,充分发挥企业自主创新的作用,带动中小企业的转型升级。推进知识产权战略实施,进一步提升专利创造的质量。加快创新载体建

设,全力推进了北大生命科学华东产业研究院、尚华启东生物制药科创中心等创新功能平台建设,打造一批特色鲜明、功能集成的重大创新载体。截至2020年年底,全市高新技术产业产值占规模工业产值比重达54.6%。坚持企业创新主体地位,申报省企业重点实验室1个、新型研发机构奖补项目1个、省企业工程技术研究中心3家(申报3家,立项2家)。新增星级"上云"企业11家。捷捷微电成功申报国家第二批专精特新小巨人企业;道明化学、江苏南方润滑、领星医学、润邦海洋、联测机电等5家企业成功申报南通市级专精特新小巨人企业;北大生科华东产业研究院成功申报南通市级小企业创业创新示范基地。推动金融服务实体经济,推进企业主板上市、"新三板"挂牌,借力资本市场做大做强,联测科技成为全市首家科创板上市企业。认真落实"人才新政",进一步优化我市"东疆英才计划",大力引进"高精尖缺"专业人才,努力形成产业集聚人才、人才引领发展的良性循环。出台2020版人才新政,构建"1+X"政策体系,引进各类高层次创新创业人才275名。

(四)打造服务平台,实现精准服务

以现有中小企业创业基地为依托,建设民营企业综合服务平台,整合社会中介服务机构,吸纳具备条件的融资担保、信用评级、财税代理、法律顾问、管理咨询、人才培训、电子商务等专业服务机构入驻,抓好政策、服务、信息的整合、链接、共享工作,为民营企业提供一站式服务。加强对民营企业融资环境状况的调研,严密关注中小企业融资风险。2020年以来,启东市组织开展了"一行一区镇""百名行长进百企""重大项目融资对接活动"等金融服务实体经济系列活动,对各类企业尤其是受疫情影响较大的企业进行走访调研,切实了解企业所需,纾解企业所困。全市各金融机构集中走访企业229家,举办银企对接会39场,各家银行共计创新金融产品20余项,为93家企业新增授信19.11亿元;通过重大项目融资对接活动共排摸45个项目,资金需求525.89亿元,已落实资金78.5亿元。启东国投融资担保公司积极响应号召,充分发挥政策融资担保职能作用,加大马力为企业服务,通过降低费率,高效便捷服务等一系列措施,保障企业融资通道顺畅,为企业尽快复工复产提供了有温度的担保服务。

(五)优化营商环境,护航民营企业

持之以恒抓好营商环境的优化,切实规范执收单位收费行为,全面清理涉企收费,深化收费清理改革,确保清单之外无收费,让企业享受到各项优惠政策带来的红利,切实减轻负担。促进税收优惠政策落地。全力攻坚“1120”改革,在开办企业、不动产登记、施工许可等审批服务领域,进一步压缩审批时限、精简审批材料、简化审批流程。推行企业开办“一件事、一次办、零费用”,在南通率先推行免费刻制公章、发放创业礼包。以“一网、一门、一次”改革为核心,构建线上线下功能互补的“互联网+”政务服务新模式,积极打造掌上办、网上办、自助办、政务大厅全程可办、线上线下融合的便民利企多种政务服务模式。深化“互联网+”政务服务,打破政府与企业、企业与企业间的信息壁垒,有效提高政企协作效率、大力营造良好政务服务环境。加快推进社会信用体系建设,进一步完善了“一网两库一平台”基础设施,规范实施行政执法公共信用信息归集,对主动纠正失信行为、消除不良影响的企业,给予补救措施。

(六)弘扬张謇精神,培育企业家队伍

积极开展对民营企业家的培训,提高启东企业家队伍的整体素质,推动民营企业人员、文化、技术和管理水平等综合素质的全面提升。组织部分重点企业参加南通市工信局、民企服务中心举办的赴浙江大学“南通市重点企业做大做强,决战过万亿专题研修班”;针对新冠疫情带来的企业运行困难、融资困难等问题,组织企业参加“当前经济形势与资本运作专题培训班”,帮助企业掌握最新国家政策动态,通过主动求变、优化产业布局、创新资本运作等“化危为安”,提高企业运营能力和水平;为优化企业法治环境,推动企业经济持续健康发展,组织企业参加免费的“法律云体检”活动;组织企业参加省工信厅举办的省产业人才“精益管理”专题培训班和省产业人才“卓越绩效模式”专题培训班等。通过各级各类培训,为民营企业的长足发展提供了理论指导,企业的运营管理水平得到相应的提升。

(七)突出政府指导,强化疫情服务

针对突发的疫情冲击,启东市有的放矢全面开展各项服务工作,帮助企业渡过难关,减轻疫情带来的损失。及时向企业宣传省、市疫情防控最新工作指示,通过发布公开信等通俗易懂的形式,加强对企业及员工的教育和培训;坚持以"三优先、一强化、六到位"原则,逐步、有序、可控的推动企业复工复产,组织商务、人社、财政等9个部门,下沉到企业,深入企业防疫防控一线,帮助企业进行复工报备,帮助相关企业弥补防疫防控中存在的问题;抽调全市13家市级机关,组建201支机关帮服小组,强化"爱启护企"责任,深入企业防疫防控一线,对接全市1000家企业开展帮服工作,切实帮助做好企业疫情防控、人员管控、复工指导等方面工作,帮助企业尽快复工复产,切实做到防控疫情、发展生产两手抓、两手硬,全力争取开门红。截至4月底,全市基本恢复生产。

三、2021年工作打算

(一)推动政策精准落地

一是抓好政策落实。推动中央、省级等各项促进民营经济发展的政策效落地,权威公布涉企政策清单,拓宽宣传申报渠道,提高政策透明度和知晓度。在全面落实已出台政策的基础上,进一步研究制定独具启东特色的优惠政策,建立企业家参与涉企政策制定机制,充分了解和听取企业家实际需求,让涉企政策更接"地气"。

二是降低运行成本。在减税降费方面,放大财税政策"四两拨千斤"的效应,继续削减涉企行政事业性收费,减少涉企经营性收费,确保涉企收费只减不增、能减尽减。在土地方面,实行减少用地"增减挂钩"机制,对重大项目实行"点供",把"好钢用在刀刃上";通过适当调整工业用地出让底价、分期缴纳土地出让价款等方式,降低企业用地成本。在用工方面,大力实施新型技能大军培育工程,深化企业用工服务对接,努力破解企业用工荒。

三是解决融资难题。引导金融机构突出主业、重心下沉,加大金融产品创新力度,支持发展创业投资和天使投资,促进更多的金融活水流向实体经济。着力为金融机构发展创造良好环境,对支持企业发展的金融机构予以表彰鼓励,努力构建政银企命运共同体,打造政银企良性互动、持续合作共赢的新格局。积极探索建立"财税银联动"新模式,为信用良好的民营企业开辟"绿色通道"。支持民营企业上市,推动企业在中小板、创业板和省股权交易中心挂牌,鼓励企业发行企业债、公司债等债券,更好地满足企业发展需求。

(二)全面激发创新活力

一是充分发挥科技带动效应。把提高民营企业科技创新能力作为核心环节,完善协同创新网络,打造优良创新生态,从整体上提升企业的技术创新水平。大力实施“1521”工业大企业培育工程,集聚优势资源,梯度培育一批具有带动力竞争力的龙头企业,不断做大实体经济总量。扶持企业建立工程技术研究中心等载体,加大新技术、新工艺、新产品研发力度,掌握自主知识产权。着力打通成果转化的“最后一公里”,加快构建产学研金介政“六位一体”协同创新模式,鼓励民营企业向国内外高校、科研院所预订科技成果。

二是充分发挥人才雁阵效应。认真落实“人才新政30条”,以东疆英才、基础性人才倍增等工程为抓手,重点引进一批善于组织科研团队、能够统筹要素配置、掌握核心技术成果的“高精尖缺”人才,促进企业发展从“投资扩张型”向“创新驱动型”转变,畅通企业引进人才的落户渠道,落实好人才安居政策,让更多人才扎根启东。深入实施企业管理人才培育工程,创新企业人才培育方式,更积极、更开放、更有效启东开展企业经营管理人才培育工作,不断提高企业管理人员综合素质。

三是充分发挥平台的集聚效应。依托北京大学生命科学华东产业研究院、药明康德启东研发中心等创新平台,加快建立以企业为主体、市场为导向、产学研深度融合的技术创新体系,进一步集聚高端创新资源要素,不断提升创新浓度。围绕增强企业资源要素获取能力,着力打造产业链精准对接、大型仪器设备共享、专利交易等服务平台,助推企业实现科技创新、管理创新、产品创新、品牌创新,最大限度启东增强民营经济发展的动力和活力。

(三)构建新型政商关系

一是打造平等规范的市场环境。规范企业经营行为和市场经营秩序,坚决制止各种不正当竞争和侵犯消费者权益的行为,严厉打击假冒伪劣、偷税漏税等违法经营活动。减少对质量信用度高的企业产品抽查频次,加大对诚信经营、履行社会责任先进企业和优秀企业家的表彰力度,在工程招标、重点项目、融资服务等方面给予倾斜。

二是打造高效透明的政务环境。以“三深化三全面”为核心，深入实施“2330”工作方案，加快全市域“一端一网一库一平台”建设，不断提高服务企业效率。把窗口向下延伸到区镇、街道层面，实现“网格化”；把帮办对象由重点项目延伸到小微项目，实现“普惠化”，不断提升服务便捷度。准确把握和落实好构建新型政商关系的要求，把支持民营企业发展作为分内之事、重要任务，秉持一颗“公心”，理直气壮的帮助企业解决困难，做到清而有责、亲而有为。

三是打造公平公正的法治环境。保护民营企业合法权益，坚决打击侵犯民营企业产权的行为，建立更有效率的知识产权侵权查处和纠纷解决机制，让民营企业放心投资、放手发展。实行“柔性管理”“包容监管”，对民营企业经营中的轻微违法行为，审慎研究、妥善处理，可以通过说服、建议、协商等手段解决的，以教育为主，决不一罚了事。严格规范涉企执法检查行为，推行“双随机、一公开”监管，深化“一支队伍管执法”，切实杜绝“一事多罚”，全面优化执法环境。

撰稿人：张华　孙林

2021 年 4 月

崇川区民营经济发展报告

崇川区工业和信息化局　崇川区工商业联合会

2020年以来，崇川区深入学习贯彻党的十九大精神和习近平新时代中国特色社会主义思想，主动应对宏观经济形势发展变化，积极应对疫情影响，攻坚克难、创新举措，推动全区民营经济高质量发展。

一、基本情况

（一）经济实力进一步壮大

截至2020年年底，全区规模民营企业有1383家，占全部规模企业的约88.7%。其中，规模民营工业企业有237家，约占规模工业企业数量的77%；规模民营服务业企业有303家，约占规模服务业企业数量的82%；限上批零民营企业有655家，约占限上批零企业数量的95%；规模民营建筑业企业有188家，约占规模建筑业企业数量的96.9%。

（二）创新能力进一步增强

每万家企业法人中高企数达126家，同比增长59.5%，高新技术产业产值占比全市第一，入选省“双创人才”9人。中国长城（江苏）国产计算机成功下线。海宏建设、通富微电分获国家科技进步特等奖、一等奖，中远船务参研项目获中国工业表彰奖。南邮研究院“创芯空间”获评国家级众创空间。京源环保、国盛智科、赛晖科技3家企业成功上市。

（三）企业活力进一步释放

全区坚持量质并举，大力弘扬“劳动为本、创业立身”的理念，激发全民创业热情，形成了全社会争当创业者和投资者的浓厚氛围，推动民营经济发展在高平台上实现新提升。2020年全区个体工商户数和私营企业数分别累计为12.8万户和5.7万家。2020年新增“四上”单位476家。11家民营企业入围全市营业收入百强,2家民营企业跻身江苏民营企业百强。

(四)载体能级加快提升

2020年,市北科技城获评全市唯一长三角共建省际产业合作示范园。南通智慧产业集聚区、综合电子商务产业园获评省级生产性服务业集聚示范区。信创产业园初具规模,长三角网络安全产业园顺利开园。省级车联网先导区获准创建,车联网示范应用项目入选省“十大示范应用工程”。全市首个都市工业综合体华汇智谷快速推进,18家科技型企业签约落户。

二、主要工作

(一)强化政策引导

结合区情实际,制定出台应对疫情具体措施,对市“克难惠企12条”意见进行再细化再深化,形成应对疫情支持中小企业共渡难关的实施意见,帮助中小企业解决生产经营困难,树立发展信心。加快各类政策资金兑现。2020年以来拨付服务业引导、科技进步、工业发展、文化产业、人才等奖补资金超3亿元。

(二)加大民营企业帮扶

对承租区内国有资产类经营用房的中小企业、个体户,实行租金减免,已累计减免租金近3000万元。积极引导天安数码城、软件北园等小微企业创业创新基地为租户减租,目前累计为基地内租户减免租金超200万元。

(三)加强政企互动

我们分条线、分类型建立了区规模企业微信群、企业项目申报工作QQ群、街道工作联系群,凡重要涉企政策第一时间发布在群里,形成良好政企互动。实施挂钩重点企业制度,由区领导挂钩联系重点企业,帮助企业协调解决发展难题,提供政策咨询和辅导,稳定和增强企业发展信心。积极推广崇川“兴企通”平台,目前覆盖近500家企业,实现全区涉企扶持政策发布、申报、评审等业务“一网打尽”。

(四)加大要素保障

一是在金融保障上,通过“融金惠通帮企行”“金融服务双月行”等活动，为企业融资难题“把脉问诊”，为128家企业解决融资难题。畅通线上融资渠道，持续推动江苏省综合金融服务平台建设，引导6174家企业接入平台，1266家企业获得融资55.7亿元。

二是在就业保障上，2020年以来，面对疫情影响，全区开展人力资源“双招双引”活动，构建渠道多元、对接精准的“招才招工”“引人引智”市场招聘模式，创新推出“直播推介+线上平台互动”的“云就业”直播招聘模式，共举办线上线下招聘会100场，提供32000个就业岗位，新增就业21000人，新引进高校毕业生12053人。

三是在物资保障上，全区召开医疗物资保障组会议，明确工作职责，对医用N95口罩、医用防护服(D级)等29类物资的采购数量、采购方式、招标标段划分均进行了明确，并起草《崇川区新冠肺炎防控物资储备管理办法》。

四是在项目保障上，对重大建设项目实行帮办代办。积极推行工作日延时、节假日预约、主动上门、定期回访、量身定制等服务内容，推行特事特办、全程监督、跟踪服务，为企业提供全天候“管家式”代办服务。针对建设项目事项审批，简化审批流程，实施并联审批，提高审批效能；针对重大项目，在一次性告知审批要素，项目单位及法人代表作出诚信承诺后，实行“容缺审批”。

三、2021年工作举措

(一)做强产业经济

做大做强制造业。聚焦电子信息、高端装备、新材料、绿色建筑等四大优势产业，支持通富微电、涵润科技等重点企业，力促电子信息产业产值达到200亿元。加快释放政田重工、国盛智科等新建项目产能，引导高端装备产业产值增幅10%。把握新材料发展方向，发挥新帝克等龙头企业带动作用，进一步细分行业门类，力争新增关联企业不少于20家。支持建工集团、华荣建设等本地企业与中字头、国字号合作，在建筑装备、节能环保等领域持续加大研发投入，积极培育新增长点。全面繁荣现代服务业。引导“两业”融合发展，培育示范性企业3家以上，支持九一网络、游加信息等4家企业，争创市级以上生产性服务业领军企业。发力楼宇经济，启用楼宇信息平台系统,加快集聚科技金融、信息技术、总部经济等楼宇项目,新增亿元楼宇5幢,力争税收超5亿元、10亿元楼宇实现新突破。

(二)聚力项目突破

招商引资再推进。围绕主导产业,紧盯北上广深等重点区域,大力推动重大项目招引。精心组织信创、车联网、人工智能等产业论坛12场,搭建行业龙头、投资基金、顶尖专家交流平台,密切跟踪央企、上市企业和产业链头部企业,集中力量攻坚50亿元和百亿元级重特大项目。强化以商引商,发挥产业基金撬动效应,着力突破一批基地型、旗舰型大项目。项目建设再加速。锁定开工、竣工、达产三大节点,持续实行“四个一”高效推进机制,推动项目建设提速增效。全面落实项目建设公示承诺制,优化联审联批、全程代办等流程,提升服务效率,确保大鹏激光、大地电气等项目尽早开工。落实专员跟踪会办,紧扣设备投资、形象进度等环节,推动京芯光电等项目投产运营。坚持“亩产论英雄”,推行企业资源利用绩效综合评价,全力盘活低效用地,为大项目、好项目腾出发展空间。

(三)大力推进科技创新

开展科技创新主题年活动,针对“初创型、成长型、骨干型”科技企业差异化需求,进一步完善政策扶持体系,最大限度激发全社会创新活力。依托科技部领军人才创新驱动中心,全面落实“人才新政18条”。深入推进“小升高”“专精特新”培育计划,鼓励企业设立高水平研发机构,力争高企保有量突破400家。深化“一基金两基地”合作,加快提升南邮研究院、青创园等载体运营水平,更高效承接苏南和上海科创资源。主动策应“一带一路”,通过国际展销、建设“海外仓”“互联网+”等方式,鼓励本土企业“走出去”,推动纺织服装、船舶海工等优势产业出口份额提升2个百分点。加快跨境电商综合试验区工作站建设,扩大与阿里、京东等知名电商合作,培育一批电商标杆企业。

(四)打造一流营商环境

深化“放管服”改革,出台优化营商环境系列实施意见,持续提高政务服务便利度。强化企业“全生命周期”服务,推行市、区一体化政务服务,全面落实“一网通办”。压紧压实首席服务员责任,打造“崇川服务”品牌。加快张謇企业家学院建设,大力实施素质提升工程,完善企业家交流联系机制,着力培养"张謇式"企业家群体。开展"金优工程",鼓励企业对接资本市场,打造资本市场"崇川板块";构建"政金企"合作平台,引导金融机构加快产品创新、服务创新,着力缓解中小企业融资难题,推动地方金融机构做优做强。载体能级再提升。支持华汇智谷精准招商,率先建成全市都市工业综合体样板,全力推进中国电子东部智谷项目。

2021 年 4 月

通州区民营经济发展报告

通州区发展和改革委员会　通州区工商业联合会

2020年，通州区深入贯彻习近平总书记视察江苏重要指示和全面推动长江经济带发展座谈会重要讲话精神，以“稳中求进、改革创新”为发展总基调，以弘扬新时代企业家精神为目标，大力培育张謇式民营企业家群体，持续优化创业环境，扎实推动通州民营经济蓬勃发展。

一、全区民营经济总体发展情况

2020年，全区个体工商户、私营企业户数、私营企业注册资本累计分别为113400户、28055户、1642.3362亿元，全年新增个体工商户22191户，新增私营企业户数5567户，全年新增私营企业注册资本229.8704亿元。规模以上民营工业增加值339.98亿元，增幅3.8%。全区固定资产民间投资同比增长13.1%，引进投资额超千万元以上市外民资项目66个，注册资本57.26亿元，其中亿元以上项目13个。

二、主要做法及成效

(一)成立服务中心，服务机制不断完善

为进一步优化营商环境，促进民营经济、中小企业加快发展，2020年8月，成立了通州区民营企业服务中心，做到编制到位、人员到位、职责明确。中心成立以后迅速开展各项服务企业活动，为企业提供政策信息、管理培训、供需对接等综合服务，帮助协调解决企业运行的困难，做好企业发展的“服务员”，实现服务民营企业工作常态化、制度化、便利化，完善服务机制，着力打造一流的营商环境。

(二)聚焦创新驱动，企业培育结出硕果

推进企业规模化发展，新增规上工业企业118家，新增20亿元和50

亿元销售企业各1家。推动企业数字化转型，新增两化融合贯标企业5家,星级“上云”企业21家。推进制造业智能化发展,实施市级以上智能化技改项目21个。新增省市级智能车间7个、“首台套”7个、企业技术中心5家。成功组织推荐18家企业入选南通市优秀民营企业,分别获评“市十强民营企业”“市十大规模上台阶民营企业”等称号。开展“通州区专精特新小巨人企业及公共服务平台、基地培育专题培训会”,经过努力,1家企业成功认定省级中小企业公共服务示范平台;10家企业成功认定市级专精特新小巨人企业;4家企业成功认定省级专精特新小巨人企业,2家企业通过工信部第二批专精特新“小巨人”企业审核及公示。

(三)强化要素保障,载体建设不断完善

加强载体运营管理,完善园区配套服务功能,不断提升创新载体运行质量和效益。南通高新区专业化服务能力显著提升,江海圆梦谷获评四星级科技服务类主题楼宇。加快创新要素提质。深化人才强区战略,入选省“双创计划”9个、市“江海英才计划”25个,引进高层次人才71人,新增专业技术人才1.8万人。加大科技奖补扶持力度,下达高企奖励资金470万元,发放市区两级产学研补助969万元。深化科技金融合作,“苏科贷”累计放贷1.1亿元。发起设立主导型子基金和市场化子基金各3支,规模分别为28亿元和14亿元。科技成果加快转化，实施产学研合作项目152个,其中,沪通科技合作项目14个。万人发明专利拥有量43.98件。3家企业获省市质量奖,江海电容器获省战略性新兴产业发展专项资金支持,海星电子获首批“江苏精品”认证,沃太能源获评省知识产权战推项目。

(四)强化调研培训,服务水平不断升级

加强走访调研,突出组织培训,不断提升民营企业抵御风险的能力,提高核心竞争力。针对疫情期间企业生产经营存在的困难,全区重点企业进行全面调研,做到规上企业走访全覆盖,帮助企业解决生产经营中的困难;组织开展各类企业活动,如企业界学“苏州三宝”活动、重点企业“对接超市”活动等,通过与企业负责人更直接、更深入的沟通,了解企业发展的瓶颈;组织区重点企业负责人参加了浙江大学举办的“南通市重点企业做大做强,决战‘过万亿’研究班”,组织部分中小企业负责人参加北京大学名师管理论坛;开通民营企业诉求直通车,及时回应民营企业各项诉求,帮助企业及时了解市、区两级各项优惠政策。

(五)激发改革活力,营商环境不断优化

细化《2020 年通州区优化营商环境工作要点》,出台区领导挂钩联系重点企业工作制度,开展“服务暖千企”“百人进万企”特色活动,强化“一对一”为企服务,研究出台《通州区支持“个转企”实施方案》,鼓励引导全区个体工商户向现代企业转型,培育私营企业 189 家。行政审批权力向基层延伸,赋权南通高新区市级审批事项 11 项。发挥“一站式”集成服务窗口作用,实现企业开办全流程“半日办结”。建设一体化在线政务服务平台,部署政务服务事项 2248 个,办件 17107 条。落实电、气价格优惠政策,为企业减负 1.3 亿元。实施“双随机、一公开”监管,推行柔性执法,建立失信主体容错纠错机制,为激发和保护市场主体活力营造了良好环境。

三、2021 年民营经济工作重点

2021 年是“十四五”的开端之年,通州区将坚持稳中求进工作总基调,继续贯彻落实习近平总书记视察江苏重要讲话指示精神,始终围绕“五位一体”的规划总要求,持续推进大众创业、万众创新,优化创业环境,鼓励和支持民营企业创新发展,扎实推动通州区民营经济蓬勃发展,主要做好以下几个方面:

(一)着力培育中小企业走专精特新发展道路

围绕“一主一新一智”三大主导产业,大力培育专精特新、单项冠军,推动我区产业领军企业梯队发展,走专业化、精细化、特色化、新颖化之路。对照创建标准,深入开展摸排梳理,加大宣传力度,落实奖励政策,把创新培育摆在产业发展的核心位置,推进各类创新要素建设,培育一批省级以上专精特新“小巨人”企业。鼓励企业加大对研发中心人才、研发试验设备等方面的投入,对标单项冠军企业和专精特新“小巨人”企业,不断推动企业提能升级。

(二)着力打造创业就业的重要载体

积极组织申报省小型微型企业创业创新示范基地,加快省级中小企业公共服务平台建设,通过发动宣传、实地考察,组织符合条件的基地和平台积极申报,并加快推进省级公共服务示范平台系统入库工作。积极组织区内企业参加“创客中国”江苏省中小企业创新创业大赛,发掘一批成长性高、发展潜力大的企业和项目,充分展示通州区中小企业及创客的创业精神和发展潜力。促进通州区中小企业公共服务平台高质量发展,提升中小企业公共服务能力水平。打造精益创业的集聚平台,持续优化创业环境,鼓励更多社会主体投身创业。

(三)聚力打造精简高效的行政服务环境

以“放管服”改革为引领,在纵向上压缩,加大简政放权力度,在减流程、减材料、减时限、减费用上再突破,让企业费更少功夫跑审批;在横向上整合,进一步强化办事窗口的实质性整合,真正实现“一窗受理、一次办理、一网通办”,进一步推进数据互通共享,提供有力信息支撑;在服务上创优,改进服务方式,提升服务水平,推广容缺后补、一次告知、帮办代办等便利化措施;在监管上创新,强化行政执法监督、构建以信用为基础的新型监管方式,提供优质法治服务、高效处理维权案件、提升办案质量和效率,保障民营企业权利,护航民营经济健康发展。

(四)着力创新服务方式,做好后勤保障工作

坚持把服务活动的开展作为服务民营企业的主要方式,创新性开展民营企业服务沙龙,联合服务机构、知名专家学者,定期组织开展专项服务活动。坚持把培训交流作为提升民营企业主视野眼界、提升管理能力的重要方式,分批次分层级召开民营企业座谈会,听取企业诉求,帮助协调解决企业发展过程中出现的各类问题。加强与区各职能部门联动,针对民营企业特别是民营中小企业管理不规范的问题,联合市场监管、税务、司法等部门为企业开展财务、法律等专题培训,提升民营企业管理水平。针对中小企业安全生产投入少、安全基础薄弱的问题,组织应急等部门到企业开展安全生产专题培训,提升企业安全防范意识。针对民营企业融资难、融资贵的问题,组织开展银企对接等活动,联合银行等金融机构创新适合中小企业和民营企业的金融产品。

撰稿人:徐珂

2021年4月

海门区民营经济发展报告

海门区发展和改革委员会　海门区工商业联合会

2020 年,海门区民营经济紧紧围绕“高质量对接沪苏、高质量优江拓海、高质量融入南通主城”定位,瞄准“三年财政冲百亿,全省市辖区经济总量进前十”目标,狠抓各项措施落实,加快建设以创新发展为引领、转型升级为支撑的中小企业、民营经济发展体系,进一步在新起点上推动全区民营经济高质量发展,在新机遇上提升了中小企业专业化能力和水平,打开了民营经济发展新格局,实现中小企业发展新跨越。

一、基本情况

民营经济总体平稳发展。新增小规模纳税人 4675 户，同比增长 28.12%；新增一般纳税人 1625 户，同比增长 29.07%；新增个体工商户 15713 户,同比增长 109.81%;新增私营企业 3361 家,同比增长 2.16%。民营企业升级发展向高端攀升。通光电子获评国家级(第五批)制造业单项冠军,振康焊接机电获评国家(第二批)专精特新“小巨人”企业,另有 7 家企业获评省级专精特新“小巨人”企业。凯盛家纺获评南通市示范智能车间,东辰安费诺、希诺实业获评省两化融合贯标企业,冠东模塑、常海食品等 6 家工业企业获评省三星级“上云”企业。慧聚药业和苏洪农科分获省级生产性服务业领军企业和平台经济重点企业，双双实现该领域零的突破,慧聚药业成为海门首家南通市两业深度融合重点单位,澳斯康、百奥赛图、益诺思等 3 家企业获评 2020 年度南通市级服务业创新示范企业。

二、民营经济工作主要成效

(一)民营企业招引质量及体量进一步提升

民营企业招引工作坚持立足产业基础,以产业集群为发展重点,大力实施精准招商。聚焦主导产业,重研究、促招引。成立了6个产业研究小组,对“3+3”产业进行研究,围绕生物医药、新基建、新材料等产业先后在民营资本富集的上海、广州、苏州等地举办大型招商活动。吸引一大批符合海门区产业定位,附加值高的优质民营企业来海投资兴业,其中投资超千亿的中天集团绿色精品钢项目创海门民企投资总量之最,以胜宏科技多层高密度线路板项目、海螺循环经济产业园项目为代表的百亿级民企项目纷纷落地海门。2020年新签约智能制造项目18个,新材料项目10个,生物医药项目2个,符合海门区重点培育的三大新兴产业占比达71.4%,产业契合度较往年有明显提升。

(二)民营企业人才培育力度进一步增强

民营企业人才培育制度日趋完善,以《海门区高质量服务企业“十个一”工作机制》要求为重点,结合企业需要,围绕经营能力、管理水平、专业技能提升等方面,为企业量身定制专场培训会等活动,常态化为企业提供各类培训活动。由区商务局、南通海关驻海门办事处、金融管理局等重点涉企职能部门为全区各类企业提供“企业安全生产管理”“进出口申报”“企业上市注册制改革指导”等各类培训,全年参培企业500余家,受训800余人次。积极组织企业参加2020年全国中小企业网上百日招聘高校毕业生活动和2020年江苏省中小企业公共服务平台线下活动,充分发挥中小企业公共服务平台助力中小企业发展的作用。组织企业参加(精益管理)专题培训和人才“卓越绩效模式”专题培训,帮助企业解决技术、人才、项目、市场以及经营管理等方面难题。组织企业参加第五期海门区民营经济人士理想信念教育培训班,帮助海门区企业家坚定理想信念,提振发展信心。厚植成长土壤,大力培育“张謇式”企业家群体,牵头开展“张謇式”优秀企业家评选活动,选树各行业先进典型,弘扬优秀企业家精神,激发企业家社会责任感、使命感和荣誉感,形成“尊商、爱商、亲商”的良好社会风尚。通光集团有限公司党委书记张强获评第二届“张謇式”优秀企业家。

(三)民营企业财政资金扶持力度进一步加强

通过财政资金的引导,推动企业加大自身科技创新、技改投入,增强民营企业的创新能力和核心竞争能力,有效扩大市场规模。2020年共预算安排企业各类扶持资金3.63亿元,实际支出超4亿元(包括追加民企中天集团精品钢设备补助资金1.29亿元)。通过开展科技型民营中小企业贷款风险补偿资金池等金融产品,支持民营中小企业加快发展。2020年对科技贷款资金池入库企业130余家,累计发放贷款1.18亿元,受惠企业32家。民营中小企业融资压力得到进一步缓解。年度工业百强企业、服务业二十强、新进规模企业、次年增长奖等各类奖励政策资金全部兑付到位,奖励金额超3亿元,惠及企业600家,政策享受全覆盖。

(四)营商环境进一步优化

围绕"巩固核心企业支撑能力""增强中小企业发展动力""提升民营企业创新能力""激发企业对外开放活力",加强调研,研究对策。出台《关于促进实体经济高质量发展的若干政策意见》《关于构建亲清新型政商关系的指导意见》《关于建立海门区民营企业诉求直通车服务工作机制的通知》等政策文件。加大宣传推广力度,切实确保各类惠企助企政策落实落细,鼓励民营企业用好政策、增强信心。突出精准服务,创新开发"海企通App"线上服务平台,以"在线化、数据化"的方式为企业提供精准服务。组织38家高质量服务企业领导小组成员单位落实专人共同进驻"海企通App"平台,为企业提供信息发布、项目申报等各类线上服务。强化对企业运行、发展中遇到的瓶颈性问题的破解,成立区高质量服务企业发展工作领导小组,明确专人联系挂钩企业,同步创新建立"三端融合"助企服务机制,以企业家微信群、企业服务热线、"海企通App"平台三端为载体,以"第一时间收集梳理、第一时间分类交办、第一时间协调解决、第一时间跟踪反馈、第一时间评估通报"5个"第一时间"及时引导、服务、支持民企,破解一批困扰民企发展的重大难题,为民企高质量发展扫清了障碍。深入开展"进企询访""深度服务企业直通车""面对面大走访""政企对口恳谈"活动,定期走访、调研新增长点企业、应税销售负增长企业,帮助企业协调解决涉及土地、用工、融资、信息化建设等方面的困难和问题。切实贯彻好中央、省清理拖欠民营企业、中小企业账款相关文件精神和南通市《关于进一步做好清理拖欠民营企业、中小企业账款工作的实施方案》要求,全面落实国务院颁布的《保障中小企业款项支付条例》,保障民营企业、中小企业的合法权益，自2018年以来全区机关、事业单位和大型企业，因业务往来与民营企业、中小企业形成的逾期欠款累计66个，其中自查出62个，总计累计清付5513.84万元，清付率为100%，全区民营企业、中小企业合法权益和社会平稳发展。

三、2021年民营经济工作目标举措

深入贯彻落实党中央“两个毫不动摇”的要求和习近平总书记在民营企业座谈会上的讲话精神，着力解决当前民营经济发展遇到的主要问题，进一步强化民营经济发展在海门区经济发展中的主体地位，以民营经济发展“需求侧”为导向，持续打造市场化、法治化、国际化营商环境，将营商环境“软实力”不断转化为推进高质量发展“硬动力”，推动海门高质量发展进入全省前列。

(一)进一步打造高效便利的一流政务环境

一是试点“一件事”改革。从方便企业“一件事一窗办一次办”出发，对涉及相关政务服务事项进行全面梳理，围绕申请条件、申报方式、受理模式、审核程序、发证方式和管理架构，创新编制“一件事”办事指南，形成“一件事”工作标准。对纳入“一件事”政务服务的事项实施一体化办理，实现系统集成、数据共享、业务协同，推进线上线下深度融合。

二是加快“一网通办”门户建设。各领域“一网通办”业务系统嵌入“一网通办”门户，推行“一网通办”线上线下办理一套业务标准、一个办理平台，数据同源、服务同源、功能互补、无缝衔接。实现政务服务线上线下联动精准预约，政务服务就近办、网上办。

三是提升政务服务事项标准化和便利化水平。加强公共服务事项标准化建设，全面拓展公共服务事项接入“一网通办”，实现“应进必进”。梳理一批高频公共服务事项进行流程再造，推广并联审批、容缺审批，提供延时服务、上门服务，为企业和群众提供更多、更优质服务。

(二)切实解决民营企业“急难愁盼”问题

一是落实减税降费政策。实施国家关于普惠性减税和结构性减税相结合的各项政策，减轻制造业和中小微企业税收负担，支持实体经济发展。实施涉企行政事业性收费目录清单管理并向社会公开，制定公布政务服务事项中介服务项目清单,规范中介服务收费标准。精简评估事项,防止重复评估。提升政策透明度和落实度,持续优化便民办税新环境。推进网上办税和简约办税,实现备案类减免税网上办理、核准类减免税网上预申请,推行"一窗受理"办税服务。构建统一面向用户的税费申报平台,实现税费"一表申请、一网通办"。探索打造智慧型办税服务场所,为纳税人提供智慧化导税、办税和咨询服务。

二是健全顺畅政企沟通机制。健全党政领导挂钩企业服务制度和建立涉企重大问题区领导牵头会办制度,推动党政领导上门送政策送服务,企业重大问题和诉求及时得到协调。整合政务服务热线,及时解答和处置中小微企业发展难题和诉求,完善"海企通"咨询建议和投诉模块功能,为政企沟通开辟高效便捷"绿色通道"。建立企业需求汇总分析和政策评估制度,采取"企业点菜"方式不断推进"放管服"改革。

三是降低企业融资成本。鼓励银行和金融机构创新金融产品和金融服务,加大普惠金融信贷投放,改善中小企业融资环境和信用环境。放大担保转贷功效,财政按适当比例给予风险金补偿。拓展"高企贷""荣誉贷""流转贷"等金融产品,加快动产和权利担保登记制度在海落地,支持有条件的金融机构开展股权质押、知识产权质押、投贷结合等金融服务,引导金融机构优化中小企业信贷投向,满足企业转型升级和创新发展项目信贷资金需求。严禁有关金融机构以贷款承诺费、资金管理费等名义向小微企业收取各类违规费用,严格限制向小微企业收取财务顾问费、咨询费等费用,不断降低企业融资成本,不断提升小微企业和民营企业的获得感。

四是着力解决企业人才引进难的问题。加速推进人才集聚,以建设长三角药物高等研究院、上海离岸孵化器等为牵引,积极探索与上海联建基地、联培人才等合作机制,广泛汇聚人才、技术、资金、项目等创新要素,集聚"高精尖缺"科创人才。聚焦重大发展战略和重特大交通枢纽工程的推进,加强前沿高端人才布局和储备。建立"高精尖缺"人才需求目录清单,拓展与人才需求目录相衔接的引才绿色通道。创新"东洲英才"培养计划和举措,推进杰出人才、核心技术研发人才培养专项计划。切实为企业招引人才提供通道与平台。

(三)打造“梯度式”民营企业培育体系

一是坚持多措并举,培育企业做大做强。统筹、梳理现有政策文件,研究制定新政策意见,减轻中小企业的税费负担,推动企业做大做强做精,实现经济高质量发展。进一步落实民营企业高质量发展、“张謇式”优秀企业家培育等政策文件,营造企业家健康成长的良好环境。继续实施工业百强、服务业二十强评比,加大对技术改造、首次进规、企业扩大规模、服务业专项发展等方面的资金奖励,充分激活经济发展潜力。加强企业梯度培育,进一步落实“1532”工业大企业培育工程,研究制定小微企业培育,规模企业提升工作方案,推进小进规、龙头培育、百强评比、建筑制造业回归、成药企业、总部经济等重点工作,进一步激励企业扩大规模。

二是强化技改创新,助推企业升级转型。围绕培育主体、夯实载体,促进企业自主创新能力提升和产业升级转型,鼓励企业瞄准核心技术、关键技术研发。加强企业管理体系建设,引进和培养一批高层次人才,为产业发展提供智力支持,通过诚信体系、标准体系和质量管理体系的建设,逐步建立起完整的现代企业管理体系。重视推进企业信息化建设,在重点行业、龙头企业鼓励建设无人工厂、无人产线、无人车间。加快形成“新基建+新经济+新制造”的样板。

三是加大扶持力度,支持企业创新发展。鼓励企业创新创业,完善扶持政策,加大资金、人才、土地等方面政策扶持力度,强化企业创新创业资源要素保障。引导企业加快转型升级步伐,对企业推进产品创新、技术创新、融资创新和管理创新进行奖励,鼓励企业创建各类创新平台,加大对技术改造、科学研发、专利发明、品牌创建等项目的支持力度。大力实施产学研用对接,吸引人才和技术资源。

撰稿人:钱航

2021 年 4 月

南通经济技术开发区民营经济发展报告

南通经济技术开发区经济发展局
南通经济技术开发区商会(工商联)

2020年,南通经济技术开发区聚焦高质量发展、聚力内资招商、平台夯实、项目提速、要素完善等重点工作,进一步强化组织保障,提升服务水产,全区经济暨民营经济发展良好。

一、2020年南通经济技术开发区民营经济概况

当前,民营经济已经成为全区经济发展重要支撑,形成了电子信息、纺织、装备制造等一批特色板块,涌现了中天科技、罗莱生活科技、安惠生物等一批知名企业。全区私营企业1.8万余家,比年初增长4%;个体工商户3.2万余户,比年初增长10%;规上民营企业563家,占规上企业总数69%;营收超亿元的民营企业150家,其中超10亿元10家;民营上市企业5家、民营新三板挂牌企业5家。

二、2020年民营经济重点亮点工作

(一)降低经营成本

1.减免企业房租5010.98万元。开发区对承租国有经营性房产的中小企业和个体工商户直接减免或延期房租共计5010.98万元,涉及中小企业和个体工商户共计1924家,其中,415家退租1003.72万元、65家直接减免561.21万元、1444家延长租赁期限免租3446.05万元。

2.减免企业水、电、气三项成本共计7160.90万元。其中,开发区供电公司统一按原到户电价水平95%结算,共有9000余户(高低压用户)享受

该项优惠达4000万元;开发区水务公司针对生产用水、特种用水的到户价降低0.15元/立方米,共有1665户享受了该项优惠43.90万元;开发区燃气公司对非居民用管道燃气费降低0.3元/立方米，全区非居用户享受了该项优惠3117万元。

3.累计拨付各类惠企资金8058万元。其中,中央财政战略性新兴产业发展资金1650万元、省级产业专项资金764万元、市产业转型资金3114万元、区级产业紧缺人才配套资助609万元、区级科技计划配套资金1893万元、知识产权资助奖励资金453.68万元、其他项目资金28万元。

4.帮助企业申报相关扶持资金23877万元。辅导罗莱产供中心智能化工厂等10个项目申报2020年度市区产业转型升级专项资金，累计3093万元;推进上海电气国轩储能系统基地项目(一期)等10个项目申报2020年度省级工业和信息产业转型升级专项资金，累计16784万元;联合中天产业研究院、南通市产业研究院和南通双逸创业园等单位申报2020年江苏省大中小企业融通型特色载体项目,累计4000万元。

(二)加大金融支持

1.直接融资情况。疫情期间,帮助企业以股权出资、商标和专利质押等方式解决融资难题。上半年为企业办理动产抵押登记25件,帮助企业实现融资10.95亿元;帮助联亚药业完成股权变更,引入君联资本、拾玉资本等股权资金近10亿元;帮助鹿得医疗向股转系统申报材料并完成新三板精选层挂牌,成功募资1.5亿元;指导辖区福融辉实业(江苏)有限公司通过专利和厂房、设备混合质押方式获得银行贷款4.5亿元;推动江天化学获批证监会同意创业板首次公开发行股票注册。

2.间接融资情况。截至2020年年底,开发区已接入省金融综合服务平台企业共计3482家,其中,共426家中小微企业在平台中解决融资问题,共获得授信金额29.15亿元。关注区内重点企业资金需求,协助海珥玛、千野实业、伊仕生物等企业申请进入疫情重点防控企业名单,取得贷款优惠利率及税收优惠。

(三)建立联系机制

1.挂钩联系到位。继续落实挂钩联系服务企业机制,建立“月联系、季走访"机制,确保政企沟通零距离,及时掌握企业诉求。

2.机制建立到位。建立《企业运行协调服务工作机制》《推进企业上市服务工作机制》《推进金融服务经济高质量发展工作机制》《推进通信行业(5G 产业)发展工作机制》,落实经济运行预警监测各项措施,及时准确把握全区经济运行情况,增强经济工作主动性和预见性,协调解决生产要素及遇到的各种困难,确保全区经济平稳健康发展。

三、2020 年度民营经济工作情况

(一)优化民企发展环境

一是优化市场环境,确保公平竞争。强化行政执法监督力度,制订《2020 年度行政执法监督检查工作计划》,围绕资源环境、安全生产、食药安全、城市管理等重点领域,对法律法规规章执行情况和行政执法规范化情况进行监督检查。制订行政执法案卷评查标准,进一步规范行政执法行为。全面执行行政执法公示规定、执法全过程记录规定、重大执法决定法制审核规定,聚焦行政执法源头、过程、结果等关键环节。"双随机、一公开"监管全面实施,实现抽查事项"全覆盖"。坚持"以公开为常态、不公开为例外"原则,信息公示不断加强。

二是完善政策环境,确保精准有效。

1.聚焦审批提速。以公正透明高效为目标,大力推进不见面审批、企业信用承诺不再审批试点、"证照分离"改革试点等改革试点工作,加快推动审批事项线上"一网通办"、线下"只进一扇门"、现场办理"最多跑一次",形成推动民营经济发展"加速度"。目前全程电子化登记率 70%,"照章联办集成服务"大力推行,区政务服务平台不断完善,营商环境整体水平不断夯实。在 2020 年全国经开区营商环境指数排名中,南通经济技术开发区列第 17 位、全省第 5 位。

2.拓展融资渠道。大力推进银政企深度对接,召开多场银企融资专场对接会,支持银行普惠金融发展;推进企业接入金融综合服务平台,帮助企业与银行、小贷、担保、融资租赁等金融机构对接,帮助企业特别是民营中小微企业,拓宽融资渠道,解决融资问题。

3.强化要素保障。加快大数据产业园东区基础建设,推进金属制品园区建设,完善能达商务区楼宇经济载体功能,积极推进工业综合体规划建设,为民营企业打造专业化平台。继续深入开展低效闲置用地专项清理,盘活低效闲置用地 3000 亩,为民营经济发展腾出发展空间。大力推进民营企业用工跟踪服务机制,依托区内 4 所高职院校实行产业工人“订单式”培养,加强与陕西城固人社部门对接,加快富余劳动力引入,保障企业用工需求。

4.优化培育政策。全面贯彻落实国家、省、市关于降低实体经济成本,促进民营经济高质量发展的政策意见及对应实施细则,最大限度为企业松绑减负。全面梳理区内促进科技创新创业等一系列扶持政策,在减费降税、要素配置、破除障碍等方面形成有支撑力、有竞争力的政策体系。2020 年出台了《关于加快推进企业上市挂牌的若干政策意见》《2020 年度南通市经济技术开发区促进企业高质量发展的激励办法》等政策文件。

5.建立清欠机制。开发区提高政治站位,强化组织领导,健全工作机制,把清欠工作摆在全局工作突出位置。成立党工委、管委会主要领导为组长,各责任部门主要负责人为成员的区促进中小企业发展工作领导小组,清欠工作分工负责,整体联动。区属相关公司严格按照合同约定时间和付款条件,及时拨付相关款项。区财政局做好资金统筹和调度工作,国资办督促区属相关公司切实履行合同主体责任,确保不发生新增拖欠。

三是健全法治环境,确保平等保护。加强权益保护,依法妥善处理涉及民营企业的诉讼、破产、执行和历史遗留问题等,依法打击侵害民营企业及经营者自主经营权、人身权、财产权、知识产权的违法犯罪行为。成立非公有制经济产权保护协调工作小组,建立产权保护联席会议制度,对政府机构与企业、企业家之间产权纠纷问题、相关纠纷问题没有通过司法程序处理,或是法院虽已判决,但因各种因素长期未能执行的案件进行排查整改。公安分局建成全省领先、全市唯一的一站式执法办案管理中心;检察院强化涉及民营经济领域诉讼活动监督,依法保护企业合法权益和正常经济活动;法院开展涉民营企业长期未结诉讼案件和久押不决刑事案件专项清理工作,深入推进执行联动机制建设,优质高效办理民营企业执行案件。

(二)引导民营企业创新转型

一是支持民营企业加强技术创新。充分发挥经济发展局、人才科技局、科技镇长团组织、专业优势,在政府财政资金支持、国家高新企业申报、企业研发机构建设、产学研深度对接等方面给予扶持倾斜,引导民营企业开展技术创新、加大技改投入、加快产业补链,进一步加快新产品研发、新技术运用和新设备更新,不断提升核心竞争力。

二是支持民营企业加快品牌创新。紧盯现代纺织、生物医药、电子信息、船舶海工、智能装备等民营经济特色板块,引导民营企业牢固树立品牌意识,加快实施商标战略和标准战略,以名牌企业、名牌产品为依托,培育、扶持、打造一批区域品牌,提升产业、产品在国内外市场知名度和占有率。

三是支持民营企业加快优化重组。引导民营企业解放思想、更新观念,通过兼并重组、强强联手、股份合作等多种形式,加快上市步伐。推动一批虽业绩不达标但是具有进口替代、核心技术等概念的科技型、技术型企业,促成其登陆资本市场,实现跨越发展。继续深入实施企业“培大扶强”工程,全力推动中天科技、罗莱生活科技等龙头企业向百亿级迈进。遴选50家竞争能力强、发展增速快、创新潜力大的民营企业,加强分类指导,开展精准帮扶,鼓励抱团发展,推动其加快晋升大企业、大集团行列。

(三)营造民企发展氛围

大力宣传民营企业家在区投资创业、规模发展、服务社会鲜活事例、先进事迹和典型样本,认真总结梳理宣传一批典型案例,发挥示范带动作用。召开全区企业发展大会,围绕纳税贡献、科技创新、产业拉动、转型升级、吸纳就业等方面,集中表彰一批优秀民营企业、民营企业家,营造尊重和激励民营企业家干事创业的浓厚氛围。

撰稿人:王慧

2021年4月

优化营商环境 助力通商回归

南通市工商业联合会

在外通商是南通经济发展的宝贵资源，进一步优化营商环境，助力通商回归，对于南通经济社会发展具有重要的推动作用。在2020年3月全市民营经济发展大会暨第三届通商大会上，市委书记徐惠民殷切希望海内外通商情系桑梓、富而思源，把更好的项目建在南通，把更多的资金、技术、人才引回南通。市工商联深入贯彻落实市委、市政府要求，围绕"优化营商环境，助力通商回归"课题，2020年，先后赴杭州、宁波、厦门、福州等地召开在外通商座谈会，前往浙江温州、福建泉州开展学习调研，听取在外通商对于回归家乡投资的意见和建议，学习借鉴温商回归、泉商回归的经验和做法。现就如何进一步优化营商环境，更好吸引通商回归投资发展提出如下对策、建议。

一、在外通商是南通经济发展的重要力量

"世界再大，也要回家"。这些年来，很多在外通商成为家乡建设的重要参与者，促成了招商局重工、华为等知名企业在通落户，并且推动了一批国际友城的缔结，为南通经济发展注入新的活力。广大在外通商带着热爱家乡、回报桑梓的强烈愿望，积极反哺家乡，踊跃回乡投资，参与家乡建设，助力家乡发展，成为南通经济发展的重要力量和源泉。

(一)在外通商是南通经济发展的宝贵资源

在波澜壮阔的改革开放进程中，一代代南通人秉承先贤的儒家精神和开放理念，从改革开放初期的蹒跚步履，到"东方风来满眼春"的不懈追求，再到新世纪浪潮下的意气风发，逐步形成蔚为壮观的通商群体。在国内，一批批通商走向上海、深圳、天津以及中西部城市，不仅创办了很多知

名企业和上市公司,也在不同领域打拼出各自的事业。伴随着改革开放的春风,通商又率先走出国门,不断拓展俄罗斯、罗马尼亚、东南亚、南非、南美等市场,足迹遍布世界120多个国家和地区。通商"走出去"的行业涉及家纺贸易、建筑劳务、矿产开发、能源投资,并加快向国际产能合作、产业园区建设、境外并购等领域转型,一批企业实现了跨国经营的华丽转身。"哪里有市场,哪里就有通商","哪里有资源,哪里就有南通标签",正是由于通商"走出去",推动构建了南通外资、外经、外贸、外包"四外"并举的新格局。实践充分证明,通商不仅是南通最为宝贵的资源和财富,也是南通推动双向开放的重要纽带和主力军,在全市经济社会发展中具有重要地位,发挥了不可替代的作用,做出了十分重要的贡献。

(二)南通新一轮发展的强劲势头呼唤通商回归

当前,多重国家战略机遇在南通交汇叠加,长三角区域一体化发展使南通迎来了百年未有之大机遇。北沿江高铁、南通新机场、通州湾新出海口等一批重大基础设施加快推进,城际高速铁路和城际轨道交通、5G、新能源充电桩、人工智能等一批"新基建"项目加快落地,南通创新区和滨江、濠河等功能片区加快建设,教育、文化、卫生等社会领域优质资源供不应求,这一切都为民间资本提供了广阔"舞台"。2020年南通将迈入"GDP万亿俱乐部",经济能级的提升,将显著增强城市对人口、资本、创新等发展要素的集聚能力。可以预见,在不久的将来,南通的大交通、大项目、大产业、大城市建设将迎来格局性变化,在做大总量、提升能级上实现历史性突破。同时,南通正全面打造长三角区域民营经济发展福地,努力构建一流的市场环境、政策环境、法治环境,必将赋予通商回归更大的发展空间。可以说,通商回归发展具有历史必然性,当前恰逢其时、正当其势,抢抓机遇、大有可为。

(三)在外通商是南通经济发展不可或缺的力量

近年来,在外通商尤其是优秀通商中,涌现出诸多行业领军人物,他们经过多年的打拼磨炼,懂经营、善管理,一大批企业做大做强、做专做精,具有很好的示范带动效应。吸引他们回归投资,有利于促进南通地区的产业多元化发展。在外通商以艰苦创业实现了财富积累,形成了巨大的资本链，通商回归，资本反哺南通，有着不可估量的财富积聚效应。同时，还可以将先进的技术、信息以及人才融入传统产业中，形成具有竞争力的新型产业公司，进而培育自己的核心竞争力以及品牌优势，带领企业不断发展壮大，与城市共同发展、共享荣光。深圳南通商会会长、深圳市康成亨资本管理集团有限公司董事长袁亚康带领商会著名企业回到南通注册南通深南置业，投资建造深圳南通商会大厦，多个项目在南通落户，投资总额达到300余亿元人民币，涉及金融、新材料、医疗设备、现代农业、现代物流等诸多行业。这些回归项目，普遍具有技术含量和附加值高、投入大等特点，符合南通产业转型升级的需要，可以进一步发展现代服务业，提升制造业发展水平，提升南通经济竞争力。

二、制约通商回归的主要因素

近年来，福建泉州、浙江温州市委、市政府为吸引在外企业家回乡投资，制定出台了一系列鼓励政策举措，以乡情亲商，以制度安商，以创新延商。泉商回归、温商回归工程正在真正转化成推动泉州、温州转型发展的强力引擎。与泉州、温州相比，我市在吸引通商回乡投资上尽管取得了一定成效，但还存在一定的差距和不足之处。主要表现在：

（一）对在外通商重视程度有待加强

虽然南通市每年通过举办通商大会、“故乡情·故乡行”在外通商新春联谊会、全国南通商会合作交流会议等活动，市委、市政府领导与在外通商、在外南通商会有了一些接触，也帮助在外通商协调解决了不少回乡投资发展中遇到的土地、人才、资金等方面的问题，但总体上重视程度还不够。主要表现在：一是组织领导不够，缺乏常态化的市领导与在外通商沟通联系机制，吸引通商回归的工作力度还不够大，在外通商参与家乡经济建设的潜力挖掘不够。二是营造亲商、重商、扶商、兴商的氛围还有待进一步提升优化。通商回归的乡情氛围不浓厚，吸引在外通商回乡投资的亲情感召力不够强烈。三是缺乏宣传表彰通商回归的舆论氛围，树立典型、推广典型的意识还没有形成。

（二）在外南通商会作用发挥有待提升

近年来，在市委市政府的关心和支持下，市工商联高度重视异地商会建设,截至2019年年底,在外南通商会总数达20余家,指导各县(市)区在全国中心城市建立在外商会30余家。2019年12月,成立了由上海市南通商会牵头,涵盖27家长三角区域内南通市、县两级商会的长三角南通商会联盟。但是,与泉州拥有259家异地泉州商会、温州拥有268家异地温州商会的发展情况相比,还有较大的提升空间。一是异地商会数量偏少。现有的20多家异地商会虽然初步形成了全国通商的工作网络,但由于在外通商人数多、分布广,广泛凝聚、服务在外通商的作用发挥仍显不足。二是商会招商引资平台作用不明显。在外南通商会招商引资工作尚处于自发状态,与招商引资职能部门、开发园区还没有建立相应工作机制。三是缺乏相应激励鼓励机制,对在外商会招商引资工作没有量化的考核指标体系,无法有效地调动在外商会的积极性、主动性和创造性。

(三)配套政策与投资环境差异有待破解

政府对通商回归投资的需求了解不够深入,导致现有的投资制度以及相应的优惠条件并不能为通商回归投资提供足够的吸引力。近年来,随着西部开发、中部崛起等国家战略的实施,各地的招商工作竞争激烈。有不少通商反映在南通投资的配套政策不如中西部地区。此外,有关通商回归的政策导向也不够明朗。当前一些通商回归项目在具体实施过程中并不顺利。回归企业家对家乡的投资环境还有点“水土不服”,感到投资软环境、办事效率、服务水平有待提高。一些回归项目落地难、供地慢、环境不配套,影响了企业扩大投资的积极性。

三、进一步优化营商环境,助力通商回归的对策建议

市委徐惠民书记指出:“希望海内外广大通商,把握发展大势,抢抓时代机遇,坚定创业决心,敢于筑梦圆梦,奋斗伟大新时代,再掀南通民营经济发展新高潮。”对南通而言,吸引通商回归,当前最重要的是建立有针对性、系统性的引导机制,促使在外通商更加积极地“反哺”南通经济。

(一)加强组织领导,营造浓厚氛围

通商是南通发展的宝贵资源,唱响通商品牌,吸引通商回归,需要党委政府的关心支持。

一是加强组织领导,健全工作机制。市委、市政府主要领导参加通商总会理事会、在外通商新春联谊会、全国南通商会合作交流会等通商重要活动，以及重要地区、重点城市在外南通商会成立大会，并建立常态化工作机制。建立市领导挂钩联系在外南通商会制度，定期召开异地商会工作座谈会，听取商会负责人和通商代表的意见建议。参考温州的做法，由市委、市政府每年适时邀请在外商会回乡召开商会年会，并给予相应经费补贴。对在外商会组团回乡投资考察的，应纳入市政府公务接待范围，市委、市政府主要领导安排会见座谈，让在外通商充分感受市委、市政府期盼通商回归的决心和诚意。

二是营造乡情亲情氛围。筹备建立在外通商之家，搭建在外通商交流互动、联络联谊、经济共融共赢的合作展示平台，为在外通商寻根乡愁、追忆乡思打造情感地标和精神家园。开展各类乡情联谊活动，走访慰问通商亲属，解决通商回归发展遇到的子女教育、社会保障等方面的问题，给予通商足够的温暖关爱。

三是营造舆论宣传氛围。运用电视、报刊、电台、互联网等新闻媒体，广泛宣传通商创业创新和回归发展重大成果、经验举措和先进典型。讲好在外通商故事，传播通商好声音。组织开展宣传通商回归的各类专题活动，对于做出突出成绩的回归通商，要大张旗鼓地进行表彰和宣传，同时还要为通商参政议政创造条件。

(二)完善政策支持，丰富回归途径

制定一系列配套政策并有效执行，是助推通商回归的重要手段。

一是政府需要加强产业指导政策的制定完善，为通商创新创业提供有效的指导，明确产业发展布局的重点环节，做好招商产业的指导工作，选择符合南通地区经济环境发展的项目进行重点关注，按照不同的产业类别为企业提供帮扶。

二是要编好招商引资重点项目库，在对通商进行深入调查摸清投资意愿的基础上，编制一批符合产业政策和发展方向、适合通商投资的项目。要鼓励回归通商从事高科技、高效益、少耗能、少占地的产业。并且利用网络和电子化的手段，及时更新，实时传递。

三是完善通商回归激励性政策，参考浙江温州构筑的项目、总部、资本、人才、科技、公益事业“六位一体”的大回归格局,制定关于总部经济激励、科技创新、人才引进、财政引导、税收优惠、生态环保等方面的支持政策,根据需要创新提出各项政策激励举措。

(三)优化创业环境,强化服务保障

通商回归,保障是关键。保障就是优势,就是生产力。不仅要靠政策吸引通商,更要以服务打动通商。

一是优化前期审批服务。按照“审批事项最少、办事效率最高、投资环境最优”的要求,清理和规范行政审批事项,清理减少前置审批事项,创新行政审批工作机制。建设通商回归引进项目审批“绿色通道”,建立联动审批代理服务机制,打造高效政府。

二是优化中期协调服务。对通商回归引进重大项目进行全面梳理、建立清晰台账,落实领导和部门联系项目制度,建立项目指导服务小组。健全重大项目挂牌管理,落实责任单位、责任人等措施,健全项目全程跟踪服务机制,实行从项目申报、立项到建设、投产等全程跟踪“保姆式”服务。组织开展通商回归引进重大项目“服务月”“互看互学”等活动,适时召开项目推进工作现场会,加强督促检查,推动项目重点突破、有序承接和成功落地。

三是优化后期跟踪服务。把后期服务管理水平作为完善投资环境满意度评估的重要内容,健全重大项目定期联络、动态监测、即时服务等长效机制。充分发挥投诉协调网络平台作用,规范投诉受理、部门处理、结果反馈等流程,为达产企业的生产经营提供优质服务。

(四)发挥商会作用,助推通商回归

充分发挥在外南通商会企业家集聚、人脉资源丰富、招商信息灵通等优势,将在外南通商会培育成为家乡政府对外联络和招商引资的好帮手。

一是市委、市政府进一步加大支持力度,推进在外南通商会的组建步伐,尤其是在苏南、浙北、珠三角、京津冀以及通商人数较多的区域,做到有南通商人集聚的地方就有南通商会,让在外发展的通商都能感受到家乡的温暖和召唤。

二是建立在外南通商会与全市重点开发园区的招商引资合作机制。

由市工商联、市商务局牵头组织在外南通商会与重点开发园区签订招商合作协议或委托招商协议，将在外南通商会打造成招商引资的载体和平台，探索形成“在外商会+开发园区”的招商引资新格局。

三是制定《在外南通商会服务全市招商引资工作评比办法》，并开展年度评比。根据评比结果，在市委、市政府召开的全局性会议上对成效显著的在外南通商会予以表彰。对招商引资有突出贡献的在外南通商会会长，可在市内优先安排市及县(市)区人大代表或政协委员，并作为推荐表彰“杰出通商”的重要依据。充分调动在外南通商会招商引资工作的积极性、主动性、创造性，增强在外南通商会回报家乡、服务家乡的荣誉感。

撰稿人：曹媛媛

2020 年 9 月

南通市民营经济高质量发展路径研究

南通市工业和信息化局

民营经济是非公有制经济的重要组成部分,是国民经济发展的重要支柱。近年来,南通民营企业危中抢机、难中攀高,在高质量发展新征程上坚韧前行,为全市经济社会发展做出了重要贡献。当前,在"一带一路"、长江经济带建设、长三角区域一体化发展等多重国家战略交汇叠加背景下,在全市上下"学习苏州'三大法宝',答好南通'发展四问'"的浓厚氛围下,南通民营经济迎来重大历史发展机遇。本报告旨在通过对南通民营经济发展现状的研究分析,探索支持和推动民营经济高质量发展的主要路径,促进民营经济高质量发展,推动"强富美高"新南通建设迈上更高台阶。

一、南通民营经济发展现状

作为"中国近代第一城"和中国民营经济的重要发祥地,南通民营经济历经改革开放洗礼,不断发展壮大,成为全市经济发展的主力军、创新转型的强引擎、就业增收的主渠道。2019 年,民营经济增加值占 GDP 比重达到 68%,民间固定资产投资占比上升到 77%,民营企业吸纳就业数占城镇就业人口比例超过 90%,民营经济税收贡献率超过 75%。经对比分析南通近三年民营经济数据并结合调查研究结果来看,南通民营经济呈现五个特点:

(一)全民创业持续增长

南通市通过强化政策扶持、优化政务服务、致力平台搭建等措施,持续激发全民创业的热情,民营企业总量连年保持增长。其中,个体工商户数年增长率保持在 10%左右,年均新增 8 万余户;私营企业数年增长率均超过 8%,年均新增超 3.3 万家。至 2019 年底,全市个体工商户超 65 万户,私营企业超 22 万家,私营企业注册资本超 14000 亿元。

(二)综合实力不断增强

2019 年，中天科技、中南控股等 14 家企业位列中国民营企业 500 强,17 家企业主营业务收入跨越百亿台阶。4 家民营企业成功上市,全市民营上市公司达到 40 家,占全市上市公司总数的 91%。百亿级民营特色板块达 28 个,建筑业总产值、施工面积、利润总额等主要经济技术指标蝉联全省第一,累计获鲁班奖总数居全国地级市之首。

(三)贡献份额稳步提升

规模以上民营工业增加值及产值年增长率均超 8%,民营经济对税收的贡献持续处于较高水平，税收贡献占全部税收的比重均超 71%。2019 年，民营经济入库税金超 700 亿元，民营经济税收占全部税收的比重达 78.49%,同比提高 3.22 个百分点。

(四)民资招引态势良好

每年引进市外民营超千万元项目 1700 个左右,超亿元项目 200 个左右,且引进项目的注册资本也呈上升态势。2019 年,引进超千万项目注册资本超 500 亿元,超亿元项目注册资本超 180 亿元。中天精品钢、金光高档生活用纸、恒力纺织新材料三期等 14 个总投资超百亿元重特大项目有序推进。

(五)创新转型逐步起势

全市民营高新技术企业逐年增加,2019 年突破 1500 家,超过总数的 90%;新增国家、省级民营企业研发机构 57 家,总数达 673 家;亚太轻合金、中天射频电缆成为制造业单项冠军;星球石墨、万达轴承、明德玩具入选全国首批专精特新“小巨人”企业名单。智能装备、新能源及新能源汽车、新材料、生物医药等新兴产业板块加速崛起,民营科技企业数超万家。

二、南通民营经济存在问题

虽然南通民营经济呈现规模大、支撑力强、韧劲足的良好发展态势，但受国内外经济形势复杂多变，特别是中美贸易摩擦和新冠肺炎疫情等因素影响,民营经济发展中依然存在诸多困难及问题。

(一)产业竞争实力不强

对比苏南发达城市，南通市民营经济发展存在“点多链少”“高端产业、低端环节”等现象，不少企业还处于产业链的中游，整合带动能力较弱，上下游两头受制，在产品定价上缺少话语权，抗市场风险能力差。

(二)制造业龙头企业屈指可数

2019年，江苏百强民企中南通有17家，但制造业企业仅有中天科技1家。全省超百亿民营工业企业有67家，苏州19家，而我市仅4家，这与南通市经济总量在全省的地位极不相称。

(三)转型升级步伐缓慢

部分民营企业对去杠杆、去产能以及环保、安全专项整治等研究不够、准备不足，同质化竞争、粗放式经营等传统发展路径依赖较为严重，产业资源整合、协同创新不够。

(四)企业生存压力加大

近几年，国内外经济形势复杂多变，尤其受中美贸易摩擦影响，原辅料价格抬升，利润空间压缩，市场风险加大，部分民营企业发展信心不足、压力剧增。特别是2020年受新冠肺炎疫情影响更为明显，抽样调查显示，不少企业因订单减少和取消，营业收入大幅降低，流动资金紧张，账上资金支撑时间预计在半个月到六个月之间。

(五)要素制约亟须破解

企业结构性缺工矛盾和用工成本高问题相互交织，用工招引难、留人难；金融机构对民营企业贷款依然谨慎，对中小企业的信贷支持不足、隐性成本高；此外，减税降费、简政放权等政策推进和落实的力度仍然跟不上企业迫切诉求。

三、推动南通民营经济高质量发展的对策建议

(一)在夯实基础上下功夫，促进产业提档升级

一是加强产业规划引导。准确把握国家产业政策导向，充分发挥沿江沿海区位优势，抢抓以新机场为核心、空铁一体、现代化的综合交通枢纽机遇，立足高端纺织、船舶海工、电子信息等千亿级产业，高点定位、科学规划、统筹推进，推动六大千亿级产业板块加快升级；积极培育航空航天、

大数据、生物医药等新兴产业，加快布局人工智能、生命科技、智能网联汽车等未来产业，增强发展后劲和潜力。

二是推动区域协同发展。紧抓长三角区域一体化及上海非核心功能疏解的契机，依托南通良好的产业基础、交通区位、环境资源、合作渊源等条件，全方位加强与上海及苏南地区的交流合作，积极承接产业转移，探索共建产业链协同发展模式，实现共赢。加快园区承载项目配套能力建设，大力推进基础性、功能型、产业性信息基础设施建设，以先进制造业和现代服务业为重点，狠抓项目招引和转化，加快项目落地达产速度。

三是打造地标产业集群。围绕“3+3+N”先进制造业培育，完善产业链地图和行业优质企业数据库，积极招引示范带动强、科技含量高、市场潜力大的产业集群类项目；以地标产业培育为重点，探索打造集成电路、航空航天、车联网等战略性新兴产业发展先导区；鼓励支持集群培育促进机构与南通现有先制造基地深度合作，梯度培育打造国家级、省级新型工业化示范基地。

（二）在示范引领上做文章，强化龙头企业培育

一是支持存量企业做大做强。政府部门要担当作为，聚集资源、聚焦政策、聚力服务支持本土企业发展。例如，在南通地铁、港口、新机场等重大市政建设和教育、医疗、养老等民生工程中，提高本地企业参与政府采购的比例，可采取预留采购份额、鼓励联合体投标和分包等措施，在同等条件下优先考虑本土民营企业，以利于本土企业凭借业绩开拓外地市场。

二是推进重特大项目建设。一个大项目能够成就一家大企业，要进一步完善大项目推进体制机制，提供“保姆式”全程服务，全力推动中天精品钢、恒力纺织新材料等在手百亿级重大项目，对每个项目推进过程中的重大事项、关键时点、瓶颈问题要明确责任主体、推进举措和绩效目标，挂图作战。

三是引导加强品牌建设。引导企业增强品牌意识，找准发展定位，整合创新资源，做出“拳头产品”，加快成长为行业的“专精特新”“小巨人”和单打冠军企业。支持企业参与制订国际、国家标准，努力打造一批具有领跑全国乃至全球的企业标杆。

(三)在政策举措上谋创新,破解要素瓶颈制约

一是强化政策扶持。全面落实国家和省各项减税降费政策,取消南通市级权限收费项目。针对受新冠肺炎疫情影响的企业,直接返还和减免相关税费;探索发行政府债或者设立救助基金,降低企业成本,保障企业运转。定期研究企业发展的新情况、新问题,及时完善市级扶持政策,打破"政策不出市区"的瓶颈,集聚有限资源,全力推进全市域重点产业、重点企业的集聚发展、借力发展、错位发展和创新发展。

二是创新融资服务。加大对陆海统筹基金、江海产业基金、高端装备产业基金、新兴产业等母、子基金运作情况的考核,提高基金支持民营企业发展的使用效率。支持企业通过发行企业债、公司债等多渠道融资;引导金融机构创新金融服务模式,提供应收账款质押、订单贷款、应急贷款等特色产品;严厉惩处金融机构随意抽贷、压贷和增加企业隐形融资成本等行为。

三是实施人才战略。着力提升城市首位度,吸引高层次、科技人才来通落户;利用本地高校资源,开设、增设人才紧缺专业,突出实际操作运用能力,探索定向培养、毕业即就业的校企合作新模式;加强人力资源开发,与劳动力净输出地区交流合作,开辟常态化招工渠道。

四是提供全程指导。推动民营企业服务中心实体化运作,联动市级涉企部门为企业提供事前、事中、事后全程服务,强化分类指导、精准施策,妥善解决企业反映强烈的执法、公平竞争等问题,真正做到无事不扰、有求必应。

(四)在创新驱动上求突破,提升核心竞争能力

一是搭建共享创新平台。加快构建以园区为载体、高科技企业为主体、高层次人才为支撑的全市域创新网络,更大力度集聚创新资源,积极构建开放、协同、高效的共性技术研发平台。

二是推动制造业"互联网+"。鼓励企业实施智能化改造,推进"智能车间"建设,推动互联网、大数据、人工智能等与先进制造业在设计、制造、管理和市场营销等各个环节的深度融合。引导企业利用互联网等新媒体构建新型营销网络,降低企业营销成本,提高市场开拓能力。

三是支持企业科技创新。鼓励企业瞄准行业空白创新技术,借助天使投资、创业投资,促进技术与资本深度融合。引导企业着眼产业科技前沿,加快集聚引进科技创新人才,加强与高等院校、职业院校合作,预定科技成果,实现“产学研”协同发展模式。

(五)在行政执法上立规矩,打造公正法治环境

一是营造公平竞争环境。全面落实全国统一的市场准入负面清单,任何部门不得对清单以外的行业、领域和业务设置门槛、添加条件。整合行政、司法、行业协会等多方力量,严厉打击侵犯民营企业商标、专利等知识产权以及损害民营企业商誉的违法行为。

二是保障正常生产经营。规范行政部门执法行为、优化执法方式,推行行政执法公示、执法全过程记录,鼓励联合检查,杜绝随意、多重检查和重复处罚。推行市场监管局“轻过免罚”做法,实行“柔性管理”“包容监管”,对民营企业经营中的轻微违法行为,审慎研究、妥善处理。

三是保护企业合法权益。全面落实国家关于完善产权保护制度依法保护产权的意见,站在公平公正角度,尊重历史,及时甄别纠正产权纠纷案件。妥善认定政府与企业的合同效力,对因政府换届、领导人员更替等原因违约的,依法支持企业的合理诉求,不能“新官不理旧账”。

(六)在行稳致远上出实招,激发企业家精神

一是营造尊商重商氛围。广泛宣传企业家推动企业由小变大、转型升级、跨越发展的典型事迹,大张旗鼓开展各类企业家表彰活动,大力弘扬企业家干事创业的奋斗精神,持续在全社会营造尊重企业家、理解企业家、支持企业家、爱护企业家的浓厚氛围,引导更多企业家争先创优,加快发展。

二是构筑企业家合作交流平台。构建通商及市内外企业家活动交流渠道及合作平台,促进本地企业在创业创新项目、产业链整合等方面的交流合作;同时,以商引商,吸引市外企业家来通投资兴业,为南通高质量发展注入新活力。

三是提升企业家应对风险能力。突如其来的新冠肺炎疫情使广大企业特别是中小企业受到很大冲击,应当引导企业家居安思危,建立防范突发事件和重大风险机制,防患未然。一方面,实施企业家培训工程。通过组

织企业家参加各类培训班、专题研讨班和境外考察，进一步提升企业家素质，转变发展观念，拓展发展思路，坚定发展信心，提升管理水平，更好地引领企业发展。另一方面，引导企业家转型升级。引导企业家加快建立现代企业制度，完善法人治理结构，推动企业发展从规模扩张向效益提升转变，探索建立企业可持续发展的制度保障。引导企业专注主业和未来产业，超前谋划、合理布局，打通产业链，布局可替代原材料和关键配件。

撰稿人：秦建军

2020 年 7 月

南通市民营经济营商环境调研报告

南通市工业和信息化局

为进一步优化营商环境，更好服务民营中小企业，我们组织召开了民营企业家座谈会，并通过走访企业、联系部门、查阅文献资料等形式相结合展开调研。结果反映，当前南通市制度和市场等营商环境总体评价良好，企业对目前南通营商环境现状总体满意，但在政务公开、行政执法、政策细化和深度服务等方面还存在一些薄弱环节，同时，调查发现部分行业和企业发展中的一些实际问题和困难亟待解决，现将具体情况整理如下。

一、南通市优化民营经济营商环境主要举措及成效

(一)强化政策供给，提供有效指引

从全省来看，南通市是较早重视民营经济和中小企业发展的地区之一，市委、市政府先后制定下发关于打造营商环境，扶持实体经济等政策文件40余件，为全市民营企业、中小企业转型创新发展提供了有效政策指引。

早在2013年，南通市在全省率先出台《关于实施“五项工程”，加快促进民营经济转型升级的意见》，努力为企业在科技创新、人才引进、资金投入等方面营造良好环境。2018年11月，南通市出台《关于促进民营经济高质量发展的若干政策措施》(通委发〔2018〕17号)，从提高服务水平、构建亲清关系等十个方面扶持企业发展。2019年，市政府办公室发布《市政府办公室关于持续优化营商环境的实施意见》(通政办发〔2020〕95号)，旨在全力营造市场化、法治化、国际化营商环境。2020年2月，南通市出台《南通市人民政府关于全力应对疫情，支持企业发展的十二条政策意见》(通政发〔2020〕3号)，从强化财政政策支持、加大金融支持力度、减轻

企业税费负担等方面帮助企业解难纾困。

从2020年省工商联针对全省营商环境的评估数据来看，南通市“惠企政策数”指标得分1.14分(满分2分)，在全省领先。相关政策均能通过市工信局网站、政企通App及其他相关部门网站等平台发布宣传，以及入园区、基层、企业宣讲解读。工信局每年将企业关注度高的主要政策条款，梳理汇编成册并下发企业供广大企业参阅，2020年编印《应对新冠肺炎疫情国家、省、市惠企政策摘编》下发企业，方便企业及时知晓。各项扶持政策兑现过程中，工信、财政等相关部门能严格落实文件要求，确保惠企政策惠及应享企业。调研中，受访企业反馈，政策对推动企业项目落地、助力企业创新、降低企业成本等起到很大作用，凡符合条件的企业均能切切实实享受到政策惠利。

(二)营造宽松氛围，提升企业家地位

自2007年开始，市委、市政府每年召开一次涉及民营经济的大会。并强化典型引领、榜样示范，连续13年开展“三名”年度人物、年度经济人物、杰出通商等评选活动，肯定企业发展成绩，弘扬企业家精神，促进全市民营经济领域创新发展，争先创优的浓郁氛围持续升温。2016年，市十四届人大常委会第33次会议决定，将每年5月23日确定为“南通企业家日”，在全国率先形成尊重、理解、支持企业家发展成长的制度性安排。企业家日的设立，对于进一步凝聚社会共识，树立鲜明发展导向，产生了重要的法律意义。每年组织开展“张謇杯”杰出企业家、杰出通商等优秀企业家评选表彰活动，组织召开企业家发展大会、企业家高端培训、“百企结对·携手共进”跨江融合等一系列活动，并广泛宣传报道，各项活动的开展有力地促进了重商亲商良好氛围升温。

2020年，南通市邀请党员民营企业家代表参加市委全会，民营经济发展大会暨第三届通商大会上，邀请“张謇杯”杰出企业家主席台就座，安排优秀业家上台演讲。各级人大、政府、政协每年开展营商环境、促企发展等专题调研、专题建言献策等活动，工信等相关部门和单位，通过开展面对面座谈、走访调研等形式，及时倾听企业呼声，帮助企业解决难题，形成了上下联动、整体推进的工作格局和发展氛围。

在省工商联2020年全省民营经济营商环境评估中，南通市“最优营商环境城市”得票率位居前列，仅次于苏南传统强市。经调研了解，凡获评“张謇杯”杰出企业家、杰出通商等荣誉的优秀企业家，均在各自行业和领域内持续保持良好公认度和广泛影响力，活跃在南通经济建设领域。

（三）优化政务环境，推进简政放权

近年来，南通市作为全国首批集中行政许可权改革试点地区，进一步简政放权，累计取消行政审批事项近百项，聚焦市场准入、项目建设，大力推行“一照一码、证照联办”“多图联审”“多评合一”“容缺预审”“联合踏勘”等创新举措成效明显。

从市行政审批部门了解的情况来看，南通市政务环境有效提升。在实现“3个工作日内完成企业开办”的基础上，打造了企业开办“一站式服务”专区，为企业提供无差别化窗口受理服务，设置银行移动智能服务终端，实现实时现场开户。积极推进“全链通”一站式服务平台运用，实现开办企业综合事项的一网通、全链通、即时通，实现“一点接入、一次认证、全网通行”的一条龙办理，持续提升企业开办便利度。推进“证照联办”改革，创新审批服务方式，在原市场准入处8个事项实施“证照联办”的基础上，将企业办件频率高，实施“证照联办”审批条件较为成熟的涉及12个审批部门的5个前置审批事项和36个后置审批事项分两批纳入“证照联办”范围，实行“一次申请、一窗受理、一套材料，内部联办、限时办结、证照同发”服务模式，实现“多窗口跑”变“最多跑一次”，解决“办照容易办证难”“准入不准营”等问题。

公共资源交易全流程电子化加快推进，全面建成“鸿雁不见面开标系统”“掌易捷”掌上交易系统，正积极争取省级试点，创建省级标准，得到国家发改委等高度评价和认可，并向省内外广泛推介。在近两年的全省简政放权创业创新环境评价中，南通市持续名列前茅。“放管服”、商事制度等改革的有效推进，有效激发了市场主体的稳定增长，目前，全市个体工商户达6.2万户，私营企业达2.6万家。

（四）减轻企业负担，缓解要素制约

融资方面，近年来，南通市推动银行业金融机构扶持实体经济，切实降低实体企业融资成本,缓解“融资难、融资贵”,创新推出“苏科贷”“通农贷”以及“税易贷”“税e融”等金融服务产品,并助力企业进入资本市场直接融资。2020年疫情期间,市相关部门依据贷款延期政策积极帮助企业申请,并一企一策为重点扶持企业办理延期还本付息提供便利。相关部门出台政策扩大银税合作受惠企业范围,将受惠企业由纳税信用等级A级和B级企业扩大至M级企业。多部门联合出台金融扶持办法,实施对满足利率定价条件、免收服务费用的银行给予补助,对通过知识产权金融专业服务平台获得质押融资产生的服务费给予企业补助等多项举措,并运营好市知识产权投融资“通知贷”,积极引导企业灵活运用动产抵押方式融通资金。

用地方面,据自然资源部门介绍,我市实行差别化的地价政策,对民营企业发展符合国家和省节约集约用地标准,列入省级13个先进制造业集群名单及符合全市“3+3+N”产业发展方向的战略性新兴产业,以最低保护价确定出让底价。同时在市区探索实行工业用地“先租后让”,在县(市)探索工业用地弹性出让。

人才和用工方面,南通市继实施江海英才计划、产业发展“312”行动计划和“人才八条”后,出台集聚人力资源服务产业发展的若干政策措施,解决全市基础性、产业性人才聚集短板,实施一年市外户籍人员新增参保9.1万人,说明新政对人才和劳动力流入产生积极作用。疫情期间,市工信和人社等部门开通“南通复工企业绿色通道”,有效保障企业用工稳定,接运补助合计达1.1亿元。

(五)市场活力显著增强,市场主体活力旺盛

从省工商联2020年民营经济营商环境评估情况来看,南通市“市场活力”得分位居全省前列,各类市场主体活力旺盛。南通市近年来抓项目建设,抓综合行政执法体制改革,着力营造公平市场环境,稳定投资信心成效凸显。近年来,南通市在要素获取、准入许可、政府采购和招投标等方面,对各类所有制企业一视同仁。

减税降费方面,进一步深化改革,严格执行减税降费相关政策,全面清理政府性基金项目,凡不在省公布目录中的政府性基金项目一律取消,

实现“目录之外无收费”。

知识产权保护及司法保障方面，推进知识产权战略推进专项计划，设立中国（南通）知识产权维权援助中心，开通12330维权援助与举报投诉热线，设立了中国南通（家纺）知识产权快速维权援助中心。南通中院对司法保障民营经济发展提出涵盖民事、商事、刑事、执行的十条具体意见，向省高院请示申请在南通中院辖区内，由全国首批“三合一”试点法院、江苏省知识产权刑事案件简易审理两家试点法院之一的通州区法院集中管辖全市基层法院受理的一审知识产权案件。

市场监管方面，2020年疫情期间，南通市对各类主体实施包容审慎监管。市场监督管理局在全省率先出台《关于疫情防控期间实施信用助企七项措施的通知》（通市监发〔2020〕43号），推进一对一服务重点保障企业修复申请，指导部分企业及时完成地址变更登记等服务。市信用办制订信用服务实施方案，明确企业失信不予记录及惩戒的条件。发改委与生态环境局采取区别对待、分类监管监察等政策，帮助企业规避失信风险。

清欠方面，2018年底以来，南通市认真组织实施清理拖欠民营企业、中小企业账款工作，列入工信部台账的清欠任务已全部完成，切实保障了民营企业权益。清欠工作被列入市委、市政府重点工作，并积极探索长效机制。

（六）夯实服务载体，促进政企互动

南通市撤销民发办，由市工信局牵头成立南通市民营企业服务中心（工信局下属正科级事业单位），开发运行了南通政企通App平台，方便企业查阅政府部门最新政策资讯和项目申报信息。截至2020年年底，在“南通政企通App”关注的企业近10000家，累计发布惠企政策600余条，项目申报、会议活动、供需信息300余条，答复企业诉求160余件。2020年，工信局研究印发了《建立“政企直通”微信工作群和信息直报制度推动民营企业服务中心实体化运作实施方案》，并督促各县（市）区加快建立运行民营企业服务中心。至2020年年底，海安、海门、启东、苏锡通园区已成立，编制人员均已到位，其他地区也正按程序加快推进。

为强化政企沟通，2020年工信局牵头在全市各板块包括县（市）区、开发区、乡镇街道,以及在外通商、重点产业,分层分类建立微信群,方便企业反映问题、投诉建议。目前,南通市政企通微信群已成立并运行良好。200多家企业负责人入群。市政府相关领导、市各涉企部门主要及分管负责人均已进群,及时回应企业关切。同时各县(市)区均积极部署,已组建有重点行业群、重点企业群、上市企业群、重点企业家群等各类微信群,以及信息发布和培训、企业服务和项目申报等各类QQ群,方便与民营企业精准沟通。

二、目前南通市营商环境中存在的突出问题及薄弱环节

总体来看,经过政府、相关部门以及全社会共同努力,南通市营商环境建设取得良好成效,但在部分具体环节的维度和深化细化上仍存在提升空间,服务企业以及要素保障等方面仍存在一些薄弱环节,亟待政府和相关部门认真研究并逐步加以解决。

(一)政策供给与现实匹配度有待进一步改善

调研发现,不少企业反映支持企业创新等政策门槛较高,对设备投入的要求十分严格,将部分企业排除在外。有企业反映,技改时购买什么设备、设备什么时候到位要根据市场实际情况进行调整。但是对照政策,如果要拿到补助,就必须按照企业最初制订的设备购买计划实施,型号、规格都不能变化,否则不予承认。一些企业从制订计划到购买设备到开票往往超过一年,相关政策中对企业“当年投入”的要求不尽合理。少数政策在部门条线间仍存在表述矛盾,个别政策存在因研究国家、省政策不细,设置前置条件不合理的情况,例如,制药企业因制药行业的特殊性,对纳入国家药品标准的品种,不要求注明参与研究的药品生产企业名称,因此与南通市鼓励质量提升的相关政策要求出现冲突,导致企业无法获得政策补助。此外,部分企业反映,南通市一些扶持政策、减税降费政策虽然申报较为顺畅,但在审核以及最终获得补助环节的时间较长,导致补贴到位不及时。

(二)政务服务及执法满意度有待进一步提升

在省工商联2020营商环境评价报告中,南通市政务公开二级指标较之其他地区排名靠后,少数部门对于应当公开的信息予以公开的情况,以

及民营企业对政务信息申请公开的回复效率有待提高。在信息查询方面，企业反映，可以查询到有关政策，但存在内容不完整、解读不充分的情况。少数企业反映，在项目审批及办事过程中，仍存在操作简单机械、部门推诿等情况。部分企业对行政审批的“不见面”网上审批系统不稳定，审批时间长等问题提出意见。企业反映，随着国家对安全、环保标准的提高，基层部门执法日趋严格，但在实际执法中，存在一检查就走程序，进行罚款甚至通知停产的现象，对企业经营生产造成困扰。省工商联问卷调查数据显示，我市 27.69%的受调查民营企业认为我市存在“多个单位或一个单位的多个部门反复检查”，21.71%的民营企业认为当地政府部门 “平时不对企业加强指导，遇到问题直接就处罚”。说明我市在执法的“柔性管理”“包容监管”方面仍需加强。问卷调查中的法治环境指标方面，我市“民企行政诉讼胜诉率”得分 0.92 分(满分 1.5 分)位列全省中下游。“民企行政诉讼案件数”得分 0 分(满分 1.5 分)位于全省末位，司法效率及执法效能需引起有关部门足够重视。

(三)要素保障和降低成本空间有待进一步挖掘

调研发现，企业融资方面，制造业企业对资金流要求高，即便是一些上市公司，在融资方面依然存在具体问题。但目前我市银行贷款一般只接受固定资产抵押，不接受设备抵押，银行保理融资仅限于外贸企业，固定资产抵押折率较低，一般不超过 50%。南通的担保企业基本上都是国有企业，设定的担保条件与银行贷款条件一样，不做放大担保意义就不大。过桥资金利息高。南通地区过桥资金日息约为 3‰，而深圳地区仅为 1.5‰~2‰。人才及劳动力方面，我市企业人才和劳动力“留不住”人的情况较为突出。除了由于近年来我市经济发展较快，引进企业较多，制造业用工需求量大等原因外，部分工业园区重招商、轻配套，在推进产城融合、健全公共服务，为企业员工特别是年轻人生活提供便利方面相对滞后，也是人才及劳动力流失的原因之一。受疫情影响，我市部分行业和企业发展在原材料、用工、资金、市场等多个方面出现了前所未有的困难。例如，家纺行业高端人才稀缺、用工缺口难补；新材料行业原材料供应不足、下游产业需求萎缩，产量及订单下降；茧丝绸、纺织等行业市场需求下降与外贸订单缩减交织。我市民营企业、中小企业数量面广量大,且受环境影响大,企业在发展和市场竞争中面临的市场性交易成本急速上涨、制度性交易成本居高不下等困难,资金、劳动力等各类社会资源掣肘,需有关涉企部门深度调研,并依据南通市实情,提出阶段性或长期性应对举措,切实缓解企业生存和发展压力。

三、优化南通市营商环境的几点建议

营商环境是一个地区“软实力”、竞争力和运行效率的重要体现,是一个地区经济社会持续发展的重要驱动力,也是市场主体赖以生存和发展的根基。审视南通市营商环境中的实际问题,聚焦当前企业关切,就如何进一步提升南通市民营经济营商环境,更好服务全市广大民营企业、中小企业发展,提出几点建议。

(一)进一步提高施策精准度,打造更优政策生态

在严格贯彻落实国家、省、市相关政策的同时,应进一步加强政策调研,实地听取企业、行业的意见,扩大听取范围,拓宽听取渠道,切实保障企业和行业知情权、参与权、表达权和监督权,把企业、行业的意见吸收进来,提升政策供给与现实匹配度,让政策文件出台更精准、更接地气。应研究疫情持续对行业和企业发展造成的影响和困难,采取更加普惠的降费政策,进一步降低或延缓缴纳行政性收费,确保各项纾困措施直达企业、直接惠及市场主体。相关涉企部门在确保不与国家、江苏省政策冲突的前提下,参照民营经济发达地区以及政策成效好的地区相关做法,进一步优化细化我市在项目报批、设备投入、创新鼓励、质量提升等政策,并加强各类政策的优化设计和科学调度,研究制定支持南通市重点产业发展等专项政策意见,推动政策资源向重大项目、重点产业集聚,让本地优势制造业享受更多地方政策红利。进一步强化部门联动,认真梳理、分门别类利用好各部门政策发布平台、扩大发布渠道、创新发布方式,并增加新闻发布会等公开形式加大宣传解读力度,让企业真正了解政策、掌握政策、用好政策。同时,进一步完善涉企政策执行机制,加强政策落实督查,避免政策流于形式,切实惠及企业,减轻企业经营负担。

(二)进一步构建亲清关系,营造更好发展氛围

持续开展“南通企业家日”系列活动,深入挖掘企业家精神内涵,开展优秀民营企业家和优秀企业评选表彰活动,通过弘扬企业家精神,引领更多市场主体创业创新,持续营造全社会尊重企业家、理解企业家、支持企业家良好氛围,让企业家在竞争市场竞争中更有公平感、在合法营收时更有安全感、在社会生活中更有尊严感。

加快探索构建推进企业家健康成长的引导机制,持续推进企业家素质提升工程,以及本地、异地企业互动交流、企业家专题培训活动,并注重推荐优秀民营企业家担任各级人大代表、政协委员,鼓励优秀企业家在群团组织和社会组织中兼职。

强化政企沟通,进一步打造构建亲清新型政商关系,深入推进服务企业常态化工作机制,不定期分行业常态化开展“企业家面对面”活动。发挥好线上线下交流平台作用,强化“交办、督办、反馈、回访”四环联动机制,加强会商会办,努力解决一批企业反响强烈的突出问题。

定期为民营企业开展法治体检,及时化解苗头性、倾向性问题。严厉打击针对民营企业的不正当竞争行为、侵犯企业知识产权以及损害民营企业商业信誉、商品声誉等违法行为。加快建立健全政府、部门间协同监管和联合奖惩机制,完善市场主体诚信档案,加强商事审判,并开展政府违约失信问题的清理、整治。

(三)进一步提升行政效能,补齐营商环境“短板”

要进一步提升行政审批效能,采取走访服务制度与企业自我报批相结合的方式,市有关部门应紧盯项目建设重要板块和重点单位,主动联系、主动上门,靠前服务,第一时间掌握项目基本情况,对项目概况、落地时限、分布板块等项目情况进行梳理,将项目分门别类建立项目库,及时掌握项目报批进度,适时采取点对点服务、订单式服务,提升服务精准度。对企业提出的困难和问题,尽快研究、及时回复。加快推进代办帮办网上服务平台的应用推广,加强帮办代办宣传引导,扩大服务面,并科学定制报批流程、安排专人跟进。要提升行政执法综合水平,严格规范涉企执法检查行为,全面优化执法环境。创新执法理念,在法律允许的范围内实行

柔性执法,减少或避免“一刀切”的行政执法方式,对民营企业经营中的一般违法行为,审慎研究妥善处理,由重行政处罚向重教育指导转变。推行并完善一支队伍执法、一个标准执法、一次性全面执法的综合执法模式,降低对企业的监督执法频次,减少扰企现象发生。并大力推行行政执法公示、执法全过程记录、重大执法决定法制审核“三项制度”,建立健全行政执法信用修复、异议处理机制。

(四)进一步强化要素保障,降低企业经营成本

融资方面,应进一步发挥财政资金杠杆撬动作用,完善各类专项融资风险资金池,加大对中小企业融资支持力度。不断优化金融机构考评机制,引导推动信贷资源向民营企业、中小企业倾斜,鼓励商业银行加大创新力度,针对不同行业、不同规模、不同生命周期企业的具体需求设计信贷产品,开发更多的适合于中小微企业特点的贷款品种。鼓励金融机构优化企业金融服务流程,完善创新举措,做大网贷通业务,让更多企业足不出户就能办理银行结算和贷款业务。

人才方面,要围绕行业发展重点领域和关键技术环节,对能够培养重大技术攻关专项人才的企业给予相应支持,鼓励企业从各大高校、先进地区吸引人才。建议从市级层面统筹出台鼓励性优惠政策,建立政府引导、市场运作、校企联动、合作共赢的产学研融合机制,有计划地与各类专业院校、科研机构签订合作协议,全方位为全市重点产业输送人才,借助外力来弥补本地企业研发能力的不足。针对上海、苏南等地人才虹吸效应,加快完善南通市人才激励保障措施,以优质的人才生态环境强化城市人才承载力。

用工方面,建议对用工行为规范、诚实守信、稳岗到位的企业,以及“5215”工业大企业和智能装备、新材料、新能源等重点新兴产业类企业新招用人员,根据企业税收上缴体制,给予基地建设运行费、人力资源输送奖励、推荐就业奖励、企业招聘补贴、高校毕业生就业补贴、社会保险补贴等奖励补助。及时将市场用工需求转化为培训需求,大力推行“订单式”“对接式”“储备式”技能培训及综合式培训,并给予梯度补贴。

用地方面,建议相关部门切实帮助企业节约探索通过缩短土地出让

年限、分期缴纳土地出让价款等方式，帮助企业降低用地成本。

(五)进一步构建评价机制，提高环境建设意识

各级、各部门应提高营商环境建设意识，以及对优化营商环境工作的重视程度，加强对营商环境的系统性、复杂性、协同性的进一步认识，提升环境建设能力水平。建议强化对优化营商环境的组织领导，以全市民营经济发展领导小组为机制基础，构建推进营商环境工作的组织领导、决策部署、统筹协调、督查落实和综合评价等工作。

各地、各涉企部门主要负责人应作为第一责任人，重视并组织推动优化营商环境各项工作，各相关部门应及时研究解决营商环境中的“痛点、堵点、难点”问题，制订具体实施方案，列出清单，限期整改，变被动受理为主动服务。探索建立由市政府主导的民营经济发展领导小组执行的优化营商环境多部门联席会议制度，定期交流通报工作进展情况，及时研究解决重大事项和重要问题。

要做好营商环境优化的跟踪检查和综合评估，制定考核评价指标体系，实施奖惩分明的考评机制。建议参照国内外评价方法设置合适的营商环境评价体系，并借助社会力量，客观构建并发布年度《南通市营商环境评价报告》。

撰稿人：方雪忠　陆丹

2020 年 12 月

南通市隐形冠军培育情况调研报告

南通市工业和信息化局

“隐形冠军”企业，顾名思义，就是公众知名度相对较低，处于市场“隐形”地位，但在产业链的某个细分领域拥有绝对话语权，对终端产品的生产起着决定性作用的企业，这些企业创新能力强、成长性好，其产品往往在国内外细分市场占有率位居前列，并决定着一个产业的整体竞争力。因此，行业“隐形冠军”对产业升级、创新发展意义重大。一个地区经济转型成功与否，经济能否高质量发展，很大程度上取决于该地区是否拥有一大批“隐形冠军”企业。

一、南通市培育“隐形冠军”总体情况及成效

近年来，南通市政府和相关部门强化政策引导和制度安排，优化发展环境，提升服务水平，为“隐形冠军”成长不断营造氛围、培植土壤，培育工作成效良好。在由工信部和中国工业经济联合会主导的制造业单项冠军企业和单项冠军产品评选中，目前南通市已有全国制造业单项冠军企业10家、产品3个。中天科技海缆有限公司、江苏神通阀门股份有限公司、中兴能源装备有限公司入选全国首批制造业单项冠军培育企业；江苏鹏飞集团股份有限公司、江苏力星通用钢球股份有限公司入选第二批单项冠军企业，江苏中天科技股份有限公司的无金属自承式光缆入选第二批单项冠军产品；南通市通润汽车零部件有限公司、江苏铁锚玻璃股份有限公司、南通中集罐式储运设备制造有限公司入选第三批单项冠军示范企业，中天电力光缆有限公司生产的架空地线复合光缆(OPGW)入选第三批单项冠军产品；亚太轻合金(南通)有限公司入列第四批制造业单项冠军企业，中天射频电缆有限公司生产的漏泄同轴电缆入列单项冠军产品。江

苏天楹环保能源成套设备有限公司、南通星球石墨股份有限公司、江苏中天科技股份有限公司、江苏通光电子线缆股份有限公司及其产品有望成为第五批制造业单项冠军企业或产品。

南通制造业总量大、门类全、企业多，总体走在全国全省前列，“单项冠军”企业培育有基础、有条件。截至2019年，南通“隐形冠军”企业的“预备役”成员已达140多家。星球石墨、新帝克单丝、通光集团、鹿得医疗……它们正默默“耕耘”在装备制造、纺织新材料、电子信息、医疗器械等细分市场里，加速成为推动南通经济迈向高质量发展的“冠军力量”。一大批“专精特新”企业和科技“小巨人”企业正高度专注于行业细分领域，不断支撑着“南通智造”和“南通创造”。另外，南通日益壮大的高新技术企业队伍也正按动着经济转型、高质量发展的“加速键”。

调研了解南通市“隐形冠军”企业、“专精特新”企业和科技“小巨人”企业的成长和发展历程，无一不折射着南通实施创新驱动战略的实际成效。近年来，南通大力实施创新驱动战略，将“单项冠军”企业培育工作列为市政府重点工作任务之一。通过政策集成、资金引导，营造良好环境、激发和保护企业家精神，以及强化资金支持等手段，激活企业创新基因，缓解企业要素瓶颈，不断打通企业高质量发展“任督二脉”。

（一）激活企业发展基因，为企业“夺冠”有效加持

40多年前还是一家生产自行车辐条的企业，为何如今却能为奔驰、宝马做轴承，为波音747做钢球，为高铁做滚子，成为世界钢球和滚子行业中的力量之星？江苏力星通用钢球股份有限公司的当家人坦诚地说：“企业要发展，唯有依靠创新。”力星的成功源自他们果断抛弃原有落后产品，投入巨大的财力、人力不断研发高精尖产品，做到“人无我有，人有我优”。

从“汗水驱动”迈向“创新驱动”，走向“夺冠”之路，创新是企业“必选项”。南通经济走出普遍低端，集体向产业链高端攀升，是加快转换增长方式的不二选择，必须依靠独霸行业技术制高点的一个个“隐形冠军”的支撑，必须大力推进企业自主创新，这已成为全市上下的普遍共识。近年来，南通在政策和资金上正持续不断地为企业输送给养和能量。

继2013年，南通在全省率先出台《关于实施“五项工程”，加快促进民

营经济转型升级的意见》，推动企业向创新发展和素质提升转变后，2018年，市委、市政府出台《关于促进民营经济高质量发展的若干政策措施》，明确了支持企业创新转型、鼓励质量提升、助力人才引进等方面的扶持政策和奖励额度。

行业的发展带动着行业内企业的发展。近年来，市工信部门每年制订“3+3+N”重点产业推进工作意见和部门推进产业创新发展的考评办法，2018年牵头制定的《关于加快培育先进制造业集群的实施意见》等文件，为加快培育特色鲜明、优势互补的先进制造业集群进程加码。

市财政等部门制定的《关于推进市区产业转型升级的若干政策意见》，进一步放大产业政策的导向作用，提高财政资金的使用效益。科技部门围绕产业链部署创新链、完善资金链，建立覆盖产业创新、企业创新发展全过程的创新政策支持体系。

聚焦人才资源，突出“高精尖缺”导向，大力实施高技能人才“十百千万”培育工程，高规格举办江海英才创业周暨青年人才发展大会，实施沪通人才合作“三个一百工程”，启动“江海英才一卡通”服务，省“双创计划”资助人才数量连续多年位居全省前列……不断壮大的人才资源队伍，成为南通企业“夺冠”的强有力支撑。

李克强总理要求“全面开展质量提升行动，推进与国际先进水平对标达标，弘扬工匠精神，来一场中国制造的品质革命”。作为国民经济的基础性行业，通信行业需要具备非常高的服务质量等级。20世纪90年代末，中天科技的层绞式通信光缆曾因39项指标考核中看似无关紧要的1项考核不过关而被判定不合格，企业掌舵人及技术团队知耻而后勇，将每年3月3日定为企业“质耻日”，提出了“专注精细制造”的企业核心价值观，开启了以精细制造为指导、产品质量为核心的生产新纪元。截至2020年年底，该企业已相继通过了ISO9001、ISO14001、OHSAS18001、ROHS、UL、ISO10012和SA8000认证，主持或参与制修订各类标准近300项，并在国际舞台上逐步拥有话语权。

市质监部门出台了《南通市实施名牌战略工作要点》，并围绕“3+3”重点产业，制订了全市质量提升实施方案，全力打造行业龙头和质量标杆。

正是为了鼓励更多企业向国际先进质量标准看齐，不断增强质量优势，使南通市单项冠军产品成为高质量的标志。

据统计，近年来，市委、市政府先后制定下发扶持实体经济和中小企业发展、营造宽松发展环境、鼓励企业创新等相关政策文件40多件，为全市民营企业、中小企业转型创新发展，成长为“隐形冠军”提供了有效政策指引。

（二）夯实“四梁八柱”平台，为企业创新筑牢基础

产业化发展载体、科技研发与合作、科技公共服务等各类平台是“隐形冠军”们成长和发展不可或缺的依托。为了打造好这些培育冠军的“摇篮”。近年来，南通市重点发展以新技术、新工艺、新产品、新业态等科技研发及服务的功能平台，加大数据应用和科技研发型项目招引培育力度，布局建设科技服务示范园区、科技服务特色基地、知识产权示范园区、重大科研设施，重点实验室、技术创新中心、科技资源共享平台、科技公共服务平台、科技企业孵化器、众创空间等“四梁八柱”，加快构建功能完备、运作高效、保障有力的创新创业服务生态系统，为产业转型升级、企业创新发展提供了强力科技支撑。

以中央创新区科创中心沪通科技创新集聚区为核心，南通高新区国家科技服务业区域试点单位、南通高新区科技新城、南通产业技术研究院、江苏省科技服务业知识产权特色基地、江苏省技术产权交易市场南通分中心等为支撑的区域创新体系正抓紧构建。目前，中创区已基本形成“1+N+1”创新型三级城市规划体系。正积极开展“招才引智”与“招所引院”，已与中科院系统、上海、北京等地10余家高校和科研院所，4个院士团队，深圳腾讯、金光纸业等企业签订入驻协议。

在以国家级高新区为龙头，省级高新区、三创核心区、科技园区为支撑的创新载体体系中。南通目前已有6个国家级、1个综合保税区、13个省级开发区、25个跨江跨国合作园区和一批沿江沿海特色产业园区，省级以上开发区总数位居全省第二。全市建成海工船舶、现代家纺、电子信息等国家新型工业化产业示范基地3个。

以南通产业技术研究院为引领，清华大学南通先进通信技术研究院、

中科院南通光电工程中心、南通新微研究院等重点大院大所为支撑的产业创新平台体系越来越发挥出其强大的实效。南通已成立的24家大院大所(新型研发机构)分布在“3+3+N”产业的高端纺织、船舶海工、电子信息、智能装备等多个领域。

南通对市区企业开展产学研合作和国际科技合作实际支付的合作经费给予50%、单个项目最高限额为500万元的补助。2018年以来,市区共有71项产学研合作项目获得后补助经费近1400万元。133所高校院所产学研合作建立的916个校企联盟,引进建设的上海交通大学、武汉理工大学等近10家高校技术转移中心南通分中心,以及以产学研合作为纽带组建产业技术创新战略联盟,有效促进了南通市本地上下游企业间,企业与相关高校、科研院所、金融机构间深度开展技术、生产、市场、资金合作。

习近平总书记指出:中国要强盛、要复兴,就一定要大力发展科学技术。关键核心技术是要不来、买不来、讨不来的。以鑫缘茧丝绸等国家级企业研发机构为引领,江苏中洋等国家级工程技术研究中心培育点,运行绩效考评优秀的省级工程技术研究中心为支撑,东丽纤维等省级外资研发机构为补充的企业创新平台体系正不断“自发热”,不断突破着行业关键技术,加速促进创新成果向企业转化。据统计,截至2020年年底,南通市已拥有各类科技创新平台1752家,其中省级以上401家。大中型工业企业和规模以上高新技术企业研发机构建有率达87.02%。

(三)弘扬企业家创新精神,为企业创新注入“强心剂”

企业家是企业发展的灵魂,是企业经济活动的重要主体,企业要想“夺冠”,掌舵人对新技术、新产业、新业态、新模式的深刻理解和大胆实践尤为关键。企业摘名夺标,成为“小巨人”当上“隐形冠军”,企业家干实业、搞创新,要承担来自资金、环境、内部管理等方方面面的压力,很多企业家在精神和身体上都是负重前行。因此,弘扬企业家精神,保护企业家干事创业的积极性,才能鼓励更多社会主体投身创新创业。

南通市在连续13年开展开展“名企、名品、名人”年度人物评选活动,为经济领域创新发展,企业争先创优营造良好氛围的基础上。2016年,南通市十四届人大常委会第33次会议决定,将每年5月23日确定为“南通企业家日”，在全国率先形成尊重、理解、支持企业家发展成长的制度性安排。企业家日的设立，对于进一步凝聚社会共识、树立鲜明发展导向，产生了重要的法律意义。一年一度的“张謇杯”杰出企业家等人物评选，有力地激发出企业家创业创新激情，发挥出良好的典型示范带动引领作用。

评选出的108位“‘张謇杯’杰出企业家”“三名人物”“经济年度人物”等优秀企业家，这些企业家所在的企业95%以上都迈入“隐形冠军”企业或者“预备役”的行列。南通市制造业的领军人物、首届“张謇杯”杰出企业家中天科技集团董事长薛济萍表示：“这是对南通民营企业巨大的激励和鞭策，中天科技坚定不移专注精细制造，并挖掘、唤醒员工内心深处的精细文化基因，培养出一批有匠心、懂匠艺、铸匠魂的优秀工匠，提升企业整体竞争实力”。

如今，“南通企业家日”已经成为南通市优化营商环境的一张金质名片，成为弘扬企业家精神，激发和保护企业家转型升级、争先创优的积极性和创造性的有效抓手。南通正抓紧研究设立优秀民营企业家培育激励机制。加大对“张謇杯”杰出企业家、获市级以上表彰的优秀民营企业家和市“三名”年度人物以及对把主业、总部及产业高端环节放在本土的优秀本土企业家的培育扶持力度。每年组织优秀民营企业家赴市级以上党校，赴国内外著名院校学习充电，借鉴浙江、上海、福建等地优秀企业的成功经验，拓展发展思路，提升现代管理水平。并加强对“创二代”企业家培养，有效促进民营企业代际传承和南通企业家精神薪火相传。

（四）有的放矢实施精准扶持，为企业“夺冠”添翼助力

调研中，一谈到科技扶持资金，新帝克单丝董事长马海燕就赞不绝口，“五万也好，十万也好，企业都是开心的，体现的是政府的关心和支持，如果力度再大点更好”。他坦言，中小企业科技创新的确需要政府“扶上马，送一程”。这些年，新帝克单丝多次获省、市“专精特新产品”资金和中小企业专利新产品专项资金等项目资金扶持，不仅有效助力了企业自主创新和产品研发，同时极大激发了企业团队科技创新、提升品质的热情。

近年来，南通市级财政设立了中小企业专利新产品专项资金，支持企业加快科技创新，2018年认定市级中小企业专利新产品33个，给予市级

补助资金3000余万元。在省政府出台对单项冠军企业给予100万元资金奖励政策后,配套修订了市区扶持政策,对获得国家制造业单项冠军的市区企业给予20万元资金奖励,有效引导全市各地积极创建培育“单项冠军”企业,激励企业向“隐形冠军”加快进发。2020年疫情期间,市科技部门积极争取省科技专项资金对全省列统的新型研发机构的补助,2020年,海安南京大学高新技术研究院、中国科学院上海技术物理研究所启东光电遥感中心3家单位获得奖补。对照省科技资源统筹服务平台科技创新实施方案,协调市财政局修订市大型科学仪器设施补贴政策,增加了补贴范围,加大了补贴力度,今年以来,为企业配套省大型科学仪器设施平台补贴7.7万元、兑现市大型科学仪器设施补贴共195万元,首次兑现沪通科技合作大型科学仪器设施券补贴共26.4万元。

近年来,南通正逐步统筹整合全市科技创新资源,更加精准扶持企业科技创新,更加聚焦重点产业、“种子产业”。科技贷款扶持、科技担保扶持、科技金融扶持、科技创业扶持……多管齐下。产业转型资金、中小企业专利新产品专项资金、新一代信息技术产业专项资金……精准发力。财政资金杠杆作用得到有效发挥,科技金融银行(机构)不断做大,“苏科贷”等科技金融产品,有效扩大了南通市科技金融贷款规模,满足了部分科技型、轻资产中小微企业的融资需求。

针对企业融资难,经年来,南通依托两个线上平台和一个线下平台,以“江海创投行”企业路演对接活动为载体,进一步推动银企对接。不断推动银行创新抵质押方式,大力推广应用税易融、出口退税贷等创新金融产品,帮助缓解融资难、融资贵问题。市金融部门研究出台了市区风险分担管理办法,实现了融资担保风险在政府、银行、再担保和担保机构的四方共担。

二、当前培育工作和企业成长遭遇的几个突出问题

在培育工作不断进展,冠军企业和产品数量逐年增加的同时,我们仍不可回避南通市培育工作和企业发展遭遇的一些掣肘和薄弱环节。

(一)政策精准度有待提升

调研发现,不少企业反映支持企业创新等政策门槛较高,对设备投入的要求十分严格，将绝大部分企业排除在外。有企业反映，技改时购买什么设备、设备什么时候到位要根据市场实际情况进行调整。但是对照政策，如果要拿到补助，就必须按照企业最初制订的设备购买计划实施，型号、规格都不能变化，否则不予承认。一些企业从制定计划到购买设备到开票往往超过一年，相关政策中对企业“当年投入”的要求不尽合理。部分企业反映，南通市一些扶持政策、减税降费政策虽然申报较为顺畅，但在审核以及最终获得补助环节的时间较长，导致补贴到位不及时。

（二）企业出口压力加大

经调研了解，目前南通市近六成“隐形冠军”企业（培育企业）开展出口业务，但受中美贸易摩擦和2020年疫情的严重影响，企业出口面临严峻挑战。一方面，市场需求不足，另一方面，产成品价格持续回落。2020年7月当月，全市外贸进出口总额同比下降0.4%，环比上月回落了6.6个百分点。1—7月全市外贸进出口额为1410.3亿元，同比仍下降1.4%，其中出口额为937亿元，同比仍下降3.8%。国外疫情未见明显缓和，部分企业的出口订单仍在持续减少，部分大型企业的订单不足以支撑产能需求。

（三）企业成本上升明显

受疫情影响，南通市部分行业和企业发展在原材料、用工、资金、市场等多个方面出现了前所未有的困难。例如，家纺行业高端人才稀缺、用工缺口难补；新材料行业原材料供应不足、下游产业需求萎缩，产量及订单下降；茧丝绸、纺织等行业市场需求下降与外贸订单缩减交织。位于行业“头部”的培育企业同样也不可避免地出现原材料、人力资源、研发、管理营销成本等综合成本上升较快的情况，由于上海、苏南等地人才的虹吸效应，用工紧缺、留人难现象更加凸显。

三、下阶段培育“隐形冠军”的一些对策建议

加强“隐形冠军”企业培育是推动经济高质量发展的一项重要抓手。南通市要将中小微企业发展进一步聚焦到“隐形冠军”企业培育和专精特新培育上来，促进中小微企业加快转型升级，为我市经济高质量发展不断提供新动力。

(一)进一步加强顶层设计和总体谋划

结合南通市"十四五"总体规划，聚焦南通市中小微企业向"隐形冠军"发展的阶段性目标和长远战略，进一步明确产业发展导向，着力优化传统产业和价值链下游"隐形冠军"企业比重过高现状，围绕新经济、新业态、新产业，以及产业链高端环节，加快培育和优先评定一批"隐形冠军"企业，加快推动产业结构调整和优化。加强集群式培育，放大冠军企业在产业协同发展中的核心作用。从政策和资源上扶持鼓励中小微企业联合开展产品研发、技术攻关、市场拓展、人才培养、品牌创建等，建立上下游配套协作关系，以促进产业链内更多"隐形冠军"企业的孵化。科学合理制订南通市"隐形冠军"具体培育方案，完善梯度培育工作方案和工作机制，进一步提升政策发力精准度，提升政策兑现时效和幅度，同时发挥部门合力，推进培育体系更完备、更科学，助力企业发展。

(二)进一步强化平台建设和用好抓手

进一步推进双创载体建设。打造众创空间、科技企业孵化器、加速器、众创社区等多层次、全链条的创新创业载体，孵育一批高成长性民营科技企业。进一步实施好"小升高"计划，推动南通市面广量大的民营科技企业加快成长为高新技术企业。引导企业主动创新，搭建南通市高企培育服务平台，提供专家答疑，完善申报体系，实现跟踪服务"全过程"，提高企业培育成长积极性，推动企业梯队成长。瞄准关键核心技术，大力支持民营企业参与实施重大科技项目和国家重点项目。进一步促进产学研合作，支持民营企业向高校院所有偿预订研发科技成果和转化技术。在企业技术需求挖掘、科技成果对接的基础上，组织企业走进高校、中科院研究所，实地考察参观国家级重点实验室、工程技术研究中心，了解高校院所研发动态、成果信息，带着技术需求上门找技术、找成果、寻合作，达成一批产学研合作意向。

(三)进一步缓解要素瓶颈和提升服务水平

要深化资源利用"亩均论英雄"改革举措，实施差别化资源要素配置，真正发挥出改革的正向激励和反向倒逼作用。资金要素方面，科学配置财税扶持政策，引导社会资本更多参与"隐形冠军"企业发展。开展科技金融服务，提高金融机构对科技型中小微企业放贷费率补贴比例，用好苏科贷、通科贷等科技金融产品,不断完善服务体系。人才方面,要围绕行业发展重点领域和关键技术环节，对能够培养重大技术攻关专项人才的企业给予相应支持。建议从市级层面统筹出台鼓励性优惠政策，建立政府引导、市场运作、校企联动、合作共赢的产学研融合机制,有计划的与各类专业院校、科研机构签订合作协议,全方位为全市重点产业输送人才,借助外力来弥补本地企业研发能力的不足。针对上海、苏南等地人才虹吸效应,加快完善南通市人才激励保障措施,以优质的人才生态环境强化城市人才承载力。空间方面,要加快载体建设提升,完善公共服务配套,优先安排“隐形冠军”企业入园发展,探索建立以产业链为纽带的“隐形冠军”企业园。建议相关部门切实帮助企业积极探索通过缩短土地出让年限、分期缴纳土地出让价款等方式,帮助企业降低用地成本。服务方面要充分利用好南通市民营企业服务中心、政企通 App 等线上线下平台,强化政企沟通,营造服务企业发展良好氛围。

撰稿人:方雪忠　陆丹　钱姝澄

2020 年 12 月

南通市上规模民营企业调研报告

南通市工商业联合会

上规模民营企业调研是工商联工作的主要抓手和重要依托，已连续调研23年，逐渐成了我国民营经济发展的晴雨表和风向标，对各级党委、政府分析经济发展规律，有着十分重要的参考价值。南通市工商联高度重视，认真组织，参与调研企业数不断增加，企业质量明显提升，通过调研统计和数据分析，能准确反映南通市民营企业的基本情况和发展概况。

一、基本概况

从2021年3月份起，南通市工商联开始部署上规模民营企业调研工作。调研内容主要包括企业上一会计年度企业基本情况、投资和发展战略情况、治理和守法经营情况、创新发展情况、“走出去”和参与“一带一路”建设的情况、转型升级情况、营商环境情况等，同时对影响民营企业发展的主要问题进行了调查。调研按照企业自愿填报、县(市)区工商联梳理和推荐的程序，最终收集全市营业收入总额5亿元以上的企业调研表128份。截至2021年5月底，南通各县(市)区参与调研企业数如下：如东28份，海安22分，通州区19份，如皋16份，崇川区16份，海门区14份，启东7份，开发区7份。

南通市2021年度参与调研的上规模民营企业覆盖8个县(市)区，调研数量前三位分别为如东、海安、通州，营业收入总额前三位分别是海门、通州、海安，净利润总额前三位分别是海门、通州、海安；资产总额前三位分别是海门、海安、如东。2020年9月，全国工商联发布榜单，南通14家企业入围中国民营企业500强，1家企业入围中国民营企业服务业100强，2家企业入围中国民营企业制造业500强。省工商联发布榜单，南通

32 家企业入围江苏省民营企业 200 强,4 家企业入围江苏省民营企业制造业 100 强,10 家企业入围江苏省民营企业创新 100 强。从目前调研的情况分析,2021 年南通预计将有 16 家企业入围中国民营企业 500 强,4 家企业入围中国民营企业制造业 500 强，南通民营企业的规模和质态得到较大提升。

二、企业利润有所下滑

2020 年，上规模民营企业营业收入较 2019 年继续保持较好的增长态势。2020 年 128 家上规模民营企业营业收入总额为 14540.3 亿元,基本与上年持平;户均营业收入超过百亿元,达到 113.59 亿元。利润总额为 608.4 亿元,同比增长 19%。南通市上规模民营企业中,营业收入总额超千亿元 2 家(中南集团、南通三建);500 亿~1000 亿元 5 家(南通二建、南通四建、中天科技、苏中集团、龙信集团);100 亿~500 亿元 17 家。统计表明,南通市上规模民营企业中超大型企业数量偏少,第一梯队过百亿的 24 家企业中,中天科技、文凤化纤、通富微电、鑫缘丝绸 4 家制造业企业,其中通富微电和鑫缘丝绸首次突破百亿营收。另有化工轻工 1 家能源贸易企业、中国天楹 1 家能源环保企业、文峰集团 1 家零售服务企业,其余 17 家均为建筑企业。

三、经营效益有所放缓

2020 年以来,面对新冠疫情的突然袭击,部分企业停工停产,至 3 月份才陆续复工复产,加之建筑企业在湖北、新疆等地基本处于停工、半停工状态,外贸企业受物流和人民币升值影响,企业经营压力普遍较大,在国家、省、市一系列“抗疫情、助发展”政策支持下,南通市上规模民营企业经营效益基本平稳。从 128 家上规模民营企业经营情况来看,2020 年度税后净利润 468.59 亿元,户均 3.66 亿元;2019 年度实现净利润 403.51 亿元,户均 3.15 亿元,税后利润增长 16.2%。调研的 128 家企业中,82 家税后净利润比上年度有所增长,46 家下降。税后净利润超 10 亿元的有 10 家,同比增加 1 家,分别是:中南集团、南通三建、南通二建、南通四建、中天科技、苏中集团、龙信建设、南通六建、通州建总、华新建工。

四、社会贡献持续加大

近年来,民营企业对南通市经济社会发展起着越来越重要的作用,民营经济的健康发展是扩大就业、提高税收、改善民生和维护稳定的重要力量。从调研数据来看,上规模民营企业缴税总额逐年增长,但2020年缴税总额上升幅度较小,国家减税降费对支持企业抗击疫情、稳定增长、保障就业起到了一定的推动作用,成为解决民生和就业的重要力量。

(一)缴税总额继续增加

调研的128家企业2020年缴税总额为462.4亿元，同比增长4.1%。比2019年增加18.1亿元。从纳税规模来看,上规模民营企业缴税总额超10亿元以上的有10家,与上一年持平;缴税总额在5亿~10亿元之间的有7家,新增1家;缴税总额在1亿~5亿元之间的有20家,新增3家;缴税总额1亿元以下的有91家。

(二)就业人数进一步增加

所调研的企业中,2020年共吸纳了137.27万人就业,比2019年增加13.46万人。海外雇员21837人,由于疫情影响,海外雇员锐减;其中房屋建筑业、机械设备制造业、纺织服装业吸纳就业人数居前三位;调研企业中员工人数超10万人的有4家(南通四建、南通三建、南通二建、苏中集团),用工人数1万~10万人有20家。

(三)研发费用持续加大

调研的128家企业中,2020年研发费用投入总额总计为101.3亿元,同比增加20.8亿元,递增26%。128家调研企业中有102家有研发费用投入。超10亿元的有中南控股、中天科技,研发投入超1亿元的有17家,企业普遍大幅增加了研发投入。

五、制约民营企业发展的影响因素

2020年,民营企业遭遇新冠肺炎疫情和中美贸易摩擦的双重考验与挑战,上规模民营企业的发展受用工成本上升、企业复工复产迟滞、原材料价格上涨、物流成本上升、人民币升值等诸多因素的影响,部分企业出现经营困难、效益下滑等现象。面对经营压力,上规模民营企业积极应对,采取各种措施转变发展方式。

(一)资金成本、物流交通成为制约企业发展的主要困难

从外部环境来看,2020 年上规模民营企业面临的最大困难是资金成本、物流交通的不确定性和成本上升,另外还有人才缺乏、资金成本上升、融资难、人民币升值等因素,使上规模民营企业经营面临较大的压力。除此之外,上规模民营企业还面临着政策环境、法制环境、社会环境等压力,原材料成本上升、关键技术缺乏等因素也影响了企业的发展。

(二)积极应对要素成本上升压力

2020 年,针对经营成本上升的不利影响,上规模民营企业在大力节能降耗、采用新技术引进新设备的基础上,2020 年采取了更加重视研发投入,增强产业上下游的延链补链,加快资产周转率等措施。调研数据显示,上规模民营企业主要采取节能降耗的 68 家,采用新技术,引进新设备的 52 家,拓展新兴市场的 38 家,加快转型升级步伐的 45 家等。此外,还有采取提高产品和服务价格、淘汰落后产品、减少中间环节等措施。采取发展电子商务的企业数量增加了 33 家,加快转型升级步伐的企业增加了 63 家,这充分显示了民营企业正积极把握“互联网+”机遇,利用信息技术加快转型升级步伐。

(三)转型升级进度明显加快

在我国经济转入新常态,劳动力资源增长减缓的情况下,上规模民营企业向高度重视以人为本转变,通过优化发展战略、加强科技创新、信息化与工业化融合等多种方式推动转型升级。参与调研的 128 家企业数据显示, 从转型升级的进度来看,46 家上规模民营企业表示转型升级明显加快,占 36%;28 家表示转型升级刚刚启动,占 21.9%;23 家表示转型升级有所放缓,21 家表示尚未启动。

从促使上规模民营企业实施转型升级的动因来看, 主要为做大做强企业的愿望、劳动力成本上升、产品技术升级换代等方面。不少企业开始实行机器换人战略,主动引进自动化、信息化生产线,数字化车间和伺服机器人逐渐得到应用。

调研数据显示, 上规模民营企业转型升级的最主要推动方式向以人为本转变,加大人才引进力度、加强企业内部员工培训成为企业转型升级

的主要方式。上规模民营企业主要采取调整企业发展战略和发展规划的65家,加强企业员工内部培训的57家,加大人才引进力度的62家,实现工艺、产品、品牌升级的68家,扩展销售渠道的45家,通过以上具体措施来实现转型升级。

附:2020年南通市上规模调研企业入围榜单(表1)

撰稿人:朱兴建

2021年5月

表1 2020年南通市上规模调研企业入围榜单

序号	单位	县市区	营收总额(万元)	国家500强	省双百强
1	中南控股集团有限公司	海门	28214000	11	3
2	南通三建控股有限公司	海门	14979608	31	6
3	南通四建集团有限公司	通州	7506970	94	15
4	江苏南通二建集团有限公司	启东	7215104	102	17
5	中天科技集团有限公司	如东	6203496	122	21
6	江苏省苏中建设集团股份有限公司	海安	6038927	133	23
7	江苏南通六建建设集团有限公司	如皋	4894195	166	24
8	龙信建设集团有限公司	海门	4204687	207	30
9	通州建总集团有限公司	通州	4160589	210	31
10	南通化工轻工股份有限公司	崇川	2654327	352	53
11	中如建工集团有限公司	如皋	2654050	353	54
12	南通建工集团股份有限公司	崇川	2287356	445	83
13	南通五建控股集团有限公司	如东	2171403	467	88
14	华新建工集团有限公司	海安	2063562	491	90
15	中国天楹股份有限公司	海安	1858709		94
16	江苏文峰集团有限公司	崇川	1822513		95
17	南通新华建筑集团有限公司	通州	1706085		97
18	启东建筑集团有限公司	启东	1668997		99
19	江苏文凤化纤集团有限公司	海安	1236849		112
20	江苏通州四建集团有限公司	通州	1075293		124
21	江苏顺通建设集团有限公司	如东	1053886		125

续表

序号	单位	县市区	营收总额（万元）	国家 500 强	省双百强
22	南通市达欣工程股份有限公司	海安	1000604		129
23	江苏通州二建建设工程集团有限公司	通州	952320		134
24	鑫缘茧丝绸集团股份有限公司	海安	885950		139
25	通富微电子股份有限公司	崇川	826657		141
26	江苏启安建设集团有限公司	启东	727085		150
27	江苏福克斯电气集团有限公司	海安	678209		158
28	林森物流集团有限公司	崇川	502934		184
29	南通华荣建设集团有限公司	崇川	494440		185
30	罗莱生活科技股份有限公司	开发区	486020		189
31	中联世纪建设集团有限公司	海门	464784		193
32	江苏南通三建建筑装饰有限公司	海门	450477		194

南通市家纺业调研报告

南通市工商业联合会　南通家纺业联合商会

家纺产业是南通纺织产业中规模最大的门类，也是南通最具特色的“城市名片”。2020年新冠肺炎疫情发生后，家纺业遭遇了前所未有的困难和挑战，南通家纺业联合商会作为会员企业的“娘家人”，为企业抗击疫情、复工复产做出了积极贡献。市委、市政府正加快推动叠石桥和志浩两大家纺市场统一规划开发，协同建设南通国际家纺产业园区。为贯彻落实习近平总书记在企业家座谈会上重要讲话精神，进一步发挥商会作用，推动家纺产业园建设，助推南通家纺业高质量发展，市工商联于近期到海门叠石桥和通州志浩两大市场开展调研并召开家纺业座谈会，现将有关情况汇报如下：

一、发展现状

(一)产业集聚颇具规模

经过几十年的发展，南通已经成为全国最大的家用纺织品集散地，形成了以成品为主的海门叠石桥市场、以面辅料为主的通州志浩市场两大市场领航并进的格局。作为世界三大家纺交易中心之一，南通家纺国内市场占有率超过50%，2019年市场交易额超2200亿元，吸引了3800多家企业、1万余商户，40多万从业人员，日包裹量达240万件，形成了“织、染、印、成品、研发、物流”的完整家纺产业链。

(二)品牌建设全面推进

近年来，南通家纺在品牌建设中全面推进“品质革命”，大力倡导“工匠精神”，区域品牌与产品品牌同步建设、同步培育。据不完全统计，仅叠石桥与志浩市场就拥有中国驰名商标19个，江苏省著名商标40个，南通市知名商标80个，江苏名牌36个，南通名牌50个。海门叠石桥市场被中国纺织工业联合会评为“中国服装家纺区域品牌试点地区”，通州志浩市场有4家企业被国家工信部认定为工业品牌培育试点示范企业。

(三)创新研发不断提升

南通家纺市场高度重视行业科技水平的提升，加大研发投入，增强产品研发设计与创新能力，探索多种形式的产学研合作模式。叠石桥市场拥有高新技术企业3家，研究生工作平台1家，省级以上工程技术研究中心3家，并与东华大学产学研合作建成“海门叠石桥家纺研发中心”，在家纺专业人才培育、纺织科研成果转化等方面充分发挥人才优势和平台优势。志浩市场拥有1家国家博士后工作站，1家国家级研发机构，1家国家级设计中心(全国家纺业唯一一家)，10家省级工程技术研究(企业技术)中心，200多家家用纺织面料创意与设计研发机构，3000多人从事面料花型设计、成品款式设计、织造工艺设计和印染工艺研究，每年推出的新花型多达2万多种。

(四)发展业态逐渐多元

贸易改革的顺利推进，带来了市场区域跨境电商、现代物流供应链等高级新兴业态加快兴起。近年来叠石桥家纺产业集群以信息化带动工业化，借助移动互联网、云计算、大数据等新一代信息技术，改变原来传统制造产品研发和生产方式，带动制造业的数字化、自动化、智慧化转型。通州区川姜镇已连续五年被阿里研究院认定为“淘宝镇”，12个村被认定为“淘宝村”，成为南通创新创业最具活力的镇域。2019年，通州纺织产业集群已成功入选江苏省两业融合产业集群试点。

二、2020年以来家纺产业经营现状

从了解情况看，今年家纺产业相对往年来说，困难是前所未有的，但目前已走出了最困难时期。

(一)触底反弹缓步进入上升通道

从发展阶段看，今年前三个月国内疫情严重，全国整体经济基本处于停摆，物流严重不畅，南通家纺市场3月20日后才逐步开市。当国内疫情好转后，4月份以后国外疫情日益蔓延。直到5月份内销才开始有所好转，外销从6月份产销基本接近去年同期水平，下半年预计将好于上半年。

(二)外贸回升明显好于内销

6月份后外贸订单显著增多,部分外贸企业订单来不及做。内销也开始逐步趋暖,但受整体消费能力下降的影响,内销形势仍不乐观。一些从事外贸为主的企业反映,若今年下半年做得好,能弥补上半年缺口,全年能与去年持平。

(三)重点品牌企业好于面上企业

越是在困难的形势下,越能体现企业的综合实力和管理水平,金太阳、蓝丝羽、宝缦、凯瑞家纺等一批重点企业,整体上企业研发创新、渠道管理、线上开拓等方面做得比较好,总体上呈现逐月好转降幅收窄趋势。从通州区川姜镇84家规模以上家纺企业情况看,随着生产复工、国内销售逐步打开,销售逐月增加,降幅不断收窄。1—3月税务开票销售下降40.08%,1—4月下降31.83%,1—5月下降27.96%,1—6月下降23.01%,1-7月下降18.5%。预计全年能持平,力争有所增长。

三、当前南通家纺业发展存在的主要问题

(一)高端人才稀缺,研发能力不强

受南通城市吸引力和家纺企业自身条件限制,高素质、高层次的专业技术和经营管理人才、实用人才难以引入。而家纺企业普遍重视生产销售,培养的也大多是生产管理型和销售型人才,忽视科研资金和创新要素的投入,在经营渠道、研发设计、品牌运作等方面与国际顶尖水平有较大差距,尤其是缺乏专业研发团队、创意设计师、现代营销人才等。

(二)用工缺口难补,产业配套不全

用工缺口问题的日渐突出已经成为南通家纺业进一步发展的桎梏。一方面,2020年是脱贫攻坚的决胜年,产业扶贫作为重头戏,已在各地产生了显著成效,不少外地务工人员已实现家门口就业。今年受新冠疫情影响,来通务工人员锐减,直接导致市场用工缺口进一步扩大。另一方面,由于南通家纺业两大市场产业配套不齐全,道路交通"肠梗阻",周边住宅、学校、医院等生活配套缺乏,务工人员与南通这座城市磨合不佳、融合不够,生活上缺乏便利,严重影响了他们的归属感和幸福感,使他们无法长期在通安居乐业,导致企业用工人员流失严重。

（三）土地资源紧缺，发展空间受限

当前，南通市可以用于家纺产业园区开发的土地资源并不充足。伴随着家纺产业规模的不断扩大，人口数量持续增加，土地供给与土地需求之间的矛盾日益突出，行业发展空间日益狭窄。土地指标缺失、企业项目搁置、有地不能用等问题，很大程度上限制了南通家纺业的进一步发展。在调研过程中，企业家们还普遍反映，近年因招商引资需要，部分地方政府在土地政策方面对外来企业实施倾斜，并给予大量优惠政策。而本地企业要想增资扩产，却往往面临着用地指标不足的难题，导致外来企业与本地企业不公平竞争现象日益突出。

（四）产业门槛较低，企业融资困难

南通家纺产业目前仍以传统产业为主导，属于劳动密集型产业，其准入门槛较低，智能自动化程度不高。尤其在今年新冠疫情的冲击下，家纺业面临经济下行、同质化竞争激烈、融资渠道单一等多重压力。融资难、融资贵，让不少家纺企业尤其是中小企业雪上加霜。特别是部分企业被列入“企业失信黑名单”后，银行普遍加强了对家纺企业信贷风险的管控，更有部分银行直接把家纺产业内定为困难产业，加剧了企业融资困难。

四、对南通家纺业下一步高质量发展的意见建议

（一）高标准规划园区建设

2020 年 8 月，市委、市政府做出了统一实施两大市场协同发展、建立江苏南通国际家纺产业园区的重大决策，明确提出重点打造国际家纺商贸中心、创新创意设计中心、高端家纺研发制造中心、优质货品集散中心和产城融合示范新城“四中心一新城”，为南通家纺业构建更大格局奠定了基石。下一步，建议市委、市政府要明晰职能、配强力量，精准精细加快推动园区开发建设，促进家纺业高质量发展。

一是产业为主，科学布局。按照“四中心一新城”的新定位，推动海门叠石桥市场、通州志浩市场一体化发展，把南通国际家纺产业园区从床上用品专业市场向家居类综合型市场转变，从国内市场向国际国内结合型市场转变，从线下市场向线上线下复合型市场转变，从知名产品市场向知名品牌市场转变，着力建设产业先进、货通天下、宜商宜业宜居的世界级

家纺产业集群和产城融合示范新城。城市建设是基础，产业发展才是根本。建议市委市政府在产业新城建设过程中坚持以做大做强家纺产业为目标,坚持房地产调控政策不动摇,防止房价过快上涨。如有可能,该片区房价要低于周边,只有真正降低产业新城的生活成本,才能吸引人才、留住员工。

二是高位推动,产学融合。市级层面要持续加大扶持力度,推进园区提速成长。统筹出台鼓励性优惠政策,逐步建立政府引导、市场运作、校企联动、合作共赢的产学研融合机制。积极为企业"牵线搭桥",有计划地与各类专业院校、科研机构签订合作协议，全方位为南通家纺产业输送人才,借助外力来弥补本地企业研发能力的不足。

三是强力拓展,完善配套。按照环境友好、资源节约的原则,从发展空间到水电路网等基础设施建设,对园区统一布局。聚焦园区一体化发展中的短板,加快打通交通"肠梗阻",尽快落地学校、医院、住宅、超市、物流、会展中心、商务中心等配套设施,形成以产业集群为支撑、集约化程度高、产业配套完善的城市新片区。

四是搭建平台,鼓励创新。制定出台符合家纺产业特色的人才配套扶持政策,设立人才创业扶持基金,构建创业创新金融体系,引导和带动金融资本、创业投资和社会资本支持家纺企业创新发展,构建多元化、多渠道的创新投入体系。学习借鉴先进地区经验,以国际眼光和一流标准,探索建立家纺研究院、电商产业园、众创空间等创新创业孵化基地,搭建信息交流平台,实现创业创新资源的开放共享,真正将招才引智工作落到实处。

(二)实施品牌大提升计划

一是提升品牌研发能力。注重人才培养,建立与上海东华大学、天津工业大学等知名高校的定期联系制度,设立创新评比奖项,鼓励人才勇于进取、敢于突破。注重技术创新,引进国际知名设计师或专业团队,成立研究工作室,力争研发攻关一批行业的关键技术。注重平台投入,引入专业交流平台或服务提供商,实现国内外最新家纺设计信息即时更新、即时获取,把握最新家纺流行趋势和流行元素,赋能家纺业更多的科技元素、时尚元素、文化元素,提高市场产品更新换代能力。

二是实施品牌塑造计划。打响"南通家纺"品牌，通过引进国内外知名品牌与塑造本土高端品牌相结合，打造市场知名品牌交易专区。开展品牌推介活动，通过投放广告、举办品牌推荐会等形式推广"南通家纺"品牌，定期举办"一带一路"进出口商品交易会、"张謇杯"家纺设计大赛、中国家纺画稿交易会和中国家纺质量大会，承办国内外画稿交易会和流行趋势展等活动，力争提高南通家纺在全行业的话语权和市场控制力。

三是加快品牌智能升级。着力打造智能化生产车间，鼓励和引导市场内生产企业由劳动密集型向技术集约型企业转变，从传统生产向智能制造转变。引导生产企业通过互联网、大数据等，打造智能工厂，促进行业转型升级。实施老旧车间智能化改造工程，实现企业产品质量和产能的"双提升"。

（三）发挥商会"助推器"作用

一是打造商会总部经济。积极发挥市家纺联合商会优势，进一步整合资源，联合各大家纺企业打造商会总部经济，形成总部集聚效应，使其成为会员企业的合作交流中心、创业发展中心和产品展示中心，让企业在商会内部实现优势互补、合作共赢。重视发挥龙头企业的辐射带动作用，以龙头企业的拉动，带动家纺全行业的互动发展。

二是促进企业抱团发展。商会要坚持正确发展方向，做好资源共享、信息交流等服务，通过技术对接、价格策略、合作推广、品牌联姻等方法不断加强企业间的交流合作，促进企业抱团发展。坚定不移地推动发展科技家纺、生态家纺、服务型家纺和智能化家纺，加快建设世界级家纺产业集群，努力打造世界级家纺品牌和具有较强国际竞争力的知名企业。

三是搭建政企沟通桥梁。商会要以做好政府和企业之间的桥梁纽带为己任，以服务会员企业为核心，及时将政府的政策及经济工作要求等信息提供给企业。充分利用商会自身的社会影响力和公信力，将会员企业的真实想法、内心诉求和现实困难及时客观反映给党委政府，并帮助企业协调解决问题。开展行业调查研究和运行监测，及时掌握行业发展动态，为党委政府决策提供参考。

2020 年 8 月

发挥好社会治理格局中商会组织的作用

南通市工商业联合会

习近平总书记在党的十九大报告中提出，要打造共建共治共享的社会治理格局，要求社会治理方式由主要靠政府管理向多元主体合作共治转变。商会作为重点培育和发展的社会组织，是政府引导非公经济健康发展和非公经济人士健康成长的助手，是社会治理格局中一支不可或缺的重要力量。

一、南通市商会组织参与社会治理的主要做法

截至2019年年底，南通市共有商会组织349家，会员总数38834家。作为参与社会治理的重要主体之一，南通市商会组织在承接政府部分职能转移、助推社会诚信体系建设、预防化解矛盾纠纷、引导企业践行社会责任等方面进行了探索实践。

(一)承接政府部分职能转移

安全生产管理和生态环保监管是社会治理的重要组成部分，是社会治理的重点和难点所在。市工商联和安全生产管理部门依托12家行业商会(协会)成立安全生产监督管理工作站，有效促进了企业安全生产主体责任的落实，成为加强安全生产基层基础工作的重要途径，也是实现全社会参与安全生产管理，促进安全生产长效机制建设的一项重要举措。市工商联联合市生态环境局成立市生态环保执法监督委员会，在11个市直商会中聘请12名环保联络员，宣传国家、省、市支持企业高质量发展的有关政策，发挥民营企业环境保护服务站作用，组织企业参与“环保企业接待

日”活动，帮助企业协调解决实际问题。

(二)助推社会诚信体系建设

南通市美容美发业商会探索推行单用途预付卡履约保证保险试点工作，17家美容美发店成为首批履约保证保险试点商家，旨在事前预防、事中监管、事后救济，为预付卡消费者资金安全提供保险保障，同时推动美容美发商家诚信形象建设。南通市药品业商会连续11年开展诚信药业创建活动，打造“用南通药放心”品牌，营造“无诚不商”的文化环境，整体推进诚信体系建设。2019年，全市有33家药品企业被评为“药品安全先进单位”。

(三)预防化解矛盾纠纷

南通市饭店与餐饮业商会(协会)、南通市装饰装修行业协会、南通市金银珠宝行业商会(协会)等3家商会在市场监管部门指导下成立“消费维权直通站”，建立了先行赔付、首问负责、质量管理等各项制度，同时开展多场次法律法规、投诉处理技能培训，致力于将消费纠纷化解在源头、解决在基层、和解在企业。如东县依托县电子商务行业商会(协会)成立企业信用纠纷人民调解委员会，通过第三方介入，充分发挥人民调解职能作用，制定个性化调解方案，及时高效帮助企业解决信用纠纷难题，维护企业合法权益，为企业纠纷化解打开了新局面。

(四)引导企业践行社会责任

南通市餐饮商会号召餐饮食品企业连续14年开展“爱心年夜饭”捐赠活动，累计共向11000多个特困家庭、10个敬老院，以及数百个外来农民工家庭、环卫工人、留守儿童等群体捐赠年夜饭和新年礼物，受助群众超过5万人，连续5年坚守“爱心驿站”服务，为环卫、交巡警、外卖小哥等基层一线工作者在炎炎夏日送去清凉。南通泉州商会积极投身慈善公益和光彩事业，近年来在扶贫、助学、公益等方面已累计捐款超过400万元，并被授予“南通市慈善之星”等称号，获评第二届“南通慈善奖”最具爱心捐赠单位。市青年民营企业家商会成立“圆梦”爱心基金，长期资助我市200名贫困学生。

(五)助力打赢疫情防控阻击战

2020年新冠肺炎疫情发生后，商会组织积极响应党委政府号召,发挥引领作用增强行业信心,聚合财物资源助力一线抗疫,在协调推动企业复工复产、保障人民群众日常生活、维护市场和社会秩序等方面都做出了很大贡献。南通市温州商会在疫情暴发初期第一时间向会员发出倡议书,号召会员减少外出并做好防疫。针对温州作为疫情重点地区,在通温州人以及在温返通人数众多的情况,商会主动对接疫情防控部门,商会会员在取得温州居家隔离14天的证明后,通过商会申请的方式,使得会员可以到通居家隔离,帮助会员尽快回通复工复产,在疫情防控和复工复产两条战线上都做出了积极贡献。

二、商会组织参与社会治理存在的问题

(一)对商会参与社会治理的认识不足

一是社会认可程度不高，目前大多数人对商会作用的认识仍停留在经济层面,将商会看作经济组织,不具备参与社会治理的能力。

二是商会组织本身也没有充分意识到在社会治理过程中，发挥自身作用的重要性。

三是党委、政府和政府部门对商会双重作用的认识有待提高。商会不仅服务于会员企业和经济发展,也可以服务于政府行政和社会管理。

(二)政府职能转移仍不到位

目前政府职能转移仍在实践探索阶段，由于长期以来形成的机制体制影响,一些部门在思想上对于职能转移没有完全的认识,或因为利益等问题迟迟未将职能转出去。职能转移的形式和途径没有得到规范,政府不知道如何转移出去,商会不知道怎么承接下来,导致职能转移工作难以快速深入开展。

(三)商会自身建设不足

商会自身能力有待提升。由于各地商会发展程度不同,部分商会还没有能力承担起参与社会治理的能力,一些商会班子成员的责任意识不强,过分依赖政府,无法充分体现商会自身作用,不利于商会的长足发展。同时,商会组织发展相对滞后,商会覆盖面还不够广,很多行业和地区商会还有待发展,譬如新兴产业、开发园区等。

三、进一步发挥商会组织在社会治理格局中作用的对策建议

(一)加强宣传引导,深化商会参与社会治理的思想认识

要充分认识到商会组织在社会治理格局中的重要作用，政府要真正重视发展商会组织,发挥商会作用应体现在社会治理方案和具体文件中,并及早制定相关规章制度，理顺管理关系，依法保障商会组织的生存发展。要改变公众对商会组织的认识，加大对商会参与社会治理作用的宣传,扩大商会“十大工作品牌”活动影响力,加大对年度优秀商会组织、商会组织参与社会治理优秀案例的广泛宣传。

(二)赋予有效职能,完善商会参与社会治理的制度保障

深化“放管服”改革,推动政府职能转变。引导商会参与市场治理整顿,规范和维护市场秩序;参与建立健全完善金融、价格、食品、药品等社会公共安全的预警和应急体系；参与监督行业安全生产和环保标准的执行,加强安全生产和环境保护;参与监督指导行业和会员企业执行劳动保障法律法规,构建和谐劳动关系。建立沟通征询机制,形成政府与商会之间长期稳定的对话平台。健全咨询、告知、听证制度,给予商会组织合理的知情权和发言权，积极倾听商会的意见和建议，让商会参与相关法律法规、产业政策、发展规划和标准的起草和制定,切实反映本行业发展的需要和企业的要求。

(三)加大扶持力度,构建商会参与社会治理的长效机制

加大政府对商会组织的支持力度。

一是要扩大政府购买服务力度，梳理适合由商会组织提供的公共服务和解决事项,出台规范标准文件,推动购买服务常态化,不断提升商会专业化服务水平并促进商会长远健康发展。

二是要强化商会专业人才培育,开展商会工作人员岗位任职培训,充分发挥高校等教育资源，推动商会工作人员专业化，对标国内外社会组织,对人才发展、晋升渠道等进行改革,努力建设高水平、高素质商会人才队伍。

(四)推进改革创新,拓展商会参与社会治理的服务领域

一是加快商会组建步伐。特别是在重点行业、园区、地区推进组建,吸纳更多的企业和经济组织加入商会中来,有效扩大商会参与社会治理的覆盖面和影响力,健全商会组织网络。

二是加强商会自身建设。完善商会内部治理结构,规范商会运行机制,进一步提升工作层次和服务水平,为商会参与社会治理提供良好条件。

三是拓展商会服务手段。例如,创新商会仲裁模式,仲裁法中明确提出仲裁委可由商会参与组建,依托工商联以及具备条件的商会设立仲裁机构,可以有效缓解法院案多人少压力,更加快捷、高效地为企业解决商事纠纷,进一步拓展商会参与社会治理的服务领域。

撰稿人:胡天梦

2020年7月

抓实"两个覆盖"
推动商会党建高质量发展

南通市工商业联合会

近年来，南通市工商联围绕商会党建工作先行先试，主动作为，创新实践，为加强商会党的建设和推动"两个覆盖"进行了积极探索。2016年，南通市行业商会联合党委被南通市委表彰为全市先进基层党组织；2019年南通市总商会党委被南通市委组织部命名为全市党建工作示范点；商会党建工作做法被《中华工商时报》《新华日报》《挚友》杂志等媒体先后宣传报道。

一、夯实工作基础，推进"两个覆盖"规范化

把提高商会党组织组建率和规范管理体制，作为提升党组织影响力和战斗力的基础工程来抓。

(一)创新商会党组织设置，实行"三双"提高"两覆盖"

实行党员双重组织生活，以商会理事以上党员为基础组建商会党组织，商会理事以上党员参加双重组织生活，既参加所在企业的党组织活动，同时也参加商会党组织活动；实行党组织双重管理，坚持属地管理原则，会员企业党组织及其党员实行属地管理，同时行业商会联合党委对商会党组织实施领导；实行商会党组织与非公有制企业党建工作指导站双挂牌，在成立商会党组织的同时，建立非公有制党建工作指导站，实行一套班子两块牌子，指导所属会员企业党建工作。

(二)优化商会党政班子配备，实行"两同步""双选制"

商会成立或换届，同时成立商会党组织，同时举行揭牌仪式；党政班子同步配备，商会领导班子和党组织实行交叉兼职。配备商会班子时，充

分考虑党员所占比例，党组织负责人必须进商会班子。党组织书记实行选任和聘任相结合。商会党组织书记由党员会长、副会长、党员专职秘书长或聘请离职专职党务工作者担任。

(三)高标准做好党员发展工作，壮大党员队伍

按照“控制总量、优化结构、提高质量、发挥作用”的要求，对发展对象引入综合评价机制，由各级统战部牵头，工商联具体负责，税务、公安、人社、计生等部门参与进行综合评价，严把入口关。目前，总商会党委党员215名。

二、创新工作机制，促进“两个覆盖”制度化

为规范商会党建工作的运行，从组织制度、沟通交流机制、互动机制等多方面入手，建立健全商会党建工作机制。

(一)建立组织生活制度

按照科学、规范、管用的原则，建立健全“三会一课”、党员民主评议、党员教育管理、发展党员工作、组织活动等制度，进一步规范商会党组织运行机制。专门下发了《关于加强行业商会党建工作的意见》，组织编印了《商会党建工作手册》，进一步规范商会党建工作。

(二)建立商会党建指导员和联络员制度

通过聘请工商联机关党员干部或退休党务干部担任商会党组织党建指导员和联络员，指导商会党建工作，提升了党建工作质量。

(三)建立结对共建制度

组织商会党组织与相关机关、企业党组织结对共建，通过组织建设互促、党员干部互动、活动载体互推，实现优势互补、资源共享、共同发展。市药品业商会党支部与市医保局党支部通过创建药品安全示范岗、举办道德讲坛等共建活动，增强了商会党组织的工作实效。

(四)建立非公企业党建工作指导站制度

商会党组织通过发挥非公有制企业党建指导站的作用，加强与会员企业和企业党组织负责人的沟通交流，了解企业发展情况，指导会员企业开展党组织活动，将商会党建工作与会员企业党建工作有机结合起来，实现双向互动，促进共同发展。

三、突出党建引领，推动“两个覆盖”实效化

坚持“围绕发展抓党建，抓好党建促发展”的总体思路，指导商会把党建工作深度融入商会运行管理中，把党的政治优势转化为商会的发展优势。

（一）强化思想政治引领

我们坚持把商会思想政治建设作为首要任务，将民营经济人士的理想信念教育与商会经常性工作紧密结合起来。以习近平新时代中国特色社会主义思想为主要内容，通过举办“通商大讲堂”“红色教育”“主题党日”“理想信念教育报告会”“不忘初心、牢记使命”主题教育等活动，引导广大民营经济人士强化政治信仰，坚定政治信念。

（二）争创优秀服务品牌

在商会服务品牌创建活动中，商会党组织寓党建工作于经济服务之中。针对小微企业融资难问题，市金属商会党支部、电脑商会党支部协助商会建立了应急互助基金，解决了行业内小微企业的小额融资需求。美容美发商会党支部的“便民服务队”定期走进社区、敬老院，先后为近万名老人提供免费理发服务，扩大了商会的影响力，增强了党组织的凝聚力和战斗力。

（三）坚持诚信守法经营

引导商会会员增强依法经营意识，建设诚信企业，积极开展行业自律、诚信企业、诚信门店评选等活动。充分发挥党员的先锋模范作用，通过开展“党员示范岗”“党员经营户”等活动，引导广大会员特别是党员企业家争当诚信标兵，争做守法模范。

（四）积极履行社会责任

商会党组织积极引导会员企业增强社会责任感，主动回报社会。南通泉州商会党支部对接经济薄弱村开展精准扶贫活动。南通市餐饮商会连续 14 年开展“爱心年夜饭”捐赠活动，受助群众达 5 万余人。南通市青年民营企业家商会成立了“圆梦”爱心基金，长期资助南通市 200 名贫困学生。2020 年以来，各商会党组织还组织会员积极参与省市委统一部署的“千企联千村·共走振兴路”行动。

四、加强组织领导,实现“两个覆盖”常态化

商会党建工作是党的基层组织建设的重要组成部分,是党的工作的重要阵地。市工商联进一步强化政治意识、大局意识、责任意识,切实加强组织领导,推进商会党建工作常态化。

(一)整体推进,健全组织体系

建立由党委组织部门、“两新”工委牵头,统战部、工商联党组指导,总商会党委具体负责的商会党建工作机制。坚持将党建工作和商会工作同规划、同部署、同落实、同考核,市工商联党组通过召开商会党建工作推进会、座谈会、现场会等形式,对商会党建工作进行研究部署。全市7个县(市)区也相继成立了行业商会联合党委。目前全市工商联为业务主管的商会229家,已建党组织152家,覆盖率达66.3%。

(二)加强指导,提高工作成效

与南通市委组织部研究制定《关于加强和改进商会党的建设工作的实施意见》《所属基层党组织考核评价办法(试行)》,从组织设置、班子建设、党员队伍、作用发挥、阵地建设、基础保障等六个方面,对商会党建工作进行指导,进一步提高商会党组织标准化水平。

(三)齐抓共管,完善保障机制

加强与民政、人社、财政、工商等部门的协调配合,整合资源,发挥优势,形成相互支持、齐抓共管的工作合力。完善党建经费保障机制,加大商会党建工作经费保障力度,积极争取财政专项经费支持。

五、抓实“两个覆盖”,推动商会党建的几点建议

(一)健全工作机构,完善工作机制

一是建立由党委组织部门、“两新”工委牵头,各级工商联组织的党组织具体负责的商会党建工作机制,形成上下联动、左右协调、相互支持、齐抓共管商会党建工作的领导体制。二是各级工商联组织的党组织要及时研究指导商会党建工作。把商会党建工作纳入各单位总体工作规划,作为工作的一项重要政治任务,与业务工作一起部署,一起落实,一起检查,一起考核。三是建议各级工商联要积极争取,对党建部室的设置以及党务干部的配备要有明确的规定要求。

(二)加大教育培训,提升党员素质

一是健全培训机制，定期组织开展商会党组织书记及党务工作者培训等活动,运用各种信息化平台加强线上互动,搭建沟通平台开展线下交流,切实提高党务工作能力。二是建立商会党务工作队伍人才库。注重从老干部、退休老党员中选聘党务工作人才,选派到商会担任党建工作指导员。三是在商会中开展"双培双推"活动,把符合条件的商会负责人和业务骨干培养成党员,把党员培养成商会骨干,把商会管理中的优秀党员推荐为党务工作者,把优秀党务工作者推荐到商会管理层。

(三)营造良好环境,夯实基础保障

一是加强对商会党组织经费的支持。各级党委、组织部门要加大对商会党建工作的经费投入,除了党费支持党建工作外,建议财政部门对商会有专项党建经费。二是加强商会负责人思想教育,引导他们主动支持商会党建工作,为党组织开展活动、做好工作提供必要条件,并将有关内容写入商会章程。建议在选举各级党代表、人大代表、政协委员和评先评优时要优先在各商会中考虑,畅通民营经济代表人士有序政治参与渠道。三是建立党建大联盟。建立由"两新"工委牵头、各级工商联建立的党组织、商会党组织、机关党组织、企业党组织、街道社区党组织参加的大联盟,整合各方资源,形成上下联动、左右协调、相互支持、齐抓共管的商会党建工作的大联盟。

撰稿人:沈辉

2020 年 9 月

优化县域营商环境
促进民营经济高质量发展报告

通州区发展和改革委员会　通州区工商业联合会

习近平总书记在2020年企业家座谈会上强调，要"打造市场化、法治化、国际化营商环境"。优化营商环境对于推动经济高质量发展、激发市场主体活力，特别是对民营企业高质量发展具有重要意义。

县域是我国民营企业的前沿阵地和摇篮，不断优化县域营商环境，可以为民营企业构建国内国际双循环，提升用好国内国际两个市场的能力提供坚强保障。下面，我们以通州区为例，就优化县域营商环境，促进民营经济高质量发展报告如下：

一、通州区营商环境现状

民营企业是通州经济发展的重要支撑和社会财富的主要来源，更是全区经济结构、产业结构和区域经济协调发展的重要推动力量。近年来，通州区营商环境得到有效改善和提高，为全区外向型民营企业高质量发展注入了强劲的"民营力量"。

(一)民企发展势头强劲

2020年，面对突如其来的新冠肺炎疫情，通州区民营经济仍然逆势发展，全年入库税金79.77亿元，同比增长4.95%，占全区税收的82.93%。2020年，全区民营企业(包括个体工商户)、民营企业注册资本分别达到14.16万户和1642.34亿元，全年新增民营企业(包括个体工商户)2.78万户，新增民营企业注册资本2298.7亿元。目前，区内拥有闻名全国乃至全世界的家纺产业，通州床上用品基地还是江苏省第一个家纺国家级外贸转型升级基地，带动了一大批民营家纺企业发展；素有"铁军"之称的通州民营建筑业，也是名扬国内外，自1988年摘得第一座鲁班奖以来，已先后获得59个“鲁班奖”，总数居全国县（市、区）前列，南通四建、通州建总入围“2020中国企业500强”。域内企业先后涌现了一大批知名民营企业家，创建了一大批知名民营企业，目前拥有综艺集团等8家民营上市企业，“新三板”挂牌企业9家，累计近60家民营企业在省股权交易中心挂牌。

（二）扶持政策持续完善

近年来，通州区委、区政府先后制订了近10项促进民营企业高质量发展的扶持政策。根据域内民营外向型企业特点和需要，先后设立了外贸、金融、科技、产业、人才、商务和服务业等方面的专项扶持资金，设立了担保类基金和信贷资金风险池等平台，服务民营经济发展。

（三）创新能力不断增强

截至2020年年底，全区拥有国家级博士后工作（分）站14家，省级博士后创新基地10家；建成国家火炬特色产业基地、国家级科技企业孵化器、国家级众创空间各1家，建成省级科技企业孵化器、省级科技创业孵化链条等7家，有近600家在孵企业。南通海星电子股份有限公司和南通四方冷链装备股份有限公司2018年首次成为隐形冠军企业，实现了通州隐形冠军企业零的突破后，2020年又分别获评国际级专精特新小巨人企业。全区两家江苏省质量奖、5家南通市市长质量奖企业都是民营企业。

二、全区营商环境存在的问题

近年来，尽管通州区营商环境得到较大改善，2020年还成为南通市唯一“中国营商环境百强”，但是，与民营企业高质量发展的目标要求相比，还有很多需要完善的地方和可挖的潜力，还有一定的上升空间和提高余地，营商环境建设只有进行时没有完成时。

（一）政策支撑作用不够大

一是政策优惠缺乏广度。有些政策在制定过程中，征求各利益相关方意见不够广泛、充分，针对性、操作性不强，许多纾困惠企政策门槛过高，符合条件的企业有限，特别是真正需要政策扶持的中小微外向型民营企业，往往因为达不到要求，难以享受有些优惠政策，导致困难相对较小的优质企业往往可以锦上添花,而有发展潜力的小微企业尽管困难重重,却不能雪中送炭;有的政策看上去力度不小,企业真要申请时,不仅门槛高,而且优惠有限,并且还要耗时费力地去申请,即使获得扶持了,过后还要接受这样那样的检查,消耗了企业诸多时间和精力,还不如不申请。

二是政策扶持缺乏深度。有些扶持政策碎片化,支持重点不突出,导致一些老大难问题一直难以尽快解决。一些地方只重视招商引资时的土地供给,却忽视了一些本地优质企业扩大再生产的用地之需,他们即使征用少量土地也十分困难;银行信贷产品创新意识不强,纯信用类贷款和知识产权、应收账款、非上市企业股权等质押类贷款业务大多还停留在纸面上,付诸实施的还不是很多。知识产权评估难、交易难、处置变现更难,金融机构对知识产权质押贷款较为谨慎,享受到的企业有限,银行对融资评估费和保险费收取偏高;除了招用技术工人难以外,招用专业技术人才更难,关键是在引入人才的住房安置、子女教育、社会保障等方面的难题还没有得到有效解决,尤其是房价的持续高涨,让许多专业技术人才望房兴叹,不敢前来就业创业,更不敢来安家落户。目前,通州城区精装修房备案价每平方米最多已达2.3万元,且还在不断上涨。

三是政策宣传缺乏力度。虽然在简政放权、金融、财政、税收等方面出台了不少优惠政策,但是由于信息共享机制和推送机制还不健全,缺少统一的信息发布平台和政策文件汇编,企业获取政策渠道不畅,部分新落户企业特别是中小微企业的政策知晓度、敏感度普遍偏低,往往只能靠自己在市场上单打独斗,一旦遇到风吹草动,很难维持下去。

(二)政务服务质量不够高

一是政务效能建设有待提升。尽管通州是比较早实施审批改革的县域,但是少数部门服务意识欠缺,效率不高,工作拖拉、推诿、扯皮,不作为、慢作为的“中梗阻”现象仍时有发生,放管服改革与国务院推进的“一网、一门、一次”改革要求仍有一定距离。一些有行政审批事项的区级机关部门尚未统一进驻审批局,一些已进驻的单位存在“人进事不进、事进权不进”的问题,企业仍需前后台两边跑。制度性交易成本仍然存在,政府的简政放权、“放管服”改革还有很大提升空间。

二是各项执法环境有待优化。执法部门服务少了、担责少了、做事少了、执法多了的“三少一多”现象还不同程度存在。少数涉企部门还有简单执法、以罚代管现象，没有真正把提醒、教育放在前面。从执法水平来看，忽视查后指导，对查出的问题，未能提出行之有效的解决意见。联合执法程度不高，缺乏有效的跨部门协调机制，造成相互扯皮，办事效率不高现象时有出现。重复执法现象依然存在，如行政执法过于频繁，有的企业因同一事项被恶意举报，相关部门一年上门检查六七次之多。

三是新型政商关系有待改进。有些地方政府刻意“清”商，导致“亲”商不够，走入“清”商误区，有的基层干部不怕“不亲”唯恐“不清”；有的办事人员只顾自己“不出事”，不顾企业的事情办成“老慢拖”；有的办事人员面对企业亟须办理的事项，凡事只告知“不能办”，不告知“如何办”；有些项目落地前，地方政府能做到保姆式服务，但落地后不能一如既往地保持。

（三）企业主体意识不够强

一是品牌创建意识不强。有的企业重国际市场开拓，却轻品牌建设，对建设良好的市场品牌缺乏长远规划，不愿对品牌建设进行投入；对品牌的创新意识也不够强，有的传统名牌甚至老字号品牌，一直在“吃老本”，优势正在悄悄削弱。目前全区参与制订国家标准或行业标准的企业只有39家，仅占规模以上企业的4.2%，占高新企业的比例也只有22.1%，而主导制定标准的企业更少、占比更低。

二是信用建设意识不强。由于诚信体系、大数据系统建设和监督尚不健全，审批监管的协同机制还未真正建立起来，民营外向型企业信用建设环境还不很优，企业家信用建设意识还不很强。以融资为例，有些民营企业长期拖欠银行贷款本息，民营企业对授信银行的违约概率加大，制约了民营企业信用环境建设的发展，致使金融机构不愿、不敢与民营企业，尤其是中小民营企业打交道。

三是科技投入意识不强。民营企业普遍存在科研投入不足，自主创新产品少等问题；有些企业缺乏长远考虑，不能及时淘汰或者改造落后设备，存在小富即安的思想，尤其进行智能化改造的偏少。

三、优化县域营商环境的路径

"营商环境就是生产力",这是李克强总理在2017年全国深化"放管服"改革电视电话会议上强调的。近年来,我国县域营商环境改善明显,但是,对标先进地区的做法,通州区的薄弱环节和短板也是显而易见的,需要我们逐步完善和补长。

(一)强化政策引领,增强民企经营能力

要把民营经济发展摆在突出位置,不断强化政策引领,帮助企业克服各种困难,切实提升企业的经营积极性和经营能力,推动外向型民营经济高质量发展,在新起点上实现新的突破。

一是要减轻企业负担。按照依法征税的组织收入原则,坚决落实减免税政策,尤其在后疫情时代,要严格依法执行好对民营企业各种减免税政策,对外向型重点落实好出口退税等政策;定期清理涉企收费,重点做好行政审批中的"红顶中介"收费审核,政府定价的经营服务性收费和行政事业性收费等执行情况,本着"能减则减、能免则免"的原则,对科技型、创业型民营企业相关费用予以一定的减免;加快推进国有转贷、担保等融资保障服务机制建设,设立转贷服务基金,降低转贷费率,切实缓解民营企业融资周转难、周转贵问题。

二是要支持土地供给。认真贯彻落实党的十九届五中全会精神,制订好"十四五"土地利用总体规划,全面保障未来五年的发展空间,同时要做好2035年的远期规划编制,确保土地的有效、长效供给;大力复垦建设用地,为民营经济发展提供更多有效的土地要素支撑。优化工业项目用地出让管理,所有工业项目实行产能、税收等预评估制度,做到新落户企业和本地优势企业发展同等对待、用地同等保障。

三是要重视人才引进。加大人才引进政策优惠力度,以人才带技术、带项目、促创新。研究出台本土人才选拔、培养与管理办法,实施"一行业领域一人才工程",分层分类培养本土人才,避免人才"灯下黑"。对引进的高端国际人才,应制订相应配套方案,重点解决引入人才的住房安置、子女教育、医疗卫生、社会保障等后续问题。

(二)优化政务服务,激发民营企业经营动力

加快政府职能转变,不断解放思想,打破习惯思维,树立“政府大力创造优质服务环境、企业努力创造更多财富”理念,以服务环境的“升级版”,提升民营经济发展的“加速度”。

一是要推进涉企便利服务。确保“3个工作日内完成企业开办”全覆盖,力争2个工作日办结;大力推进名称自主申报、证照分离、多证合一、证照联办等,推动企业开办便利度显著提升;继续放大集中联动优势,深化五联审批机制;在巩固、完善预审服务机制的基础上,探索实行告知承诺制度。梳理公布“不见面审批”事项清单,形成统一办事指南体系,推广“联合审”、优化“网上办”、提升“快递送”、做实“代办制”;实现企业必须到现场办理的事项只需进“一扇门”;拓展网上办事广度和深度,推进“两微一端”政务服务,为企业提供既简洁又快捷的移动政务服务事项。

二是要推广政务综合执法。针对多头执法和重复检查问题,政府要及时整合相同或相近的执法职能,探索推广跨多部门多领域综合执法模式。除涉及突发事件、环境保护及安全生产等比较特殊的情况外,执法部门一律避免一切不必要的单独考核和督查;对同一商事主体的执法事项,各部门尽量一起一次性完成,尽量避免对企业更多“打扰”,不让企业多花“冤枉钱”,多花“冤枉”精力和时间。建立综合执法检查专项督查机制,对破坏执法环境的行为进行问责。

三是要推行新型政商关系。习近平总书记对政商关系曾经用“亲”和“清”进行了高度概括。“亲”就是领导干部坦荡真诚同民营企业接触交往,帮助解决实际困难;“清”就是清白纯洁,不搞权钱交易。在新时代构建好“清”而“亲”的政商关系,就要把与企业家联谊交友、为企业解决问题置身于阳光下、台面上。

(三)深化转型升级,挖掘民营企业经营潜力

广大民营企业家要以敏锐的眼光和开阔的视野,不断推动传统产业转型升级,挖掘经营潜力,积极适应国内国际双循环形势,提升用好国内国际两个市场能力,不断提升占领市场主动性。

一是要加速企业品牌培育。积极培育“商标品牌战略实施示范企业”,

不断提升品牌的知名度和美誉度,组织企业开展品牌价值评价工作,扩大企业品牌的市场影响力,努力提升企业的无形资产价值;实施创新驱动战略。推进大众创业、万众创新,有效放宽民资准入,发挥典型引路作用,培育一批融合创新示范民营企业;切实做好专精特新小巨人企业的培育,同时做好单项冠军、隐形冠军企业的摸排和培育,帮助企业提升自身经营品牌。

二是要加强企业人才培植。加强企业家队伍建设。结合"十四五"规划,针对不少民营企业面临的新老交替、代际传承问题,提前筹划对新生代企业家的培植,并及时纳入政府人才培育计划,采取政策激励、高端培训、重点扶持等措施,努力培植一支具有全球视野、诚信守法经营、担当社会责任的企业家队伍。建立民营企业能人库。打造企业家智囊团,发挥能人对产业的带动作用。提升企业家政治待遇。注重从民营企业家中吸收积极要求进步的优秀民营企业家加入党组织。

三是要加紧企业精神培养。鼓励传承弘扬张謇的"爱国、开放、创新、为民"的企业家精神,做新时代爱国爱家、坚守实业的民营企业家;不断增强民营企业家"不忘初心,牢记使命"意识,积极倡导"奋发进取、敢为人先、不惧失败"的人文精神,努力营造"尊重创新、鼓励支持创新、宽容失败"的良好氛围;弘扬"幸福是奋斗出来"的进取精神,进一步激扬"狼性"精神,引领带动民营企业家撸起袖子加油干,进一步形成齐心干的生动局面,为实现中华民族伟大复兴做出新贡献。

优化营商环境是一项综合性的系统工程,既要在基础设施等硬环境上求突破,又要在营造法治环境、提升政府服务水平等软环境上做文章。只有把县域营商环境提升了,全市、全省、全国营商环境的基础就会更牢固,促进民营经济高质量发展就更有底气。

撰稿人:凌华　张周滢

2021 年 4 月

四方科技集团股份有限公司发展报告

四方科技集团股份有限公司

四方科技集团股份有限公司创始于1986年,是全球冷链与储运装备制造综合优势领先企业,是国家高新技术企业,建有江苏省速冻设备工程技术研究中心、江苏省罐式储运设备工程技术研究中心、江苏省认定企业技术中心等高规格、高水平研发平台。30多年发展历程中,集团多个项目被列为国家火炬计划、国家星火计划、省重大科技成果转化专项计划、省科技支撑计划等,主持制定了国家标准3项,参与制定国家标准1项,参与制定行业标准6项。

一、2020年企业发展情况

2020年,面对新冠肺炎疫情带来的严峻考验和复杂多变的外部环境,公司积极应对,及时调整年初制订的经营计划和实施方案,实行“提质、降本、增效”经营战略,坚持稳中求进的工作总基调,生产运行总体保持稳定,冷冻业务订单创历史新高,规划发展项目有序推进,企业竞争力持续增强。全年实现营业收入11.03亿元,较去年同期减少6.13%,主要是因为新冠肺炎疫情全球蔓延与中美贸易摩擦的双重影响,导致大额标箱订单有所下滑。

(一)加大市场营销力度

由于人们消费习惯变化和消费市场持续升级的原因,冷冻食品需求剧增,食品冻结设备需求随之增长,2020年冷冻设备订单较上年同期增长28.27%;新产品市场销售额超亿元;自产冷风机、冷库板产品已投入应用,实现从食品速冻加工到冷冻冷藏冷库项目全业务链的业务扩展。

（二）加强新产品开发

持续研发堆积式螺旋速冻装置，完成研发全流态化果蔬速冻设备、COV连续式面包烤炉、JSK冲击式板带、高温罐箱、高效冷风机、双出风冷风机。全年新增申请专利58件，新增授权专利36件。截至2020年12月底，共拥有有效专利188件，其中发明专利56件，通过PCT专利申请5件。

（三）实施提质降本增效

全面质量管理水平持续提升，通过文化引领、激励绩效引导提升全员质量意识，产品质量持续保持稳定。通过技术改造提升产品品质，完成钣金生产线等多个技术改造项目。进一步规范技术规范评审、设计变更管理、工艺验证，从设计源头保证产品的质量。通过产线技改不断优化员工作业环境，部分工段通过机械作业替代人工作业，提升过程质量。

（四）推进信息化建设

全面推进信息化管理，在业务协同、客户服务、数字化人力资源、企业分析决策等方面进一步深化。完成CRM客户关系管理系统、企业决策分析平台、人力资源系统以及物资利库系统的实施与上线，进一步促进了客户精准服务、库存周转率提升，以及数据决策的深化应用。

二、企业发展战略

依托企业扎实高效的研发平台，高黏度的客户关系，以工匠精神及技术资质为依托的产品质量保证机制，和围绕卓越绩效模式打造的标杆管理体系，企业将立足于行业发展优势，借力国家“十四五”规划和相关产业政策，确定了清晰的发展战略，即坚持以技术创新为核心，通过清晰的产品市场定位、稳定的营销渠道、独特高效的销售管理体系，构筑差异化竞争优势，提高生产制造和产品研发能力，抓住产业调整和产业规划的良好机遇，进一步延伸公司在食品速冻、特种集装箱两大领域的产业链深度，拓宽产品应用领域和市场范围，形成冷冻设备、食品机械、储运装备、节能材料等核心产业。实现从食品速冻设备制造商向食品机械工程集成商转变，打造面向客户的系统解决方案，构建“核心产品制造+系统解决方案+系统集成”相结合的商业价值体系。

三、2021年主要工作计划

(一)积极拓展国内外客户,进一步巩固市场地位

进一步运用CRM系统做好客户信息管理、数据分析,加强客户关系管理,与客户建立稳定的长期合作关系,进一步巩固市场地位,形成独特的资源优势和竞争优势。在后疫情时代,积极运用互联网营销工具,以便快速、精准地进行营销活动,宣传推广产品,挖掘开发新客户。加快新型全流态化速冻设备、高效冲击式板带速冻设备、大型连续式面包醒发、烤炉、换热器、PIR聚氨酯夹芯板等冷链、食品机械新产品的市场推广,形成批量生产。继续加强在特箱上的优势,进一步提高竞争力,扩大市场份额。加快气体箱、IBC等新产品的市场推广,形成批量生产。加大对韩国、俄罗斯、印度、东南亚和中东地区市场的开发,保持明显增长。加大新客户开发力度,筛选各区域目标客户,制订开发计划。

(二)加快新产品开发,关键产品实现突破

2021年,计划新产品包括SSC蒸烤装备、新型螺旋速冻机、智能化低能耗箱式隧道冻结设备、氨/二氧化碳复叠制冷系统、罐箱专用制冷机组、大容积罐箱、高效风冷冷凝器、铝管蒸发冷、不同发泡体系的B1级PIR芯材保温板、冷链用工业级分级滑升门、车库分级滑升门等,布局前沿技术,丰富产品线结构。持续研发堆积式螺旋装备,逐步实现系列化。加强对已研发出来的新产品的推广和宣传力度,并在产品的实际使用过程中不断完善和提高产品性能。继续加强产学研合作,加强行业协会的合作交流,推进和完成联合实施的国家级重点研发项目,强化企业知识产权战略发展。

(三)持续提升产品质量

2020年,获得江苏省质量信用AA类评级,获得南通市市长质量奖,企业将以此为契机,进一步围绕卓越绩效管理提升对产品质量的管控能力。围绕企业质量方针和年度质量目标,不断完善自身的质量管理体系,进行更加有效的品质管控,有力地保障产品的生产质量。严把进料质量关,驻厂前置检验检测点,明确采购技术要求与检验规范,提高进料检验一次合格率;持续推进生产过程中的诚信自检,减少不合格品产生;加强

合同技术评审,识别客户个性化需求,加强安装质量检验,提高产品客检一次合格率。通过全周期、全方位的产品质量控制方式,保证产品制造过程高效顺利进行,确保所销售产品的高品质。

(四)加强组织运营管理

不断完善内部控制体系,助推企业长远发展。严格按照相关法律法规的要求,不断完善企业治理体系和内部控制制度,促进管理升级,规范企业运作,为企业可持续发展奠定坚实的基础。强化风险控制意识,提升内控管理水平,保障内控体系的有效持续性运作。随着子公司的成立、新项目的推进、新产品的持续研发推出、销售规模的扩大和业务范围的不断扩张,通过不断完善内部控制体系,努力打造集团化、平台化的组织架构、管理体系和运行流程,提升企业面对市场风险与挑战的能力。

(五)加强人才培养和团队建设

人才作为企业发展的核心资源之一，将持续大力引进在冷链、自动化、智能化控制的专精人才,强化人才培训,注重团队建设。根据企业发展状况,推动企业文化的持续改革,实施符合企业文化特色,有利于吸引和留住人才的薪酬改革措施,以满足企业业务不断发展的需要。并将进一步完善与优化管理架构，加强对子公司、新项目管理团队的系统性管理培训,做好企业整体人才战略计划的贯彻落实。

2021 年 4 月

2020年南通市民营经济发展大事记

一月

1月10日，2019年度国家科学技术进步奖在京揭晓，由上海交通大学牵头，南通市江苏海新船务重工有限公司、江苏海宏建设工程有限公司共同参与完成的“海上大型绞吸疏浚装备的自主研发与产业化”项目荣获国家科学技术进步奖特等奖。

1月12日，南通市连云港商会一届一次会员大会召开，南通徐氏房地产经纪有限公司徐洪军当选首任会长。

二月

2月6日，南通市政府出台《关于全力应对疫情支持企业发展的“十二条”政策意见》。

2月14日，南通市委书记徐惠民前往捷捷微电子、韩华新能源、神通阀门等企业开展实地调研启东督查指导疫情防控、复工复产工作。南通市委常委、秘书长吴永宏参加活动。

2月14日，南通市政府出台《关于应对新冠肺炎疫情支持外贸企业稳定发展的十二条政策意见》。

三月

3月3日，南通市委书记徐惠民，市委副书记、市长王晖实地调研通州志浩、海门叠石桥家纺市场。市领导吴永宏、潘建华参加调研。

3月5日，南通市政府通报2019年度市长质量奖和市长质量奖提名奖获奖企业名单。南通海星电子股份有限公司、南通海汇科技发展有限公司、启东建筑集团有限公司获评2019年度南通市市长质量奖，南通国盛智能科技集团股份有限公司、四方科技集团股份有限公司获评2019年度南通市市长质量奖提名奖。

3月12日,江苏省工商联党组成员、副主席李晓林来通调研南通市工商联年度重点工作、服务企业抗疫做法以及企业复工复产情况。

3月23日,南通市生态环境局和市工商联联合主办"抗疫情 助发展"南通市民营企业绿色发展政策解读会,市政府副市长、市工商联(总商会)主席(会长)赵闻斌参加活动。

3月27日,南通民营经济发展大会暨第三届通商大会举行。市委书记、市人大常委会主任徐惠民,市委副书记、市长王晖,市政协主席黄巍东,市人大常委会常务副主任、党组副书记庄中秋,市委副书记沈雷等四套班子领导出席大会。"张謇杯"杰出企业家等8位民营企业家代表受邀在主席台就座。大会表彰了"南通市十强民营企业"等130家优秀民营企业。20个单体投资超20亿元的重大项目集中签约,项目投资总额超过1400亿元。

四月

4月9日,江苏京源环保股份有限公司成功登陆上交所科创板,成为南通市首家成功登陆科创板的民营企业。南通市副市长、市工商联(总商会)主席(会长)赵闻斌出席上市仪式。

4月23日,国家科技部火炬中心公布2020年度国家备案众创空间名单,南通市创芯SPACE、集客空间·南通2家众创空间获批国家级众创空间。

五月

5月14日,市人大常委会开展"5·23南通企业家日"走进企业、"政企面对面"视察调研活动。市人大常委会常务副主任、党组副书记庄中秋,副主任孙建华参加活动。

5月23日,市工信局、工商联主办的2020"百企结对·携手并进"跨江融合发展大会召开。市委书记、市人大常委会主任徐惠民,省工业和信息化厅副厅长李强分别致辞。市委副书记、市长王晖介绍全市经济社会发展情况。大会发布了《苏锡常通跨江融合产业协作联盟南通宣言》。苏州、无锡、常州、南通四市工商联负责人共同为苏锡常通跨江融合产业协作联盟揭牌。20家苏锡常通地区商会(协会)、75对苏锡常通企业签署结对文本。市委副书记、统战部部长沈雷主持活动。市领导吴永宏、赵闻斌、姜东参加活动。

5月26—27日,江苏省工商联党组成员、副主席陈京来通开展“大力支持开拓内需市场”专题调研。南通市副市长、市工商联(总商会)主席(会长)赵闻斌参加相关活动。

六月

6月6日,南通市变压器业商会第一次会员大会召开,江苏亚威变压器有限公司董事长杨德志当选第一届理会会长。

6月16日,第十七届(2020)中国慈善榜在北京发布,南通市的中南集团荣膺2020年度“中国十大慈善企业”。

6月16—17日,江苏省工商联经济服务工作交流会在南通召开。省政协副秘书长、省工商联副主席周洁出席会议。

6月17日,南通市工商联(总商会)召开十三届八次常委会议,季红星当选为市工商联(总商会)主席(会长)。副市长赵闻斌出席会议。

6月19日,南通市标识行业协会召开成立大会,南通雕与刻标牌有限公司董事长石金坪当选会长。

6月30日,南通国盛智能科技集团股份有限公司在上交所科创板上市。市委副书记、市长王晖,市委常委、常务副市长单晓鸣参加活动。

七月

7月16—17日,江苏省委统战部副部长、省工商联党组书记顾万峰在通开展“新时代江苏商会生态圈建设实践研究”专题调研。

7月24日,南通市养老服务商会成立,江苏华医大健康服务有限公司董事长陈银忠当选会长。副市长赵闻斌参加活动。

7月29日,南通市委统战部、市工商联在海安召开全市民营经济人士理想信念教育实践活动推进会。市委副书记、统战部部长沈雷出席会议。

八月

8月5日,中国服装协会发布“2019年中国服装行业百强企业”名单,鑫缘茧丝绸集团股份有限公司、江苏三润服装集团股份有限公司、江苏泰慕士针纺科技股份有限公司、江苏华艺服饰有限公司4家南通民营企业上榜“营业收入”百强。其中,鑫缘茧丝绸集团股份有限公司入围二十强。

8月6日,2019年江苏省省长质量奖获奖名单公布。南通市的中国天楹股份有限公司、南通江海电容器股份有限公司被江苏省政府授予2019年“江苏省省长质量奖提名奖”。

8月8日,南通20名知名企业家以倡议书形式向全市广大企业家提出倡议,倡议书号召全市广大企业家要深入学习贯彻7月21日习近平总书记在企业家座谈会上的重要讲话精神,积极响应市委全会号召,传承和弘扬张謇精神,在推动南通高质量发展中勇挑重担、多做贡献、争当表率。

8月12日,南通市医疗美容业协会举行成立大会,南通俪人连天美医疗美容医院总经理吴昊当选为首任会长。

8月13日,深圳南通商会回通投资考察,市委副书记、市长王晖,副市长王洪涛会见考察团一行。

8月18日,南通家纺业联合商会四届一次会员大会召开,江苏蓝丝羽家用纺织品有限公司董事长俞建辉当选第四届会长。市委副书记、统战部部长沈雷,国际纺联家纺专业委员会主席、中国纺织工业联合会副会长、中国家纺协会会长杨兆华参加会议。

8月19—20日,省工商联党组成员、副主席李晓林来通走访调研江苏综艺集团等企业。

8月22日,南通市金银珠宝行业商会六届一次会员大会召开,南通老天宝银楼有限公司总经理施维当选理事会会长。

8月24日,阿联酋上海总商会来通投资考察,市委副书记、市委统战部部长沈雷会见考察团一行。

8月28日，南通市电极箔协会二届一次理事会召开，南通海星电子副总经理朱建东当选理事会会长。

8月28日，南通市花木商会一届一次会员大会召开，南通市瑞斯生态农业示范园有限公司丁小燕当选会长。南通市副市长赵闻斌参加会议。

九月

9月10日，全国工商联发布2020中国民营企业500强榜单。南通市共有14家企业上榜，中南控股、南通三建、南通四建分别位列第11、第31、第94位；中南控股位列中国民营企业服务业100强第6位；中天科技、文凤化纤位列中国民营企业制造业500强第64、第391位。

9月15日，南通市民营企业家创新发展培训班开班仪式举行，共有45名民营企业家参与培训。

9月17日，市工商联在杭州举办企业家座谈会，市政府副市长潘建华参加会议。

9月21日，省工商联举办2020江苏民营企业百强发布会，南通市的中南控股等32家企业入围江苏民营企业200强榜单，入围数位列第三。中天科技等4家企业入围江苏民营企业制造业100强榜单，联发纺织等10家企业入围江苏民营企业创新100强榜单。

9月21日，南通市光彩事业促进会换届大会暨五届一次理事会召开，市工商联（总商会）党组成员、副主席（副会长）黄永华当选南通市光彩事业促进会理事会会长。

9月23日，江苏省工商联党组成员、副主席李晓林来通调研省工商联副会长单位江苏神通阀门有限公司。

9月23—24日，全国南通商会合作交流第八次会议在西安召开。省工商联一级巡视员桂德祥，南通市副市长赵闻斌参加会议。

9月24日，通商总会在西安召开一届四次理事会，南通市副市长赵闻斌参加会议。

9月25日，湖南省南通商会成立，长沙市海韵贸易有限公司总经理陈荣当选首届会长。

9月27日,2020年江苏质量大会召开,罗莱生活科技股份有限公司被省政府授予2020年江苏省省长质量奖,南通江海电容器股份有限公司获2020年江苏省省长质量奖提名奖。

9月28日,中国企业联合会、中国企业家协会召开2020中国500强企业高峰论坛,发布2020中国企业500强榜单,南通市的中南控股集团、南通三建控股、南通四建集团、南通二建集团、中天科技集团、苏中建设集团、南通六建建设集团、龙信建设集团、通州建总集团9家民营企业入围。

十月

10月15日,全省工商联所属商会"两个全覆盖"工作推进会在南通海安召开。江苏省委统战部副部长、省工商联党组书记顾万峰,江苏省工商联党组成员、副主席陈京出席会议。

10月17日,2020年"全国脱贫攻坚奖"表彰大会暨脱贫攻坚先进事迹报告会举行,南通市鑫缘茧丝绸集团股份有限公司党委书记、董事长储呈平获评全国脱贫攻坚奖奉献奖。

10月28日,湖北省工商联党组成员、副主席罗绍友,江苏省工商联党组成员、副主席陈京一行来通开展全国"四好"商会互学互促工作。

十一月

11月12日,正在江苏考察调研的习近平总书记来到南通博物苑,参观张謇生平展陈,了解张謇兴办实业救国、发展教育、从事社会公益事业情况。习近平指出,张謇在兴办实业的同时,积极兴办教育和社会公益事业,造福乡梓,帮助群众,影响深远,是中国民营企业家的先贤和楷模。

11月13日,国家工业和信息化部公示第二批专精特新"小巨人"企业名单,南通市的江苏爱朋医疗科技股份有限公司、南通斯密特森光电科技有限公司、江苏思源赫兹互感器有限公司、江苏捷捷微电子股份有限公司、四方科技集团股份有限公司、江苏威尔曼科技有限公司、江苏汤臣汽车零部件有限公司、南通振康焊接机电有限公司、南通海星电子股份有限公司、江苏湘园化工有限公司10家企业入围公示名单。

11 月 17 日，江苏“民营企业服务月”活动座谈交流会在南通召开。江苏省商务厅副厅长、党组成员姜昕出席会议。

11 月 18 日，崇川区工商业联合会(总商会)第一次会员代表大会举行。南通市委常委、崇川区委书记刘浩出席会议，张东华当选第一届执行委员会主席(会长) 。

11 月 21—22 日，南通市委统战部、工商联组织企业家赴淮安开展民营企业家理念信念教育实践活动。南通市委副书记、统战部部长沈雷参加活动。

11 月 23 日，南通市委、市政府召开全市民营企业家座谈会。市委书记、市人大常委会主任徐惠民讲话，市委副书记、市长王晖主持会议，并传达了习近平总书记视察江苏重要讲话指示精神。中天科技集团有限公司董事长薛济萍等 10 位企业家代表先后发言。市领导沈雷、刘浩、封春晴、姜东、赵闻斌、王晓斌参加座谈会。

11 月 24 日，江苏省委常委、统战部部长杨岳来通实地走访工厂、纪念馆等地，调研学习张謇精神。南通市委书记徐惠民，市委副书记、统战部部长沈雷陪同调研。市领导刘浩、姜东参加相关活动。

11 月 25 日，全国工商联宣教部部长王尚康来通，就在南通博物苑设立全国民营经济人士理想信念教育基地及联合组建张謇企业家学院等事宜进行考察。市委常委、常务副市长单晓鸣参加活动。

11 月 30 日，2020 通商文化创新发展峰会召开，江苏省政协副秘书长、省工商联副主席周洁，市政协副主席施学雷等参加会议。

十二月

12 月 1—2 日，江苏省工商联党组成员、副主席李晓林来通考察调研如东县工商联企业信用纠纷调解工作和海安市工商联民营企业经济纠纷调解工作。

12 月 3 日，2020 长三角南通商会联盟论坛暨南京市南通商会十周年大会召开。江苏省委统战部副部长、省社会主义学院党组书记瞿超，省工商联党组成员、副主席郭东升，南通市委副书记、统战部部长沈雷参加活动。

12月4日,江苏民营企业家学习弘扬张謇精神座谈会暨江苏省民营经济人士理想信念教育基地授牌仪式在南通举办。江苏省委统战部副部长、省工商联党组书记顾万峰,省地方志办公室党组书记、主任左健伟,南通市委副书记、统战部部长沈雷,市委常委、常务副市长单晓鸣,省工商联党组成员、副主席陈京参加活动。

12月6日,江苏省民营经济人士学习贯彻党的十九届五中全会精神专场宣讲会在南通举行,江苏省委宣讲团成员、省社科联党组书记、常务副主席刘德海做宣讲报告,省工商联党组成员、副主席李晓林主持报告会。

12月10—11日,长三角南通商会联盟组织企业家回通开展“故里行”活动。南通市委副书记、统战部部长沈雷,市委常委、宣传部部长、通州湾示范区党工委书记陆卫东参加活动。

12月12日,由中央社会主义学院、中华职业教育社、江苏省委统战部和南通市委联合主办“张謇精神的时代意义”2020年度论坛在中央社会主义学院举行。全国人大常委会副委员长、民建中央主席、中央社会主义学院院长、中华职业教育社理事长郝明金,中央统战部副部长、国务院侨务办公室主任、中央社会主义学院第一副院长潘岳,全国工商联副主席李兆前,江苏省委常委、统战部部长杨岳,南通市委书记徐惠民,全国工商联原常务副主席张绪武先后致辞。中央社会主义学院党组副书记、副院长赵凡主持论坛开幕式。市领导黄巍东、沈雷、单晓鸣、陆卫东参加活动。

12月12日,南通市包装行业商会召开二届一次会员大会,南通天合包装有限公司董事长俞平连任会长。

12月18日,宁波市南通商会一届一次会员大会在甬举行,浙江源涌实业有限公司总经理彭祥当选理事会会长。南通市副市长赵闻斌参加成立大会。

12月20日,南通市湖北商会二届一次会员大会召开,南通市何炜记餐饮管理有限公司董事长何炜当选会长。

12月20日,南通市湖南商会三届一次会员大会召开,南通福鑫建设工程有限公司总经理舒远福当选会长。

12月20日，天津市江苏南通商会一届一次会员大会召开，天士力控股集团有限公司执行总裁朱永宏当选会长。

12月21日，全国工商联十二届四次执委会议对抗击新冠肺炎疫情做出优异成绩的先进民营企业进行通报表扬。南通市的中南控股集团、江苏文峰集团、江苏综艺集团、梦百合家居科技股份有限公司4家企业荣获“抗击新冠肺炎疫情先进民营企业”称号。

12月23日，南通市地坪行业商会成立，南通海森地坪涂装科技有限公司总经理叶昌枝当选会长。

12月24日，南通市工商联、市中院共同服务保障民营经济高质量发展企业家座谈会召开，双方签订《关于建立服务保障民营经济高质量发展联动机制的意见》。南通市副市长赵闻斌参加会议。

12月26日，南通市智能装备商会召开成立大会，南通国盛智能科技集团股份有限公司董事长潘卫国当选会长。市委副书记、统战部部长沈雷出席会议。

12月26日，福州市南通商会成立大会召开，福建德通金属容器股份有限公司董事长曹雪忠当选第一届理事会会长。市政协副主席陈宋义参加活动。

12月26日，山东省江苏商会南通分会成立，江苏昌盛建设集团有限公司董事长季健当选会长。

12月27日，第六届中国工业大奖发布会在京举行，南通市的江苏中天科技股份有限公司获得中国工业大奖。

12月30日，南通市民营经济统战工作协调机制会议召开，市委副书记、统战部部长沈雷主持，南通市副市长赵闻斌、王晓斌出席会议。

2020 年南通市入围中国民营企业 500 强名录

序号	企业名称	所属行业	营业收入总额（万元）	500 强排名（位）
1	中南控股集团有限公司	房地产业	28 214 000	11
2	南通三建控股有限公司	房屋建筑业	14 979 608	31
4	南通四建集团有限公司	房屋建筑业	7 506 970	94
3	江苏南通二建集团有限公司	房屋建筑业	7 215 104	102
6	中天科技集团有限公司	电气机械和器材制造业	6 203 496	122
5	江苏省苏中建设集团股份有限公司	房屋建筑业	6 038 927	133
7	江苏南通六建建设集团有限公司	房屋建筑业	4 894 195	166
9	龙信建设集团有限公司	房屋建筑业	4 204 687	207
8	通州建总集团有限公司	房屋建筑业	4 160 589	210
10	南通化工轻工股份有限公司	批发业	2 654 327	352
11	中如建工集团有限公司	房屋建筑业	2 654 050	353
13	南通建工集团股份有限公司	房屋建筑业	2 287 356	445
12	南通五建控股集团有限公司	房屋建筑业	2 171 403	467
12	华新建工集团有限公司	房屋建筑业	2 063 562	491

2020年南通市入围中国民营企业服务业100强企业名录

序号	企业名称	所属行业	营业收入总额（万元）	服务业100强排名(位)
1	中南控股集团有限公司	房地产业	28 214 000	6

2020年南通市入围中国民营企业制造业500强企业名录

序号	企业名称	所属行业	营业收入总额（万元）	制造业500强排名(位)
1	中天科技集团有限公司	电气机械和器材制造业	6 203 496	64
2	江苏文凤化纤集团有限公司	化学纤维制造业	1 236 849	391

2020年南通市入围江苏省民营企业200强民营企业(集团)名录

序号	企业名称	营业收入(万元)	200强排名(位)
1	中南控股集团有限公司	28 214 000	3
2	南通三建控股有限公司	14 979 608	6
3	南通四建集团有限公司	7 506 970	15
4	江苏南通二建集团有限公司	7 215 104	17
5	中天科技集团有限公司	6 203 496	21
6	江苏省苏中建设集团股份有限公司	6 038 927	23
7	江苏南通六建建设集团有限公司	4 894 195	24
8	龙信建设集团有限公司	4 204 687	30
9	通州建总集团有限公司	4 160 589	31
10	南通化工轻工股份有限公司	2 654 327	53
11	中如建工集团有限公司	2 654 050	54
12	南通建工集团股份有限公司	2 287 356	83
13	南通五建控股集团有限公司	2 171 403	88
14	华新建工集团有限公司	2 063 562	90
15	中国天楹股份有限公司	1 858 709	92
16	江苏文峰集团有限公司	1 822 513	95
17	南通新华建筑集团有限公司	1 706 085	97
18	启东建筑集团有限公司	1 668 997	99
19	江苏文凤化纤集团有限公司	1 236 849	112
20	江苏通州四建集团有限公司	1 075 293	124

序号	企业名称	营业收入(万元)	200 强排名(位)
21	江苏顺通建设集团有限公司	1 053 886	125
22	南通市达欣工程股份有限公司	1 000 604	129
23	江苏通州二建建设工程集团有限公司	952 320	134
24	鑫缘茧丝绸集团股份有限公司	885 950	139
25	通富微电子股份有限公司	826 657	141
26	江苏启安建设集团有限公司	727 085	150
27	江苏福克斯电气集团有限公司	678 209	158
28	林森物流集团有限公司	502 934	184
29	南通华荣建设集团有限公司	494 440	185
30	罗莱生活科技股份有限公司	486 020	189
31	中联世纪建设集团有限公司	464 784	193
32	江苏南通三建建筑装饰有限公司	450 477	194

2020年南通市优秀民营企业名录

南通市十强民营企业

中天科技集团有限公司
通富微电子股份有限公司
罗莱生活科技股份有限公司
中南控股集团有限公司
中国天楹股份有限公司
江苏联发纺织股份有限公司
江苏恒科新材料有限公司
江苏南通二建集团有限公司
梦百合家居科技股份有限公司
林森物流集团有限公司

南通市十大规模上台阶民营企业

江苏文凤化纤集团有限公司
南通荣威娱乐用品有限公司
江苏甬金金属科技有限公司
江苏韩通船舶重工有限公司
江苏华峰超纤材料有限公司
鑫缘茧丝绸集团股份有限公司
金太阳粮油股份有限公司
江苏狼山钢丝绳股份有限公司
江苏省苏中建设集团股份有限公司
南通化工轻工股份有限公司

南通市十大税收贡献民营企业

中南控股集团有限公司
中天科技集团有限公司
江苏南通二建集团有限公司
通州建总集团有限公司
江苏东成电动工具有限公司
南通四建集团有限公司
江苏九鼎集团有限公司
江苏南通三建集团股份有限公司
江苏文峰集团有限公司
龙信建设集团有限公司

南通市十大科技进步民营企业

南通江海电容器股份有限公司
江苏神通阀门股份有限公司
江苏力星通用钢球股份有限公司
南通海星电子股份有限公司
南通国盛智能科技集团股份有限公司
南通振康焊接机电有限公司
江苏神马电力股份有限公司
南通新帝克单丝科技股份有限公司
南通跃通数控设备有限公司
江苏海新船务重工有限公司

南通市十大质量品牌示范民营企业

江苏中洋集团股份有限公司
江苏京海禽业集团有限公司
通光集团有限公司
紫罗兰家纺科技股份有限公司

金轮针布(江苏)有限公司
南通双弘纺织有限公司
南通力威机械有限公司
亚振家居股份有限公司
创斯达科技集团(中国)有限责任公司
南通海汇科技发展有限公司

南通市十大进出口民营企业

广汇国际天然气贸易有限责任公司
如东县铁链厂有限公司
南通一德实业有限公司
南通百川新材料有限公司
南通醋酸化工股份有限公司
江苏三润服装集团股份有限公司
四方科技集团股份有限公司
南通美能得新能源科技股份有限公司
南通市通润汽车零部件有限公司
南通伟越电器有限公司

南通市十大高成长性民营企业

江苏铁锚玻璃股份有限公司
江苏九九久科技有限公司
南通辉煌彩色钢板有限公司
江苏海力风电设备科技股份有限公司
南通泰胜蓝岛海洋工程有限公司
江苏政田重工股份有限公司
启东姚记扑克实业有限公司
江苏鹏飞集团股份有限公司
亚太轻合金(南通)科技有限公司

江苏金洲粮油集团

南通市十大绿色发展示范民营企业

江苏京源环保股份有限公司
南通润邦重机有限公司
新建特阔漂整(南通)有限公司
江苏林洋能源股份有限公司
江苏希诺实业有限公司
江苏如通石油机械股份有限公司
海安启弘纺织科技有限公司
南通新宙邦电子材料有限公司
江苏海宝电池科技有限公司
南通泰慕士服装有限公司

南通市十大安全发展示范民营企业

江苏瑞恩电气集团有限公司
南通杰克拜尼服帽有限公司
江苏如石机械股份有限公司
江苏容汇通用锂业股份有限公司
南通龙翔新材料科技股份有限公司
恒升化工有限公司
广东鸿图南通压铸有限公司
南通富力机电设备有限责任公司
大地电气股份有限公司
福融辉实业(江苏)有限公司

南通市十大两化融合创新示范民营企业

南通超达装备股份有限公司
南通冠东模塑股份有限公司

江苏生益特种材料有限公司
江苏当升材料科技有限公司
江苏汤臣汽车零部件有限公司
江苏福克斯电气集团有限公司
南通铁人运动用品有限公司
南通东邦纺织品有限公司
南通爱慕希机械股份有限公司
南通长江电器实业有限公司

南通市十大员工幸福示范民营企业

江苏安惠生物科技有限公司
江苏威尔曼科技股份有限公司
江苏华灿电讯集团股份有限公司
江苏优普生物化学科技股份有限公司
江苏宇迪光学股份有限公司
南通回力橡胶有限公司
江苏海四达集团有限公司
江苏金太阳纺织科技股份有限公司
南通华信中央空调有限公司
南通富美服饰有限公司

南通市十大科技新锐民营企业

江苏华存电子科技有限公司
南通至晟微电子技术有限公司
格诺思博生物科技南通有限公司
南通通州湾新材料科技有限公司
飞昂通讯科技南通有限公司
江苏尚飞光电科技股份有限公司
海迪科(南通)光电科技有限公司

格陆博科技有限公司

江苏秦烯新材料有限公司

江苏图研新材料科技有限公司

南通市十大生产性服务业民营企业

携程信息技术(南通)有限公司

海安腾龙物流有限公司

海门慧聚药业有限公司

江苏顺丰通讯服务有限公司

南通诺德瑞海洋工程研究院有限公司

江苏后浪会展服务有限公司

南通首屏信息技术有限公司

江苏权正检验检测有限公司

江苏濠汉信息技术有限公司

凌志软件如皋有限公司

图书在版编目(CIP)数据
南通民营经济发展报告.2020—2021/王虎主编.--北京:中华工商联合出版社,2020.12
ISBN 978-7-5158-2890-9
Ⅰ.①南… Ⅱ.①王… Ⅲ.①民营经济—经济发展—研究报告—南通—2020—2021 Ⅳ.①F121.23
中国版本图书馆 CIP 数据核字(2021)第 154539 号

南通民营经济发展报告(2020—2021)

作　　者:王　虎
出 品 人:李　梁
责任编辑:李红霞　孟　丹
封面设计:刘　兵
责任审读:李　征
责任印制:迈致红
出版发行:中华工商联合出版社有限责任公司
印　　刷:如东县彩印一厂
版　　次:2021 年 9 月第 1 版
印　　次:2021 年 9 月第 1 次印刷
开　　本:710mm×1000mm　1/16
字　　数:310 千字
印　　张:19.75
书　　号:ISBN 978-7-5158-2890-9
定　　价:79.00 元

服务热线:010-58301130-0(前台)
销售热线:010-58302977(网店部)
010-58302166(门店部)
010-58302837(馆配部、新媒体部)
010-58302813(团购部)
地址邮编:北京市西城区西环广场 A 座 19-20 层,100044
http://www.chgslcbs.cn
投稿热线:010-58302907(总编室)
投稿邮箱:1621239583@qq.com